U0785708

汉译世界学术名著丛书

示 教 千 则

〔印度〕商羯罗 著

孙晶 译释

商務印書館

2018年·北京

Śaṅkara

Upadeśasāhasrī

The Hokuseido Press, Tokyo, 1973

本书根据东京北星堂书店 1973 年版译出

汉译世界学术名著丛书
出版说明

我馆历来重视移译世界各国学术名著。从20世纪50年代起，更致力于翻译出版马克思主义诞生以前的古典学术著作，同时适当介绍当代具有定评的各派代表作品。我们确信只有用人类创造的全部知识财富来丰富自己的头脑，才能够建成现代化的社会主义社会。这些书籍所蕴藏的思想财富和学术价值，为学人所熟知，毋需赘述。这些译本过去以单行本印行，难见系统，汇编为丛书，才能相得益彰，蔚为大观，既便于研读查考，又利于文化积累。为此，我们从1981年着手分辑刊行，至2011年已先后分十二辑印行名著500种。现继续编印第十三辑。到2012年出版至550种。今后在积累单本著作的基础上仍将陆续以名著版印行。希望海内外读书界、著译界给我们批评、建议，帮助我们把这套丛书出得更好。

商务印书馆编辑部

2012年1月

译者前言

商羯罗是印度中古吠檀多派哲学的集大成者，是吠檀多不二一元论的著名理论家。商羯罗的思想是富有独创性的，同时又极遵从印度古老的思想传统。因为在古印度，理论上的独创性并不是一个值得称赞的美德，而只有对传统的忠实才是值得尊重的。他与佛陀释迦牟尼一样，主要关心的事情是如何解救沉沦于“生死苦海的轮回”之中的芸芸众生，所以他建立起了完善的哲学和神学体系。商羯罗认为接近于真理的方法是哲学的以及心理的和宗教的，特别是用哲学的方法可以更精确地理解真理。商羯罗也是一位卓越的解释学家，他对印度古代的主要经典都有注释。因此他不但是一个哲学家，还是一个很有能力的宗教指导者。商羯罗所创立的宗教派别和哲学派别在印度知识界中保持着稳固的地位，他的思想是现代印度主要思想潮流的源泉。

《示教千则》一书是商羯罗用梵文写成的作品，其梵文名称为 Upadeśasāhasrī，upadeśa 意谓“说教”或“教导”，sāhasrī 是千的意思，故译为《示教千则》（或译《千说》）。《示教千则》实际上不止一千首颂。它以韵文写成的韵文篇有 671 节颂，余下的散文篇按照印度古梵文的韵律 śloka，以 32 个音节为一颂计算，散文篇共有 376 节颂，因此全书共计 1047 节颂，超过了千颂。全书共分为两部分,前一部分为韵文篇,后一部分为散文篇。在韵文篇中,商羯罗比较集中地讲述了他的哲学观点,可以把这一部分看作是他所写成的哲学教科书。首先在第一章里,商羯罗对由无知(ajñāna)所引起的一切行为加以否定;同时,他又以明知(vidyā)来对轮回的原因即无知进行消除。接着第二章,他又讲阿特曼的不可否认性;以及阿特曼与自在神的同一性(第三章)。再将行为的本质加以明确(第四章),造成思想混乱的原因加以分析(第五章),把阿特曼与统觉机能进行明确地区分(第七章等),从胜义的立场清楚地肯定"我"与最高梵之间的关系(第十章)。最后在第十八章中,他以230颂的篇幅来讲述奥义书圣句"汝即那"的最高意义。在整个的韵文篇中,商羯罗一直都以很激烈的语句来对包括顺世论、佛教、耆那教、数论等其他派别加以批判和排斥,可见他哲学的原则性是非常强烈的。而在散文篇中,商羯罗采用的是温和的平易近人的师生对话的形式,以导师自己的亲身体验来回答弟子的提问。一开始商羯罗就以为求解脱者阐明解脱的手段为目的而说教,他直接指出:这种手段就是关于阿特曼与最高梵是同一的知识;同时指出,导师是接受了这种明知的,实际上他就是在讲述获得解脱的手段,也即教导有关梵我同一的知识。于是可以把散文篇看作是以不二一元论派的教师为对象的指导教科书。特别在散文篇的第二章中,商羯罗的哲学思想表现得非常清晰,让人很容易就能理解,其中的师生对话能令你觉得仿佛读的是古希腊哲学家苏格拉底的对话一样。商羯罗的这种师生对话也真实地反映了他与弟子之间的实际交流情况。散文篇的三章实际上是与吠檀多教派的解脱三阶段相对应的:(1)听闻;(2)思量;(3)冥想。在第一章中,导师反反复复地给弟子讲解天启圣典(吠陀)和古传书,并且大量地加以引用。在第二章中,弟子经过理论上的深思,就无明以及附托的问题与导师展开了讨论,从而加深了对圣典的理解。第三章主要是讲解所谓的巴利商羯那瞑想法。至于韵文篇以及散文篇各章之间在其内容和逻辑上的关系问题,通过阅读可以认为,各章在思想内容上基本上可以说是独立的。在韵文篇的排列顺序中,可以认为基本上不是按思想内容来排列的,而是按照各章的数量由少到多来排列的(第一和第十九章除外)。第十八章是韵文篇中最长的一章,全章以奥义书最著名的圣句"汝即那"(《歌者奥义》Ⅵ,8,7)为中心,在全章内容中反复解说。

在公认的商羯罗著作的真品中,大部分为注释一类的著作,而真正称得上商羯罗的独立哲学著作的应该是《示教千则》一书。按照学术界研究惯例,凡提到研究商羯罗,必谈他的《梵经注》。然而实际上《梵经注》中的一些观点与商羯罗本身所持观点是不同的。因为《梵经》为印度吠檀多哲学派的根本经典,其所持观点是不一不异论;而商羯罗在对《梵经》加以注释时必会多少附会《梵经》的观点。在这种情况下,商羯罗在其注释中是难以自由发挥自己的观点的。同时,对于研究者来说,要想从《梵经注》中抽取出商羯罗自身的哲学思想也是困难的。于是,相对于商羯罗的大多数注释类著作来讲,尽管《示教千则》只是小品类的作品,但作为商羯罗自己的独立真作,《示教千则》却是研究商羯罗思想的最直接便利同时也是最确实可靠的资料,也可以说是唯一的历史资料。对《示教千则》一书的真伪考证工作,是由日本东京大学的前田专学教授完成的。前田教授经过多年的艰苦努力,查找了存在于美国、英国、印度和德国的共 42 种写本和 14 种版本，做出了系统的整理，并作了词汇索引和引用文索引，于 1973 年由日本东京北星堂书店出版了梵文本。随后又分别出版了英译本和日译本。为此，前田教授获得了日本的最高学术奖——日本学士院赏。

当前国际印度学界和印度的学术界对商羯罗的吠檀多不二一元论所采取的研究方法大致可以分为三种：(1)传统的方法；(2)纯哲学的方法；(3)历史学的、文献学的方法。采用第一种方法的，主要是一些吠檀多教派的后继者，他们从此种哲学所依附的宗教之求道和传道中来理解，因此往往容易忽略商羯罗的神格化倾向（例如现代印度教徒将商羯罗作为印度教三神之一的湿婆来加以崇拜），其主要目的是为了发展和继承商羯罗的宗教学说，从中悟出真谛。第二种研究方法主要是由欧洲的印度学者在 19 世纪末发展起来的。这种方法注重理论探讨，进行哲学思辨分析，却容易将它与同时期的各种不同的哲学思潮混淆起来。第三种方法是近年来由德国印度学家哈克（P. Hacker）博士和日本的印度学家中村元博士所倡导的。第一种方法显然对商羯罗的学术研究贡献不大，而对于发展商羯罗教派倒是有用。第二种方法注重的主要是哲学的或比较哲学的研究，这对于思想研究是非常重要的。但也有一些欧洲学者如杜依森(P. Deussen)和提蒲(G. Thibaut)，他们也比较重视文献学的思想研究。如果能把第二种方法和第三种方法结合起来进行研究，那是最好不过的了。因为如前所述，现代印度教徒将商羯罗神格化为湿婆神，各种神秘因素混杂，要想依靠传统的继承方法对其做出正确的理解是很困难的。同时，现在世界上所发表和出版的有关商羯罗的研究著作和论文，大多以商羯罗的观点来代表吠檀多不二一元论派的观点，其实在商羯罗之前和之后不二一元论派都有其不同的发展过程，而将其展开来以历史的观点进行研究的情况却很少，特别是将其哲学与其它派别进行比较研究的就更少了。所以，应该首先运用第三种方法解明商羯罗哲学的实相，再将第二种方法活用于其思想研究之中。因为这样在研究中就可以排除那些非商羯罗的因素，从而便于对其哲学思想进行真正的理论研究。于是，要打破不科学的研究现状，对商羯罗的面貌作尽可能真实的接近，对商羯罗的真正独立哲学著作做出客观的分析评价，只有首先运用第三种方法才能达到目的。前田教授提出，对商羯罗进行历史学、文献学上的研究主要有以下四个方面的课题：(1)在号称属于商羯罗的众多著作中选择和判断出真伪，对其真作做出批判性研究并加以出版；(2)抽取出商羯罗特有的思想；(3)对商羯罗与他前后时代的哲学家加以比较研究；(4)对商羯罗的历史背景加以研究。

有关本书的翻译，笔者觉得在此有必要作一个简单的说明。《示教千则》的韵文篇有 671 节颂，颂又称偈颂，梵文的韵律为 śloka（输卢迦），其形式有点像中国的五言或七言诗歌，四句为一颂。每一颂有 4 个缀（pāda），每一缀里有 8 个音节，8 个音节中第 5 个音节是短音节，第 8 个或长或短，自由选用。按照梵文的诗律，śloka 又称作 punyaśloka（功德颂律），或称为 anuṣṭubha（随颂律）。通常是用来歌颂人或神的功德，同时在阐述哲理时也采用这种格律来制作偈颂。我国古代的译经大师们一般喜欢采用五言绝句的形式来翻译偈颂，这样言简意赅，易于上口。本人在对韵文篇进行翻译时采用了“七言”的形式，并对每一颂都进行注释；散文篇则是使用的现代文体，由于现代文体易懂，故一般就不加以解释，仅做一些必要的注释。但由于《示教千则》这样的梵文哲学经典其本身的语言形式过于简略，意义晦涩，让人难以读懂，而且多种意义的哲理也不容易表述清楚，于是在翻译过程中（主要是在散文篇中），为了帮助读者便于理解，本人在译文的［ ］中加入了最低限度的说明，或是补充。在翻译术语上，既采用了一部分中国佛家译师们惯用的概念术语，也使用了大家比较熟悉的常用哲学术语。同时这也是为了保持原作的古朴典雅的风格。

《示教千则》一书是印度教哲学家商羯罗（约公元 700～750）的著作，本书是对《示教千则》一书的梵本中文全译，同时也是对该书的第一次中文注释。本书所参照的梵文原典是由日本东京大学名誉教授前田专学考证并经日本东京北星堂书店出版的版本，同时还参考了前田教授的英译本和日译本，以及印度 Swami Jagadananda 的英译本。本书已在 2002 年出版，作为笔者的著作《印度吠檀多不二论哲学》之附篇部分。2009 年以来，为了对商羯罗的哲学思想进行详细的分析和研究，本人再次阅读梵本《示教千则》，并对照汉译部分，感觉有些偈颂尚存粗糙，值得斟酌。随后本人遂动手对翻译进行修订，本次出版经过笔者的详细修订，自觉弥补了不足之处。但本人由于学术水平有限，恐有错漏之处，诚请各位读者不吝赐教，万分感谢。

笔者于 1988 年赴日本东京大学留学，前田专学教授是我的指导教师，曾经为我讲解梵本《示教千则》。多年来前田教授一直对我的研究工作非常关心，同时对我的翻译工作也非常支持。2002 年出版此书时前田教授又在百忙之中专门作序，感激之情，用笔墨是难以表达的。同时,我的导师巫白慧研究员以及黄心川研究员,两位我国印度哲学界的老前辈多年来一直对我的研究工作做出具体的指导,在学术上给了我很多的帮助,引导我在印度哲学研究的领域里不断取得进步。几位恩师的厚爱,使我永生难忘。

孙 晶

2010年4月20日

目　　录

韵　文　篇

散　文　篇

韵　文　篇

第一章　纯粹精神

1.　　真心一切皆周遍，
密藏所有众生中；
彼超一切物境界，
是故敬礼全知者。

释："全知者"指的是最高的梵(我)，梵文 caitanya 在这里原意是"心思"、"真心"，也可译成现代的哲学术语"纯粹精神"，就是梵(＝我)的同义词。本章是商羯罗《示教千则》的开篇，他一开始就提出纯粹精神梵来加以论证，充分说明商羯罗的哲学立场和态度。印度古代奥义书将梵与我统一起来，作为宇宙统一的原理，万物的内在力量，如：

"这就是我心中的灵魂，小于米粒或麦粒，或芥子，或粟，或粟子核；这个我心中的灵魂，大于天，大于地，大于空，大于万有世界。"①

"神我若拇指，寄寓身心中，过去、未来主，由持不足畏，此乃真是彼！

---

① 《歌者奥义》Ⅲ，14，3。

神我若拇指，如火焰无烟，唯彼是今旦，犹复是明时，此乃真是彼！"[①]

商羯罗在本颂开头两句说："真心"遍在于一切之中，这个一切包含生物界与非生物界；这个真心指"阿特曼"（自我），也即梵。它是一切的根源，是宇宙的本体。"密藏所有众生中"，是指阿特曼藏于众生有情的心中，遍在于一切有生命之物的心中。这样，由于梵我同一，梵便也住于一切有情的心中。本颂的后两句说：梵是超越于一切物的境界的，虽然它住于众生的心中，但它不是物，在本质上与物是不同的。这个我（梵）就是全知者。这样看来，本颂主要包含了三个意思：(1)梵我遍在于一切生物界和非生物界之中，梵我是其的本源；(2)梵我又是根本不同于这一切的，是超越这一切的。(3)梵我是全知者，因为它住于一切众生的心中，所以要向它敬礼。本颂是本章一个提纲挈领的东西，下面接着解释。

2. 夫妻结婚之典礼，
祀火诸仪皆办已；
吠陀如今正开始，
讲授梵明之原理。

释：在古代印度，婆罗门教徒结婚时有祭拜火神的习俗，[②]吠陀时代在结婚仪式上由四个祭司来帮助新婚夫妇共同祭拜火神阿

① 《石氏奥义》Ⅱ，4，11～12。

② 这里的梵文 Agnyādhana 与 Agnyadheya 是一个意思。

耆尼，把火祭坛中的火点燃。现代印度教徒仍然有在结婚仪式上祭拜火神的习俗。例如，有一种叫作“拉吉豪姆”的仪式，是一种烧拉瓦（炒熟的大米）祭火神的仪式。新郎新娘面朝东方站立，中间生着一堆火，视火为神，以火为证，完成结婚仪式。新人双方共同向火中投掷拉瓦，祈求火神保佑对方，并望婚姻圆满。另一种叫作“阿格尼、薄里耶纳”的仪式，这是新郎新娘绕火转圈的一种仪式。新郎新娘朝拜火神，把火神当作结婚的证人。新郎会向新娘说：“我如罗摩神一样值得称颂，你如同梨俱吠陀一样值得赞扬，你犹如地球，我好似太阳。我俩愿高高兴兴地结婚，生育优秀的公民，愿我们儿孙满堂，个个长大成人，我们自己也健康长寿。”

本颂的意思是讲，有关婆罗门教徒的一切祭祀行为弟子已经了解，如以结婚大典中的祭火神仪式为起始的仪式的知识也已经了解，就不再为弟子讲解了。现在，导师要讲的是奥义书中有关梵的知识，这种讲解是由吠陀圣典开始的。

3.　“业”义即是身相应，
身相应有爱非爱；
由是必然生贪著，
以及憎恨诸业行。

释：Karma（业或羯磨），是指人的行为。Karma 包括善业和恶业，中国佛教在翻译佛经时，大多用“羯磨”一词来指善的行为；用“业”指恶的行为。对于佛教来说，做了善业，人将来就可以升天，还有可能得解脱；造了恶业，就会进入轮回。所以佛教提倡人们要行善拜佛，将来才能升天。在这里指的是前世所造成的善恶行为的结果，即在今世相应地与人、神或动物等的身体相对应，此时自然还会生起爱嫌贪憎，并由此又引发起诸种行为。按照逻辑关系来讲，恶业产生轮回，轮回产生身体。“身相应”是对恶业的相应，有业因就有业果。进一步讲，商羯罗的观点与佛教还是不同的。他认为不管是善业还是恶业，包括进行祭祀的善业都是应该被排斥的。只要做业，甚至只要是有行为，那都难得解脱。所以商羯罗认为解脱的唯一办法就是获得“知识”（有关梵的知识）而不是行为。在后面还会看到商羯罗对行为的具体评价。

4.

无知引起法非法，
由此再生身相应；
如是轮回常流转，
酷似车轮永不止。

释：此颂是对上一颂的进一步说明，也是对奥义书以来的轮回说的发挥。婆罗门教（印度教）都信奉奥义书的轮回学说，此种学说认为：人这种个体具有两种性质，一为“生灭之我”，一为“不死之我”。作为肉体的人，是有生死之变的；而作为个体灵魂的“自我”则是不灭的，它是承受轮回的主体。前者其实并不是实在的，只是后者的幻现之物而已。奥义书认为，在时间上轮回贯通过去、现在、未来三世，在空间上统摄天道、祖道（人间）、兽道（地狱）三道。每一类生物在其肉体消亡之时，其灵魂便在其生前的善业或恶业的结果的支配下，进入另一个新的躯体中，开始新的一轮生命，也即进入新的一轮轮回;如此三世轮回,往复无已。解脱思想则是伴随着轮回业报思想共同产生的。解脱(mokṣa)一词最早出自《广森林奥义》,它是印度教徒人生四大目的(puruṣārtha)之一。在奥义书出现之前印度人的人生目的有三:(1)法或达摩(dharma);(2)利益(artha);(3)爱欲(kāma),自奥义书出现之后,又添上了解脱。商羯罗在这一颂中认为,由于人们的无知,认识不到“法”(dharma)与“非法”的区别,也即认识不到纯粹精神之梵我与现象世界在本质上的根本区别,于是执著于虚幻的东西,所以就会永坠轮回的深渊之中。于是,在这里他有责任向无知之人进行说明。

5. 轮回根源是无知,
这个无知望舍弃;
因此梵知开始说,
知识使其得解脱。

释:为什么人会坠入无尽的轮回深渊之中呢?原因就是无知,或称无明。是对什么无知呢,就是对有关梵我同一的道理无知。商羯罗认为,要想摆脱无尽的轮回苦海,只有不断地学习有关梵的知识,证悟梵的存在,才能达到目的。商羯罗认为他的理论就是起这样的一种作用,他的哲学目的就是要拯救众生逃出苦海。

6. 知识能够灭无知,
羯磨一体无所为;

无知之事如不灭，
贪欲憎恶也难除。

释：只有知识可以灭除无知，而业（羯磨）本身与无知是不矛盾的，反过来讲就是因为行为才造成了无知。所以要想依靠行为来灭除无知是不行的。无知如不灭除掉，人们就仍然会在无知的驱使下产生出那些贪欲和憎恶的念头。

7.
贪欲憎恶如不灭，
行为必然起于此；
如欲要获终解脱，
于此必讲梵知识。

释：商羯罗在这里讲了无知与行为的关系问题。无知是根源，由无知生起贪欲和憎恶的念头，再由贪欲和憎恶的念头生起业行为。于是要想从根本上解决问题，就只有学习有关梵的知识，因此要在这里讲梵的知识。

8.
在此长久生命中，
同样行为能不见？
因为羯磨有梵知，
导向解脱得其助。

释：在此反问：在人的生涯之中，同样的人的行为总是要表现出来的。而具有梵知的行为，将会有助于引导解脱，不是这样吗？意即：人总是要表现出行为的，本来行为即业是无法引导到解脱的；但是，具有了梵知的业是否还无法引导到解脱呢？于是在这里对“行为”一词就产生了不同的看法。拟或吠檀多不二一元论派是不主张把知识和宗教的行为以及职责结合起来的，是一概地反对业行的。但是否也可以认为商羯罗是肯定这一点的，商羯罗也承认宗教上的行为的实在有效性呢？① 因为在这一颂中商羯罗用的“业”（Karma）是指一种引导到最终解脱的宗教上的行为，它与梵知是同样重要的，从颂的原文来看用了一个 nityam（副词）来修饰 kartavyam，把这种行为修饰为一种恒常不变的东西。但是，印度教徒一般说来都是把《薄伽梵歌》作为他们“圣经”，《薄伽梵歌》认为，人生的解脱之道有三条：行为之道、知识之道、信仰之道。这是肯定行为的作用的。而对于商羯罗来说，他坚持认为人的行为来自于无明，是无知的结果。所以商羯罗实际上对一般的行为甚至祭事行为都是执严厉的批判态度的。同时他对“知行合并论”也是加以排斥的。他认为只有梵知才是解脱的唯一道路。

9.　　行为知识两相同，
圣典认为无区别；
论罪说法古传书，
行为也能求解脱。

---

① Cf. S. Dasgupta, *A History of Indian Philosophy*, Delhi: Motilal Banarsidass, 1975, Vol. Ⅱ. p. 100.

释:此颂对上一颂的知行观进行解释。知识应该具有,行为也应该实践(应是指的宗教行为),天启圣典[①]认为二者是没有区别的。因为行为是包含在知识之中的,不能把它们分开。同时,古传书[②]中指出,如果是要求去做的行为而没有去实践的话,那是有罪的。根据这一点,获求解脱的行为是应该实行的。这个行为就是获取知识的行为。

10. 果报知识不依物,
此种说法不正确;
犹如火祭持果报,
依存它物得以生。

释:此颂提出疑问:作为持有永远的果报的梵知,如果要说它是不依存于任何事物而独立存在的,这是不正确的。就像火祭那样,尽管它具有果报,但是它还是依存于它物而存在的。商羯罗是认为这种观点是要想说明知识和行为之间确实存在着关系。

火祭(Agniṣṭoma)是吠陀祭事的一种,在这种祭事上,"苏摩"酒是祭品。这是吠陀祭事中的一部分,通常都是五天活动中的一天,在春天新月或满月时进行。

---

① 印度古代经典分为天启圣典(śruti)与古传书(smṛti)两种。前者是圣仙在感知了神秘的灵感之后所获得的成果,对于婆罗门教来说具有绝对的权威,因此被称为"天启圣典"。后者则是由古代圣人们所写的经典。

② 指《摩奴法典》第十一章第四十四节。

11.　　尽管知识持果报，
人曰它也依行为。
回答知识非依存，
因为二者不冲突。

释：此颂前两偈是接上一颂的提问：有种看法认为，尽管知识拥有永远的果报，但它却也时常地依存着行为。这种看法实际上就会造成似乎知识因为有业行为，所以也会得到业报。接下来商羯罗回答认为，这种看法是一种知行合并论，其实是不正确的，梵知本身是不依存于行为的，这是因为梵知和行为之间并不存在那种相互不相容的情况。梵知本身是不依存于任何它物或任何行为的。它是独立的，也是唯一的。

12.　　知识行为非两立，
冲突来自误解我；
知识在此讲清楚：
自我不变是正解。

释：这一颂的意思说得比较清楚，有关梵的知识与行为是不矛盾的，为什么有人又会认为二者是相冲突的呢？这是因为对阿特曼的误解所造成的。阿特曼本身是不变的，这是正确的理解，奥义书在这里早有讲解。

13.　　我为主体此为物，
如此考虑起行为；

知识实在两相依，
圣典教导依主体。

释：如果你在认识过程中产生“我是认识主体”和“那是外在对象”的看法，实际就有了认识主体和认识对象的区别，在这种情况下就会产生行为。这类似于唯识宗的能所区别。商羯罗认为，本身事物是没有区别的，因为梵知是依存于实在(即阿特曼)的，天启圣典的教导也是依存于恒常不变的梵我主体的。但是，由于我们的心去对事物进行区别，所以产生了知识和行为、精神和现象的区别。

14\. 知识灭除掉业因，
犹如去除沙漠水；
如果接受此正见，
行为怎会决定起？

释：梵知是会灭除业因的，因为知识会让你认识到个我并不是行为主体，外在之物也不是行为对象，只有阿特曼是一切的主体，而一切的现象只是摩耶(māyā)的幻现而已。这种想法就像沙漠中存在着水一样的看法，必须要将其去除掉。如果人有了这种正确的观念的话，又怎么会决心去产生行为呢？

“业因”的梵文原文是 kāraka，它采用的是依赖于动词的名词的格形式。

15.　　因此知行不矛盾，
获取知识不行动；
由此欲求解脱者，
理应抛弃业行为。

释：知识和行为从根本上讲是不矛盾的，因为梵知是涵括一切的。如果你认识到了这一点的话，就不会再起行为了。如有欲求解脱者，就应该抛弃行为。

16.　　有人生来即认为，
身体自我无区别；
此种理解无明生，
由此圣典令其行。

释：有的人天生对阿特曼的理解就是错误的。他们把内藏着阿特曼的身体误认为阿特曼本身，认为自我和肉身是没有区别的，因此身体的一切行为也就被认为是阿特曼的行为。这种看法是来自于无明。如果仅以这种看法为依据，那么天启圣典所区别出来的行为就是可行的了。

17.　　非此非彼是自我，
阿特曼我无差别；
舍弃身体留自我，
无明由此得消除。

释：在这里商羯罗引用了圣句："非此也，非彼也。"[1]这是用来解说阿特曼的大圣句，认为它既非此也非彼，奥义书认为自我（阿特曼）是没有任何特征、任何属性的，甚至只能用否定的方法来表述它。这种表述方法被叫作"遮诠法"，因为梵我作为宇宙本体它本身并不具有任何属性，也不会表现为任何形式；同时，它又是超越于人的感觉经验的，所以我们无法使用任何概念来对它进行描述，或者运用任何的逻辑来对它进行概括，这种论述方法就叫作"遮其表而诠其本"。对梵我只能意味着"非此也，非彼也"（neti，neti）。《广森林奥义》说：

"这个阿特曼非内非外，纯知之外别非它物。……非坏非断灭……，这个灵魂，'非此也，非彼也'，非可摄持，非所摄故也。非可毁灭，非能被毁也，无着，非有所凝滞也。无束缚，无动摇，无损伤。"[2]

在别的地方又说：

"迦尔吉！这就是婆罗门所称的不变灭者。非粗，非细，非短，非长；非赤（火），非润（水）；无影，无暗；无风，无空；无着；无味，无嗅，无眼，无耳，无语，无意，无热力，无气息，无口，无量，无内，无外；它是不食，也不被食。"[3]

因为阿特曼不具有任何特征和任何属性，它是宇宙唯一的主宰，是本体，所以它是遍在于一切万有之中的，它也是无差别的。

---

① 《广森林奥义》Ⅱ，3，6。

② 《广森林奥义》Ⅳ，5，15。

③ 《广森林奥义》Ⅲ，8，8。

同时，也只有它是唯一的真实，万有只不过是它的幻现而已。奥义书认为，梵具有一种魔力，称作"摩耶"，宇宙世间万物一切现象都不过是由摩耶所幻现，商羯罗称其为幻相，就像把绳误认作蛇、把贝壳误认作银一样，是一种虚幻的假相。身体只是一个躯壳，阿特曼借以栖身之处；一旦这一躯壳坏灭，即将其抛弃而进入另一个之中，开始另一次轮回。所以，不能执著于肉身，要将它舍弃而证悟自我，这样才能消除无明。

18.　　正知一旦去无明，
无明何以得再生？
绝对内我无差别，
［无明］本身不存在。

释：此颂以疑问方式来证明：如果正知一旦消除了无明，那无明还能再次产生吗？因为无明本身并不存在于无差别、绝对的内在阿特曼之中，无明只是一种外在的、虚幻的东西，商羯罗把它解释为是一种"误认"，这显然是从心理上和认识论上来考虑的。商羯罗说无明就是把甲的性质附托（adhyāsa）到了乙的身上，误认绳为蛇。商羯罗在《梵经注》里用"附托"（adhyāsa）一词来解说无明，即"以前曾知觉过的甲，通过回忆，在乙的身上又显现了出来。"[①]商羯罗在本书中提出，[②]在觉醒状态时经验的事物与在梦眠状态时经

① smṛtirūpaḥ paratra pūrvadṛṣṭāvabhāsaḥ. *Brahmasūtra-bhāṣya*, Bombay: Nirṇaya-Sāgar Press, 1934, pp. 10-13.

② 参见本书韵文篇第十七章第16颂。

验的事物一样，都是虚妄不实的。商羯罗解释道，只有阿特曼是唯一不变、常住的，其它一切犹如宝石一样，当你把青色或黄色置于其侧时，宝石就呈现出不同的颜色；阿特曼被添置了种种属性，因此呈现出种种现象。尽管在觉醒、梦眠和熟睡三种状态下阿特曼被添置了种种属性，呈现出种种现象，但实际上都是同一的阿特曼。更进一步说，一般世俗之人把阿特曼（我）认为是个我本身。然而，这是因为世俗之人把纯精神性的阿特曼的本质附托到了人的统觉机能（或称内官）上，以为人的统觉机能就是阿特曼，其实纯精神的阿特曼是不同于物质性的或心理性的统觉机能的。

19. 假如无明不再生，
尽管认识我即有，
经验主体为何生？
所以知识并无助。

释：此颂疑问：假如无明不再生了，可是尽管认识到了“我就是梵”，但为什么还会产生“我是经验主体”、“我是行为主体”的想法呢？知识是不是没什么用的了呢？接下来的偈颂将对此进行回答。

20. 舍弃心中诸活动，
圣典对此称优胜；
注基夜部如是说：
[永生性]是如此也！

释:《大那罗延奥义》(*Mahānārāyaṇa Upaniṣad* 21,2)认为,应该以“舍弃”(诸行为),替代以“实语(satya)、苦行(tapas)、静心(śama)、制感(dama)、布施(dāna)”等,此可称为优胜。

洼基夜部(Vājasaneyin),为吠陀派的一支,在《广森林奥义》中有其言论,专论我的永生性。①

21.　　人如追求永生性,
理应抛弃业行为;
犹如火祭论者说,
以下便是其答案:

释:第20颂最后一句的[永生性]原本应放在本颂的第一句的,但为了逻辑上的连贯性和偈颂的完整性,故加上括弧放在了上一颂。所谓永生性,讲的是最终从轮回中解脱出来,达到梵我的同一。可以通过说“非此也,非彼也”以及舍弃一切行为,从而获得有关阿特曼的完整的知识,圣典为什么讲“永生性是如此也”呢?就是要提出不二一元论的观点:要达到解脱仅此而已。只要念“非此也,非彼也”即可达到目的。(参见本书韵文篇第十一章第2颂)

此颂的前两偈是接洼基夜部的说教,后两偈提出了本章第10、11两颂的火祭论者的知行合并论观点,即认为知识是依赖于行为的,接下来进行回答。

---

① 参见《广森林奥义》Ⅳ,5,15。

22. 行为依因会出现，
多因即会出多果；
知识行为正相反。
如此实例不恰当。

释：行为的产生，是由它的各种各样的原因所引起的，多种原因就会产生多种结果。但是，知识和行为却是不同的。有什么不同呢？首先它们是不同质的，梵知本身是一种终极性的原因，行为只不过是它的幻现的结果而已，所以无法比较。商羯罗的因果观是一种因中有果论，梵运用魔力——摩耶变现出了世界，梵是原因，世界是结果。然而，原因和结果是不同质的。作为原因的梵是真实的，而作为结果的世界却完全是经验性的非真实之物，是由摩耶造成的假相。因只不过是假相性地、非真实地转化成了果，但其本质是幻相。商羯罗还认为结果早已潜藏于原因之中。结论：原因是实在的，结果是原因的假现，两者非同质，但结果却又来自于原因。这就表现出了商羯罗因果观的内在矛盾。所以在这一颂里，商羯罗认为把知识和行为放在一起举例不合适。

23. 火祭牺牲如农耕，
希望获得好结果，
行为助力有必要。
知识难道也必需？

释：火祭上献祭牺牲就像农耕那样，其目的是要获得好的结果，那么就要通过种种的祭祀行为来达到目的，由业因达到结果。

行为的帮助就是必要的了。而知识难道也需要吗？显然商羯罗的回答是否定的。

24.　　承认小我的有情，
罪恶将会随他去；
认识阿特曼的人，
小我结果皆无求。

释："小我"（ahaṃ）意指"自我意识"，也即"我"的观念（ahaṃpratyaya）。这个"我"不是等同于梵的那个我，而是指执著于肉身的小我。如果这个小我不按照《摩奴法典》的命令来规范自己的行为，又执著于小我的话，那他就是在犯罪。一个真正懂得阿特曼的人是既不会执著于小我也不会欲求行为结果的。ahaṃ 与 ātman 是不同的，前者只是个体，是具有差别性的肉身；也即人的统觉机能，它具有可变性。而后者是与作为宇宙本体的梵等同的，它是无任何属性的，是常而不变的。阿特曼的本性是纯粹精神（caitanya），但当它藏于人的心中时，就会附托在非精神性的统觉机能之上，这时候统觉机能就好似阿特曼，人们也就容易误认。同时，"我是阿特曼"（ahaṃpratyaya）的观念就会在统觉机能中萌发（参见散文篇第二章第 52 颂）。只有真正认识到这一点的人，才会既不追求小我也不追求行为的结果。

25.　　因此为了去无知，
为了停止恶轮回；

梵的知识要确立，
从此讲述奥义书。

释：印度最古老的文献是吠陀，吠陀文献包括广泛，但从狭义上来讲，吠陀本集只包括四种，即：《梨俱吠陀》、《夜柔吠陀》、《裟摩吠陀》、《阿闼婆吠陀》；如果从广义上来讲，它就意味着是用吠陀梵文写作的一些古代西北印度文献的总汇。这些文献大约是在公元前1200至前500年左右逐渐形成的，它包含：吠陀本集（Saṃhita）、梵书（Brāhmaṇa）、森林书（Āraṇyaka）、古奥义书（Upaniṣad）。奥义书在整个吠陀文献中占有非常重要的地位，它也被称为“吠檀多”（Vedānta），意为“吠陀的终结”或“吠陀的最高意义”，它是吠陀哲学发展的最高阶段。因为在奥义书中虽然还有许多宗教的因素，但它已经开始以思维的方式来探讨许多哲学的问题，所以，也可以说印度哲学最早和比较系统的学说产生于奥义书年代。印度的正统派哲学，主要是婆罗门教哲学都宣称自己的哲学是对奥义书哲学的继承，商羯罗也不例外。商羯罗著有大量的宗教哲学著作，但其中大部分是对奥义书的注解。商羯罗为了维护自己的正统地位，他在阐述自己的哲学思想时也说是在宣讲奥义书。

26. 奥义书中讲深义，
upa-ni-ṣad 接 kvip；
sad 前缀 upa 和 ni，
削弱去除生与（苦）。

释：如前述，Upaniṣad 是奥义书的梵文名称，商羯罗在这里深入讲解这个词的意思。首先解释一下 kvip，根据波弭尼的语法，它作为一个后缀常跟在一些动词词根的后面，也包括 sad。在商羯罗对奥义书的注解中可以看到他对 Upaniṣad 的一些解说，归纳如下。有关√sad 这个动词词根，他在下述三个含义上使用：(1)破坏(viśaraṇa)；(2)去或抵达(gati)；(3)安抚或解除(avasādana)。对于 upa-ni-sad 的解释是：(1)去除轮回的根源即无明；(2)追求最后的解脱即达到最高梵；(3)解除生老痛苦之根源。在别的地方他又解释为：(1)破除如生老病这样的大量的痛苦；(2)引导到最高的梵；(3)完全地消除无明以及别的造成轮回的原因。然而在现代，学者们公认的解释是"近坐"的意思。动词词根 sad 就是"坐"的意思。[①] 商羯罗在这一颂里利用对奥义书名义的讲解，加深了对消除削弱生苦，从而确实地向梵靠近的道理的讲解。

---

① Cf. *Upaniṣads*, in Sacred Books of the East, Max Müller(*ed.*), Delhi: Motilal Banarsidass, 1980.

And S. Dasgupta, *A History of Indian Philosophy*, Delhi: Motilal Banarsidass, 1975, Vol. Ⅱ. p. 38.

第二章　否　　定

1.　　[自我]不能否定说，
非此非彼仍残留；
如若君念“我非此”，
依此方法达[自我]。

释：阿特曼是不可否定的，天启圣典中说：“非此也，非彼也。”[①]这实际上并不是对阿特曼加以否定，而是通过一种否定来达到肯定，使阿特曼保留来下来。如果人也口念“我非此，我非彼”的话，肯定就可以达到阿特曼。“我非此，我非彼”主要是要把真实自我（阿特曼）与非自我区别开来。

2.　　[我即]“此”念生于谁，
言词表述[非自我]；
源于否定阿特曼，
再难重为正确识。

① 参见本书韵文篇第一章第17颂所引，《广森林奥义》Ⅳ，5，15。

释：我即“此”（idam），这个“此”不是别的，只能是非阿特曼。根据圣典，只能认为“我非此，我非彼”，而不能把我认同于“此”或“彼”；我是认识的主体，而不是认识的对象。在这里的“此”就是认识的对象，所以应该用“我非此，我非彼”的言语来否定它。这个非阿特曼是在言语的领域里出现的。而真正的阿特曼是不能用言语来表述的，因为阿特曼是非类（jāti）的，是非业（karman）的。由于这一错误认识来自于对阿特曼的否定，所以它不可能再像以前那样成为正确的认识。

3.　前述误解如不除，
后面正念难于生；
“见”为唯一自正立。
此种结果难否定。

释：此颂的前两偈易于理解。第三偈的“见”是指的阿特曼，阿特曼是“能见”，而不是“所见”；它是唯一的，它也是自立的，而非依靠它物的。这种看法根据正确的认识而得出的结果，所以是难以否定的。

4.　穿越“非我”迷混处，
去除担忧达自我；
犹如犍陀罗行者，
穿过森林达目的。

释:《歌者奥义》[1]中描述印度古代的犍陀罗(Gandhāra)人,他们被一个人放在森林中,蒙上眼睛,自己摸索着走出森林,回到犍陀罗国去。这个喻言是很有名的,它是在奥义书哲学家乌达罗迦·阿鲁尼(Uddālaka Āruṇi)和他的儿子室吠多揭堵(Śvetaketu)之间发生的对话。商羯罗认为人就要像这样,要穿越被忧虑和迷混所污染的"此"(非阿特曼)的森林,达到自己的阿特曼。

① 参见《歌者奥义》Ⅵ,14,1~2。

第三章　主　宰　神

1.　如果大神非自我，
不应执著“我是他”；
如果大神即自我，
“我即神”念去它见。

释：大神（Īśvara，即主宰神“大自在天”），Īś 最早出现在《梨俱吠陀》中，是“自在”的意思，那时它还并不重要。到了后吠陀时期，Īśvara（自在天）作为一个大神出现了，并且具有了哲学的意味；但它真正成为哲学本体梵的代名词还是在奥义书时期。商羯罗为了强调梵的创造能力，故在此以自在天来代替梵的名字。此颂说，如果有人认为梵与阿特曼不是同一的话，那么“我为主宰神”的念头就应该放弃。如果认为梵与阿特曼是同一的，那么这一念头就应该坚持，而与此不相符的所有想法都应该舍弃。实际上商羯罗这在强调梵的主宰作用。

2.　[大神]自我如相异，
如具“非粗大”属性，

不识大神性何用？
如为自我去它见。

释：同上颂一样提出疑问：如果大神自在天与阿特曼不是同一的，并且还具有“非粗大”的属性，那么由于对这样的主宰神难以认识，它的属性又有何用呢？如果主宰神就是阿特曼的话，它的属性就将会除去“我与阿特曼是相异的”的观念。前三偈中的“非粗大”这一句是来自于《广森林奥义》。[①] 最后一句同上一颂的最后一句相同，都强调要去除不正确的认识。

3. “非粗大”性为假依，
为此否定应理解；
若对非我加否定，
即此实为述“空性”。

释：“非粗大”性对于无任何属性的阿特曼来说，只是一种虚假的附托，因为这是无知的人们把无形无性的阿特曼附托上了诸如身体等的有形的非阿特曼。因此对于这种错误的附托应该加以否定。如果上述道理得到了理解的话，那么实际上在这里是在讲述“空”的道理。

“虚假的附托”就是一种无明，商羯罗认为无明就是把甲的性

① 参见《广森林奥义》Ⅲ，8，8。

质附托到了乙的身上。[①] 无明就是阿特曼和非阿特曼的诸如身体、感官以及内在机能的相互附托。

“Śūnyatā”(空性)是商羯罗借用的大乘佛教空宗的一个最重要的哲学概念。中观派(空宗)的创始人龙树(约2～3世纪)继承和发展了大乘的“自性空”的思想,把“空”的思想做了更高更深的解说。“空”即是无,具有两层含义:一是逻辑的手段,一是最高的本体。作为逻辑的手段,“空”就是对“有”的否定,例如对生灭、断常、一异、来去等矛盾概念的否定。但否定并不是中观派的哲学目的,只是为了表述最高的哲学本体。“自性空”即是事物本体的当然的空,这不用分析就应该明白。诸法本身是没有主体的,也是没有自性的,因为都是由因缘而生,由因缘而灭,所以是“自性空”。同时“空”又是龙树哲学的最高哲学本体,是他追求的目的。“空”本身的性质是什么呢?龙树说:“空亦复空”,它的本质也就成了无法言说的“空”了。这样看来龙树的空是没有任何它自身的内在本质,或称为它的肯定性,只是意味着对事物本体的否定。龙树实际上是想通过否定来达到肯定。商羯罗在这里使用“空性”这个概念,其意味与龙树的是一样的。商羯罗把佛教徒称作为“虚无论者”(vaināśika)是有道理的。[②] 他认为对“非我”也即现象世界加以否定,这与大乘佛教空宗的观点是一致的。商羯罗是赞成这种观点的,所以他被称为“假面的佛教徒”。

① 参见本书散文篇第二章第51节。
② 参见本书散文篇第二章第55、57、58节。

4. ［否定之意］被认为，
相异求知内在我；
“非生气、非意、清静”，
圣句同样无意义。

释：上一颂讲到了对非自我的否定，这一颂接着讲。如果你认识不到内在之我（阿特曼）是与“非粗大”这种属性相对立的，以及应该对这些属性加以否定的话，那么，圣句讲的那些有关（阿特曼）的话如“非生气、非意、清静”等就是没有意义的了。在这里商羯罗引用了《秃顶奥义》[①]的一段话，这段话实际上是在对阿特曼下定义。阿特曼是“非生气”，也即阿特曼不是具有呼吸生气的有生命之物（有情），也不是“意”，不能把它比作人的精神或统觉机能；即：阿特曼既非能用物质来概括它，也非能用精神来概括它，那么它是什么呢？它是“清静”，也即空无一物，即是“空”。

① 参见《秃顶奥义》Ⅱ，1，2，“不生，无气息，光明，越心思；至上不灭者，‘彼’乃更超出。”引自徐梵澄译《五十奥义书》，中国社会科学出版社，1984年版，第488页。

第四章 “我”的观念

1\. 业以“我”见为种子，
住于“我”见主体中；
如以“我非”烧掉它，
业其如何生果报？

释：这一章是专门批判“我”的，这个“我”并非阿特曼（Ātman）的那个“我”，而是 ahaṃ 的那个“我”。这个我见也即把小我视同大我，以小我为主体，把经验的主体等同于了阿特曼。第一句说，业是以我见为种子的，只要把小我作为行为和经验的主体，就不可避免地要作业，于是它当然就是业行的种子了。业也就会存在于“我”这种观念的主体（也即人的统觉机能）之中，要想消除这种错误观点，首先就要树立“我非行为或经验主体”的观念，这样一来业就不会再生了，果报当然也就不会有了。

2\. [灭业]果报如还生，
此为误解生于别；
如若“我”见遭除灭，
试问果报如何生？

释:如果有人说:就像我们现在所经验着的那样,尽管业行已经被火烧掉,但是果报却仍然会产生,这种说法是不正确的。果报是来自于别的业的。你的此业虽被火烧掉,但别的业又会生起果报。问:如果把业的种子的"我"见消除掉,那么果报又如何生出呢? 请给出回答。

3. [业]因造出身体故,
抑压存在之知识,
故此果报得以生。
业尽知识即出现。

释:此颂是对上一颂后两句提问的回答。业因造出了轮回果报的身体,同时抑压与最高阿特曼(有、存在)有关的知识,因而生出了果报。一旦业行尽灭,有关阿特曼的知识就会显现出来。

4. [业报]经验与知识,
皆因已生之果报,
因此理应不矛盾。
它业与[识]不同质。

释:对业的果报的经验,有关(梵的)知识,因为果报已经生起的原因,说它们两者是不矛盾的是可以的。而别的业,也即正在蓄积的但还未形成果报的业,那是与知识不同质的。

5. 肉身即是阿特曼，
对此观念加否定；
认知肉身同自我，
持此识者无解脱。

释：此颂是在批判那种自相矛盾的人。一个人拥有阿特曼的知识，这种知识会否定那种把肉身等同于阿特曼的观点；但是，他却又像普通人那样持有把肉身等同于阿特曼的观点，于是商羯罗认为这种人是没有希望获得解脱的。

[5 附. 以上事实得证明，
理由已经讲清楚。]

释：勘定《示教千则》版本的前田专学教授认为这两句可能是后来的人插入的。

第五章　对尿的疑惑

1.　　视尿为露乌陀伽，
如其不愿受甘露；
恐及行为止灭故，
自我知识难受取。

释：这是印度大史诗《摩诃婆罗多》中的一个故事。毗湿奴神有一次同意圣人乌陀伽可以向他要求一些恩惠，于是乌陀伽就向毗湿奴神要水，神说："当你要水时你就想我吧。"有一天，乌陀伽走在沙漠里，他非常干渴，于是就想到了毗湿奴神。这时他看见沙漠里有一个贱民阶层的裸形猎手，浑身污秽，身边带着一群狗。那猎手装扮怪异，还手持利剑和弓箭。乌陀伽看见那人尿出大量的尿液，说这就是给你的水，但是乌陀伽拒不接受，最后非常生气。后来毗湿奴神说那个猎人实际上是因陀罗神，他化身而来是为了给乌陀伽送甘露。

商羯罗在这里实际上是想通过这个例子来说明一个道理，就像乌陀伽不识尿为甘露那样，人们对行为的止灭存在着疑惑，所以就难以获得阿特曼的知识。

2.　自我住于心之中，
“意动”疑为自我动；
犹如舟移疑树走，
误识[自我]在轮回。

释：阿特曼住在心中(即统觉机能之中)，当其统觉机能在活动时，或其在冥想时，被疑为阿特曼在活动。“意动”引用了《广森林奥义》[①]的一句圣句“如有思焉”，它讲的就是上述的意思。后两句举了一个例子：就如乘坐舟船之人，当你乘的舟在水中移动时，实际上岸上的树是不动的，可看上去好似在动；对轮回中的人来说，也会误认本不轮回的阿特曼也在轮回一样。

3.　乘舟看树逆向动，
自我轮回也如此；
因此圣典如此说：
其心此时在念想。

释：此颂是对上一颂的补充。坐在船上的人看见，岸上的树是向反方向行进的；于是阿特曼也被认为是在轮回。为什么说同一之物(统觉机能和住在其中的阿特曼)在冥想之时，看上去它(阿特曼)也像在动呢？这里接着引用了《广森林奥义》圣句的下一句“如有行焉”。下一颂将进行解释。

---

① 参见《广森林奥义》Ⅳ，3，7。

4. 纯思映入遍在心，
此时心中意识生，
声音及它外现出。
为此人们陷迷误。

释：当人的统觉机能中遍满纯粹精神的映像时，意识就会产生，声音等等的外在表现也会出现。这时人们就会分不清到底是谁的作用。这是商羯罗用他的下梵来解释人的意识的发生。商羯罗对他的绝对本体梵的解释是：梵本身是没有任何属性的精神实体，而下智的人去看它时，却给它附上了许多的属性，如全智全能等。这样实际上就出现了两个梵，一个是无属性、无限制、无差别的梵，另一个是有属性、有限制、有差别的梵。前者是非经验的、非现象的，后者却是被人们经验化、现象化的了。在这里商羯罗用纯粹精神来描述意识的产生过程，显然是用的下梵。为什么这样说，下一颂再解释。

5. “我”念显现为纯思，
依其纯思而存在；
相异在于断即“此”，
纯粹经验为最高。

释：“我”念即关于“我”的观念，指的并非是作为本体的阿特曼，这与前面的一些颂中出现的情况是一样的，只是小我而已，即“我”这个概念的承受者。但它却像纯粹精神那样地显现出来，依赖于纯粹精神而存在。这其实就是下梵、外在化的阿特曼。商羯罗经常把个我比作下梵，他对下梵的解释比较混乱，如第三章的“自在天”，也是下梵的一个名称。“此”是指的非阿特曼，外在的现象世界，“我”念也包括在内。如果把这些非阿特曼的因素都舍弃的话，那“我”念就再也不会以纯思的形式出现，也不会依赖着纯思而存在了。只有与“此”相异的纯粹经验（也即纯粹精神）是最高的阿特曼。下梵最终是要抛弃的，要归于上梵的。

第六章　切　断

1.　自我本身无限定，
犹如切断舍弃手；
更如残存之部分，
仍然不能加限定。

释：以被切断而舍弃的手的例子阐述，阿特曼本身自体是无限定的。这两句颂的意思就是，就像把手切断又舍弃掉，虽然身体的一部分被去掉了，但不能认为阿特曼也被舍弃了一部分，因为阿特曼本身是没有限定性的，既不能把它分割为部分，也不能把它当作一个个体。后两句是把意思反过来讲，身体那些还残留着的部分（相对于舍弃的手而言），也不能对阿特曼加以限定。

2.　由此一切之限定，
类似切断舍弃手，
皆属非我造成故。
因而识者离限定。

释：接上一颂加以解释，这些误解都是因为非阿特曼的原因，也就是无明的原因所造成的。就像舍弃的手一样,是无明的产物。而最高阿特曼却是离一切限定的,是自由的。

3. 一切万物如美饰,
源于无明附限定。
自我即被正知时,
一切万物不存在。

释:商羯罗认为,一切万物就像美丽的装饰品那样,只是由于无明的原因附托在阿特曼之上。就像"我念"那样,一般的人都认为,"我"的实际承担者是阿特曼,这其实是不正确的。因为"我"这一观念的承担者,只不过是阿特曼这一纯粹精神在内官(统觉机能)的附托,而人们对它产生了误认。所以一般人所认为的阿特曼只不过是被附托了纯粹精神的内官,并不是真正的阿特曼。由上述分析可以看出无明的性质是一种心理、知觉上的误解,也可以说是认识上和心理上本身所存在着缺陷,商羯罗就把无明称作为"误识"(mīthyājñāna)。那么,万物也是同理,是无明使人们误认为其与阿特曼同样同质。这是因为人们不了解万物的性质,不知道万物现象只不过是摩耶的产物,是虚幻的映像,其本质是不同于阿特曼的。所以,一旦人们认识到阿特曼的本性之后,一切万物就会不存在的。

4. 应认自我为识者,
常离[限定]去对象;

理应了解言"我"物，
类同已弃部分[体]。

释：首先，阿特曼不是认识对象，它也是离对象的；不要执着于外在对象。其次，阿特曼是非限定的，上面已经讲过了。最后，只有阿特曼才是认识主体，前两句讲的就是上述的意思。所谓的"我"者，只不过是同被舍弃掉的身体的部分同样的东西而已。因为这个"我"的观念是统觉机能的产物，是非阿特曼。商羯罗说，应该像这样理解才是正确的。

5. "此"为[自我]限定物，
它与本体不相同。
限定灭时识者立，
犹如牛主异于[牛]。

释："此"物即是非阿特曼，它不同于阿特曼，只是阿特曼的限定物。何为阿特曼的限定物呢？商羯罗认为，尽管只有阿特曼是唯一真实的，一切现象世界都为虚幻之物；但是这个世界的表象却并不是绝对的不真实，他承认现象世界的相对实在性。商羯罗曾说过，这个世界的表象虽然是不真实的，但它们并不是像兔子的角和石女生孩子那样是绝对的不真实。① 这是从世俗的(vyāvahārika)或

① Cf. *Brahmasūtra-bhāṣya*, Ⅱ, 2, 28, vol. Ⅰ, Ānandāśrama-Saṃskṛta-Granthāvaliḥ, Granthāṅkaḥ 21, Khristābdāḥ, 1900, p. 582.

相对的(āpekṣika)角度来讲的。也是从下梵来讲的。对商羯罗来说,世界只是一种摩耶,是梵的虚幻现象;是一般俗人无明的结果,即虚妄认识的结果,也是心识的假现。绝对本体和相对现象之间是一种什么样的关系呢?是"能生"和"所生"、"能见"和"所见"的关系,两者之间不存在本质上的差异,最终是要归于一体的。后两句说,一旦这种限定性被灭除掉,最终认识主体就会独立地存在,就像长着花斑纹的牛的主人与他的牛之间的关系一样。

6. "我"中"此"者应去掉,
贤者认为非自我;
"我即梵"中我应留,
此举根据前述事。

释:贤者(即领悟了梵知的人)认为,"我"念中的"此"的部分(同上颂)是非阿特曼,应该这样去理解,也应该把它去掉。而天启圣典中的"我即梵"(ahaṃ brahmāsmi)[①]的"我",却与它不同,是不应该舍弃的。"我即梵"这一圣句,是吠檀多不二论派的最重要的圣句之一,被称为"ṃahāvākyas"。吠檀多不二论派大约有十二句这种"ṃahāvākyas",但其中最有名的除了上面这句外,还有一句"tat tvam asi"(汝即那)。"我即梵"的前面的"我"是小我,后面的"梵"是阿特曼,两者是不同的,要加以区别。

① 《广森林奥义》Ⅰ,4,10。

第七章　统觉机能的内藏物

1.　　心智所藏一切物，
　　[识起]总为我所见；
　　因而我为最高梵，
　　遍在一切为全知。

释：根据商羯罗的知觉论，统觉机能（也可翻译为心智、心等）的内藏物（buddhyārūḍha）包括5种感官、心和阿特曼，与知觉有直接的关系。在对外界对象进行知觉时，除了感官发挥作用之外，其内藏于心中、挨近阿特曼的统觉机能要发挥很大的作用。统觉机能与阿特曼的关系是这样的：一方面，当统觉机能被附托于阿特曼的纯粹精神性时，它看上去就像是纯粹精神，被称为知觉主体；另一方面，阿特曼的映像住于统觉机能之中、统觉机能的活动被附托于阿特曼时，阿特曼就显现为知觉主体。因此可以说，统觉机能，以及为了知觉的目的所发生的动作的全过程，都是以阿特曼作为知觉和知觉的主体的；那么，对阿特曼来说知觉是无变化可言的，因为都是在它之中完成的，同样，在统觉机能中的内藏物都被知觉到了。①

---

① 参见本书散文篇第二章第70节及其注释。

此颂意说，统觉机能中所内藏的一切对象物，在认识发生的时候，总是会被“我”所认识的。因为“我”（阿特曼）本身就寄宿在统觉机能之中。那么，我就是最高的阿特曼，我也是全知的，同时也是遍在于一切万有之中的。

2.　　[我]为心智自见者，
同样也能见他人；
我者不取也不舍，
因此我为最高[我]。

释：我是自己的统觉机能内部活动的目击者，同样我也是他人的统觉机能活动的目击者。这是因为我住于心中，我遍在于一切之中的缘故。我既不被舍弃，也不被摄取，这是因为我只是唯一之物的缘故。所以，我就是最高的我（阿特曼）。

3.　　我不变、洁净、非色。
因我实为目击者，
心智之识非相异，
此种认识无限定。

释：阿特曼是没有变化的，同时也是洁净的，没有沾染任何非精神的东西，所以它还是非物质性的。在奥义书中，除了对梵和阿特曼进行否定性表述外，也还对它进行了肯定性的表述。阿特曼的本质被归结为不依赖人们认识而存在的一种“识”（vijñāna）、

“智”(prājñā)、“知”(cit,认识、思田)、“有”(sat,存在)、“喜乐”(ānanda)。商羯罗主要用“识”和“智”以及“喜乐”来描述阿特曼的本性。

因为阿特曼的上述性质,所以阿特曼是所有的统觉机能的观察者,它与统觉机能的认识并不二致,因为这种认识就是它所发出。于是这种认识也不具有任何限定性。

4. 光照宝石赤色显,
照此我在万物出;
太阳光照[色显]故,
一切万物由我见。

释:商羯罗在这里举了一个例子来说明现象世界产生的原因。他说就像太阳光照在宝石上,宝石的内部就会放射出红色一样,因为我(阿特曼)存在的缘故,所以一切万物才在统觉机能的内部被看见。所以也可以说,是因为太阳光的原因使得红色从宝石之中放射出来,同理,是因为阿特曼的原因才使得一切万物被看见。实际上商羯罗在这里提出了一个所谓的“映射”原理,万事万物本身是不存在的,只是因为阿特曼的映射,才产生出外界现象世界,也就是说外界现象世界只不过是阿特曼的映射所产生的不实的虚幻假相而已。这些外在的现象世界是依赖于阿特曼而存在的,而不是本身就客观存在的。同时还有一点微妙之处,外在现象世界并不是由阿特曼直接产生出来的,而是由阿特曼所映射出来的,这个映射的发生需要一个中介物,那就是统觉机能。也就是说,统觉机能是外在对象与认识主体之间的联络员，犹如佛教唯识宗的末那识对阿赖耶识所起的作用一样。真正的认识主体是阿特曼。但商羯罗指出，这个阿特曼不是本来的那个阿特曼。真实的阿特曼也不是认识主体，阿特曼的本性是精神性的，具有知觉的本质；阿特曼就是知。如果说阿特曼是知觉，作为自己的知觉，主体是无法知觉对象的。如果说阿特曼是知觉主体，而知觉到获取外界对象形相的统觉机能的观念，那阿特曼就不可能从这些东西的变化消亡中自由解脱出来。换句话说，如果阿特曼是知觉主体，如果显现外界对象形相的统觉机能遍满于对象，阿特曼就不仅成为了统觉机能，还成了变化之物。这与商羯罗的哲学根本立场是不符合的。因此，商羯罗其实是不承认梵本体或真实的阿特曼是认识主体的，而只是承认下梵或下智的作用。

5. 认识对象依心智，
反之则其不存在；
认识主体是[自我]，
常此存在非二元。

释：统觉机能中的认识对象是依赖于统觉机能的存在而存在的，反之则不存在。在这里可以看出商羯罗哲学的一些特点来。首先他把统觉机能和认识对象混同了起来，这种把认识对象的存在归于依赖于统觉机能的存在，是在否认认识对象的客观性。其次，他又把认识主体归于纯精神性的阿特曼，统觉机能只是因为阿特曼住于其中才发挥了认识的作用。这实际上是在贬低认识的客观内容,使认识成为一种先验的绝对存在。在后两句他就否定了认识的客观性,只承认阿特曼的认识权威性。

6. 心智无有识别智,
最高[自我]不存在;
识别智起它物灭,
[心智]自身也灭除。

释:当统觉机能中不具有识别能力时,就会认为最高的阿特曼是不存在的。相反,一旦产生了识别能力,那最高阿特曼之外的一切万物都会被认识到是不存在的,甚至连统觉机能自身也是不存在的。

第八章　纯粹精神的本质

1.　　　　自为纯粹心智同，
味与结合归汝误；
然汝生果非我因，
我与属性无关系。

释："我"（阿特曼）自身的本质是纯粹精神性的，统觉机能也是如此。把我与味等相结合这是因为你自己的混迷所造成的，也即是因为人们的无明所造成的。所以，由你自己所造成的任何结果都与我是无关的，我与一切的属性是一点关系也没有的。此颂开门见山就讲清了阿特曼的本质，同时对现象世界的解释也是很清楚的。

2.　　　　摩耶活动要舍弃，
常处安静无欲求；
我为梵体已解脱，
唯一不生无二元。

释：由摩耶生起的一切活动都要舍弃掉，因为那些都是虚幻不实的;同时还要停止对非存在、非阿特曼性质的东西的追求,要永远处于宁静的状态中。换句话说,就是要放弃一切的活动,要无所作为,要不动。这是因为我是永远的阿特曼,我是最高的梵。就像已经得到了解脱,因为是非二元的,所以是唯一的,也是不生的。

"摩耶"(māyā)是印度哲学的一个重要的概念。最初,在《梨俱吠陀》中,摩耶被看作是一种超自然的幻力,是至上之神"原人"用来创造宇宙三界十方的神奇工具。到了梵书-奥义书时期,摩耶在保持它作为神的工具的同时,又被赋予了哲学上的"幻"的涵义,形成一种"幻论",一种观察事物的根本原则,或基本方法。从幻论出发,事物无论是主观的或客观的,都被认为是虚幻的,因而是无常的、变易的、痛苦的、最终是会消亡的。在商羯罗之前的吠檀多不二论哲学家乔荼波陀对幻论有很系统的论述,认为摩耶有三种作用:(1)摩耶可以说明我与世界之间的无法说明的关系。世界的产生既不是由于它自身的原因,也不是对梵的分有,而是梵通过摩耶的一种幻现。(2)摩耶可以充分体现出大自在天的本性和力量。(3)摩耶本身就是"幻"的意思,更能表现出世界在外观现象上虚幻的特性。当然,乔氏的理论比起商羯罗的来就显得缺乏系统性和论证没有说服力。

"不生"(ajāti)是乔氏的主要理论,乔氏哲学的核心即为"不生说"。其主要观点认为,一切事物都是非生的,甚至连生的可能性都没有。既不能认为已经存在的事物就是生的;也不能认为未曾存在的事物才是生的,这两种观点都被乔氏认为是错误的。所以,阿特曼是不生的,也是唯一无二的。

3.　有情平等绝对者，
遍在不坏亦吉祥；
不断不分也无为。
汝起结果非属我。

释:接上一颂讲解阿特曼的性质。我为绝对者,对一切有情(生物,bhuta)来说都是平等的。就像虚空那样,一切都遍在于其中,是不坏而永恒的,是吉祥的。同时,是非断的,不可分割的,没有行为的(阿特曼)。这种性质的讲解方法与奥义书是接近的。最后说,由于上述原因,所以你所作的一切行为所造成的后果都是与我无关的。

4.　我为唯一无思它，
即此我亦非它属；
执着本无属本性，
不二无需汝结果。

释:前两句说,我是唯一的,所以在梵之外的一切物都不可认为是属于我的;同样,我也不属于任何一种物。后两句说,因为我从本性上讲是不执著于任何物的,所以我也是无执著的,即不依附于任何物的。最后因为我是不二的,所以我也不依赖于任何人或人的行为的任何结果。

5.　即认众生执因果，
为使从中获解脱，

理解各自真本性，
作此对话解原因。

释：无知的人们执著于因果关系，而我为了使众生从这种执著中解脱出来，要让他们理解各自的真实本性的意味，所以作此对话来讲明原因。

在吠檀多派经典《梵经》（约公元前后）产生之前，古印度主要存在着两种不同的宇宙观：第一种称为“转变说”，此学说认为在原因中已经潜藏着结果。这种因中有果论的实质就是肯定原因与结果在本质上是同一的，结果是由原因开展转变而来。第二种称为“积聚说”，此学说认为结果并不包含在原因之中。这种因中无果论否决原因和结果的同一性，认为宇宙空间存在着无数性质相异的原子，由这些原子的结合积聚产生了物质世界，结果是由无数的原因的集合所产生的。吠檀多派基本继承了因中有果的基本思路，在《梵经》中正式系统地探讨宇宙的原因。《梵经》把纯精神性的“梵”定义为世界的原因，它认为梵是世界的母胎，是世界各种现象生起、持续和归灭的终极原因。商羯罗的世界观既是对《梵经》的继承，又有他自己的创新。他的观点既来自于因中有果论，又不同于因中有果论。梵运用摩耶变现了现象世界，梵是原因，世界是结果。然而，原因和结果是不同质的。作为原因的梵是真实的，而作为结果的世界却完全是经验性的非真实之物，是由摩耶造成的幻相。因只不过是假相地非真实地转化成了果，但其本性是幻相。商羯罗认为结果早已潜藏于原因之中，是由纯精神的梵通过摩耶创造出的现象世界，但梵是纯精神性的，而现象世界却是物质性的，于是由于二者是不同质的，所以这种因果关系是不真实的，不应该把它们的关系理解为因果关系。同时，商羯罗在这里说的应该是另一种因果观，即把原因和结果看作同质，把现象世界执著为真实的那种观点。

6. 如此对话思量者，
无知恐惧中解脱；
常离欲念知自我，
无忧平等居安乐。

释：如果经常地考虑这种对话内容的人，那他是会从对无知的大恐惧中获得解脱的；也即一旦理解到了阿特曼的性质之后，就不会再顾虑到无明所带来的恐惧了，因为已经铲除了无明的根源。另外，这种人也会常离欲念，作为知阿特曼者，无忧、对一切众生平等相待、安乐地生活。

第九章　细　微　性

1.　由地始起内我终，
前者舍弃后者跟；
后来不比前微细，
遍满于中理应知。

释：商羯罗在这一章中讲述人的意（内官）的构成情况。我们先来看看商羯罗是怎样描述物质世界的产生、形成过程的。商羯罗认为梵是世界产生、发展和归灭的原因，它既是质料因，又是动力因。这个质料因意味着阿特曼是世界的种子，它是“非变异名色”（世界出现之前的名称与形态）的开展者。梵首先将非变异名色生成为虚空，再由虚空生起它物。即：由虚空生起风，由风生起火，由火生起水，由水生起地。这前五种元素为细微元素，再由这前五种相结合生起空大、风大、火大、水大、地大五种基本元素。商羯罗认为，人的产生是由地元素而来，而后达到内在我。在这种个人存在的构成元素之中，前者比后来的粗大，后来者越来越细微，例如先生肉体，后生心意，肉体就比心意粗大，心意比肉体细微。所以应该了解到内在的统觉机能是细微的、遍满的。[①]

---

① 参见本书散文篇第一章第20、21颂。

2.　正确知识让人知，
外界之[地]与内同；
水等元素也一样，
应知完全无区别。

释：正确的知识让人知道，外界的地与构成人的身体的地是同样的元素；同理，外界的水等诸种元素也与构成人的身体的元素是完全一样的。

3.　风等[元素]生起前，
虚空遍在于一切；
我为唯一统万有，
纯智遍满不二者。

释：根据本章第一颂的解说，我们知道了商羯罗的根本元素的生起顺序，首先是梵将非变异名色生成为虚空，再由虚空生起它物。商羯罗在这里又指出，在风及其以后的元素生起之前，虚空是遍满于一切之中的。根据这一点又知，在这所有产生之前，只有梵是唯一的，就是一切万有；以纯粹精神为本性，遍在一切之中，是不二的。

4.　梵天起始至植物，
据说皆属我自体；
欲念愤忿诸缺点，
难道也皆我生乎？

释:由梵天(应是下梵)开始开展非变异名色,然后生起虚空,一直到地大元素为止,商羯罗认为地元素此时具有了五大元素的所有特征。再由地生出粮食,五大元素生出植物,于是就开始产生出一切的生物,而这一切都不过是我的身体而已。在我体之外的如欲念、愤忿之类的东西,都不是我体所生。

5. 我非常受缺点污,
有情中住主宰神;
愚人识空为青色,
我似也为[有情]污。

释:我是从来不为生物有情的缺点所影响污染的,但因为我是住于有情之中的主宰神,所以就像愚人认为天空的颜色就是蓝色那样,我也因为有情的缺点被认为是有污点的。商羯罗是认为一切生物都是有缺点的,而我是洁净的,无污的。然而因为有情生物的原因却被连累。

6. 一切生类之心智,
常受纯智光照耀;
智者常识自我体,
获取智慧远离恶。

释:因为一切的生物有情类的统觉机能都是我的纯粹精神照耀的对象,在这种纯智的照耀下,对于智者来说,一切的生类都属于自我的身体，具有智慧并远离恶业。

7. [醒时]对象同梦眠，
认识都是有起原；
[真]识常住无对象，
因此二元不存在。

释：此颂说，当人处于觉醒状态下时的认识对象，与人处于做梦时的认识对象是一样的，它们都是有产生的原因。只有真实的认识(阿特曼的认识)是常住不变的，是没有对象的，因此二元性是不存在的。

早在奥义书中就提出了人的意识状态的"四位说"，这种学说认为，由于人的意识处于四种不同的状态，所以会对现象世界和最高真实世界有不同的体验和认识。这种学说的中心思想在于对最高阿特曼的领悟。吠檀多不二论的哲学家乔荼波陀对这一理论有很完整的解说。第一，醒位，人在醒着的时候是作为外界世界的经验者，认知着现象世界；第二，梦位，此时自我正认知着意识本身，因为人们在做梦时实际上是在认识精神本身，此时已与客观外界断绝了关系；第三，熟睡位，此时自我已停止了对外部对象和内部精神的认识，接近于超验的境界，但还没有真正地达到最高我的境界。最后为第四位，这是自我最后或最高的境界。乔荼波陀认为，只有第四位才是绝对的真实，非二元，无分别，无变化，不受认识的影响。前三位都不是对最高自我的真实的认识。醒位和梦位是一种二元性的认识，受经验世界的因果关系的制约。熟睡位同样还受到因的束缚。所谓因,是指认识上的无明和愚痴。因为无知,所以得到的结果是不能把握住最高的我,即歪曲了真理性的认识,把非真理当成了真理,这是无明之果。只有第四位是真正的真理性认识。一切个体灵魂(命我)都因无明而受到摩耶的束缚,只有当个体灵魂真正地摆脱了无明,了幻归真,才能达到第四位。商羯罗对乔氏的观点是持赞同态度的。下面一颂进行了解说。

8. 因为睡时无对象,
主体认识永不变;
醒时认识自无明,
应认对象非实在。

释:在处于熟睡状态下时,已经停止了对外界对象的认识,除了认识主体自身以及其认识之外,一切它物都是不存在的。也即除了认识主体阿特曼的认识之外,别无它物。而在觉醒的状态下,认识是由无明所引起的,认识的对象自然是无明的产物,是虚幻的,因此是不实在的。在熟睡时本身不存在认识对象,而在醒时,认识对象是虚幻不实的,所以,认识对象是不实在的。

9. [自我]不具色形质,
也非眼中之视物;
如此应该理解为,
无限并非识对象。

释：因为自我不具有任何的色形等性质，也因为它不是眼睛的视觉所见之对象，所以就应该认为无限者（阿特曼）不是认识对象。阿特曼不是“所见”，它只是“能见”，是认识主体，认识不能认识主体本身，也不能把自身作为认识的对象。

无限者（Bhūman）也可译为“至大”[①]，实指最高梵。

① 参见徐梵澄译《五十奥义书》第231页。

第十章　见

1. 见为本性如虚空，
光辉不生是唯一；
不灭洁净遍满处，
最高不二得解脱，唵！

释："见"(dṛśi)在这里是指纯粹精神，它代表着最高阿特曼的本性，就像虚空那样，它是永远的光辉、不生、唯一不二、不灭、洁净、遍满于一切，它就是最高的梵，也即我，永久地获得解脱。

本颂结尾处用了圣音唵(om)，[①]这是一个神秘的符号，它是由三个梵文字母组成的，om中的o是由a+u所组成的复合元素。把om分解开，就得出了a+u+m=om。在《蛙氏奥义》中出现，它认为唵是一切的根源，既包括精神也包括物质，一切归于唵。同时唵还代表着宇宙的无限性(包括三世和超时间)。已经具有了本体的意味，归纳起来就是：唵=一切=过去、现在、未来及超时间=梵=我。乔荼波陀在他的《圣教论》中进一步地把唵字作出了三种具有本体论

---

① 此句引自《吠檀多精髓》XXX，210。

意义的解释，一是等于梵，二是等于心，三是等于自在天。[①] 商羯罗显然也是同于乔氏的解说，在这里把唵作为梵来看待的。

2. 我为洁净之见者，
本性不变无对象。
充盈四方无限量，
安住自身亦无生。

释：我是洁净的见，这种本性是不变的。同时，从本性上讲，我中也是无对象存在的。我是充盈于前后上下各个方位的无限者，是不生的，安住在自身之中。从哲学上来分析此颂，可以得出几点：(1)阿特曼的本性是一种纯粹精神，这种本性是永恒不变的，于是肯定了哲学本体的纯精神性。(2)指出这种本体的遍在性，实际上就是说明了最高梵与我的同一性，把大宇宙等同于小宇宙；同时大宇宙还住于我之中，说明了最高梵与阿特曼是同质的。(3)肯定阿特曼的无限性。充盈于四面八方，就在空间上是无限的；同时由于不生，没有开始也就无结束，于是在时间上也是无限的。只有阿特曼才是这样的，而一切物质性的东西都是有生灭的，因而是有限的。

3. 不生不老即不死，
遍在不二自光明。

---

① 参见乔荼波陀《圣教论》Ⅰ，26，28；Ⅲ，46。

无因无果无污垢，
常是满足得解脱，唵！

释：此颂与第一颂的意思很接近，商羯罗经常都会作反复的宣说，因此出现意思相近偈颂的重复并不奇怪。不生不老自然就不会有死，是说时间上的无限性。遍在于一切之中是说空间上的无限性。阿特曼又是唯一不二的，无需它物来照亮它，它本身就是光明的。阿特曼是离因果的，它既不是任何事物的因，它本身并不产生任何东西；它也不是由它物所生的果，所以是离因果的。阿特曼本性是纯粹精神，不为世俗物象所沾染，所以是无污垢的。因为阿特曼不需要任何的因果物质，它是自我满足的，所以是解脱的。

4. 醒睡梦眠三状态，
迷混知觉不属我；
自在依它两皆非，
我为第四不二见。

释：此颂谈到了阿特曼的“四位说”。前三位为醒位(vaiśvānara)、[①]梦位(taijasa)、[②]熟睡位(prājña or avyākṛta)，[③]这三种状态都是仍然还处于经验世界，这时阿特曼仍然受限制

① 参见本书韵文篇第十七章第65颂。
② 参见本书韵文篇第十五章第24颂。
③ 参见本书韵文篇第十五章第25颂、第十七章第65颂。

(sopādhi),[1]其知觉为迷混的,但对我并无碍,因为我并不存在于它们之中。因此,由于这三种状态本身既非独立不二,又非依存于它物而存在,从而处于一种矛盾的状态,自我则是超越这三种状态的第四位(阿特曼),所以自我是不二的见。第四位(Turīya)[2]才是真实的。[3]

5. 身中所起不断苦,
因我不变非我属;
故如梦中所见物,
连续痛苦并不在。

释:由身体或其感觉器官所起的连续不断的痛苦,其实既不是属于我之物,也不是我本身。这是因为我本身是不变的缘故。我是一个不变的主体,它不会带来任何的东西,也不会产生任何的东西,所以不要把身外之物依附于我之上。那么,这些连续不断的痛苦是非实在的,就像做梦的人在梦中所见的对象那样是非实在的。

6. 我非变化此为真,
缘我不二故无因。

① 参见本书韵文篇第十五章第 29 颂。

② 参见本书韵文篇第十章第 4 颂;《广森林奥义》Ⅴ,14,3～7。

③ 第四位的梵文在《蛙氏奥义》(7)中为 Caturtha;在《弥勒奥义》(Ⅵ,19;Ⅶ,11,7～8)中为 Turya。

善恶二业解与缚，
身体生活皆全无。

释：此颂与上一颂同样地对身外之物进行了否定，它首先肯定：因为我是不二的，所以我是不变的；因为没有变化的原因。只有我是不变的和没有变化的原因这一点是真实的，其余的皆为非实在的。商羯罗认为，无论是善业或恶业、解脱或束缚，无论是包括从婆罗门阶层到首陀罗阶层的种姓制，以及从学生期到云游期的生活期，这一切都是非实在的。为什么呢？这是由于承受这一切的身体是非实在的原因。①

7. 无始无德故无业，
最高不二是微细；
虚空遍在并不污，
我入体内也如此。

释：此颂第一句似《薄伽梵歌》(第 13 章第 31 颂)的“离于属性既无始，这个不灭最高我”。② 我是没有开始的，也不具有任何属性，“德”(guṇa)即为属性之意。因为我既无始初又无诸德，所以我是不会产生任何的行为，也就不会由行为带来任何的结果。由此

① 印度教的种姓包括：婆罗门、刹帝利、吠舍、首陀罗。生活期为：学生期(又称梵行期即少年时代)、家住期(成年后结婚、持家)、遁世期(退休后专事修习)、云游期(老年时代)。

② 本书中所引《薄伽梵歌》均为出自 Ānandasrama 丛书，以下再引时不注。

可以证明，我就是最高的阿特曼，是唯一不二的。商羯罗在这里是在说明奥义书里已经出现的“小我即大我”的思想。奥义书认为，言“梵”者意谓大我，说“阿特曼”是指小我，但实际上小我是同于大我的。大我是宏观世界的灵魂，小我是微观世界的灵魂；小我最终是会归于大我的，二者是体与相、一与多的关系。奥义书用例子说明，二者的关系犹如蜘蛛与其网丝的关系一样，网丝虽非蜘蛛，但由蜘蛛所产，二者不能截然区分开来。商羯罗自己对小我大我的看法与古代奥义书的观点是有所区别的。

此颂后两句打了一个比方来说明阿特曼与身体的关系。就像虚空遍在于一切万有之中却不会玷污它们一样，阿特曼在身体之中存在，却不会对身体造成污染。什么原因呢？因为阿特曼是精神，属于微细之物，不同于身体是粗大，不同质的东西是不会相混的。在这里讲的污染，并不是我们一般所理解的污染，而是指混淆、误认之意。

8.　　众生平等主宰神，
　　胜于坏灭与不灭。
　　性为最高不二我，
　　却为无明识所颠。

释：第一句说，最高我是对一切众生都平等相待的主宰神，此句似《薄伽梵歌》第 9 章第 29 颂的打头的一句：“我于众生皆平等”，这里蕴涵着几层意思。[①] 首先，最高我是主宰神，这是秉承了

① 同时请参见本书韵文篇第八章第 3 颂。

奥义书的思想。奥义书认为，梵既是具有抽象意义的哲学本体，又是能创造出万有一切的主宰神、造世主。这种说法不但能说明梵为超验世界的灵魂，还能解释现象世界的产生。商羯罗完全继承了奥义书的这一理论。其次，说明了最高我与现象世界的关系。最高我作为一切众生的灵魂，寓于他们之中；而一切众生作为最高我的产物，也是包含在其中的。于是就形成了一种你中有我、我中有你的互含关系。既然如此，那么就不存在对谁爱对谁恨的问题，主宰神对一切众生永远是平等的。反过来，就要看众生对主宰神是不是虔诚了。最后，强调了最高我与现象世界、一切众生的区别。虽然具有那种互含关系，但决不能把它们混淆起来，创世主与创造物在本质上是不同的。如前颂所说，虚空遍在于万有之中，但却不被污染；最高我遍在于众生之中也是同样。说最高我对万有作平等观就是此意。

第二句也与《薄伽梵歌》第15章第16颂至18颂有相似之处。此句说，最高我是高于坏灭之物（即现象世界）和不灭之物（指自性，宇宙产生的原初物质）的，只有最高我是终极本质，而坏灭之物与不坏之物都是与现象世界有关联的。看来商羯罗的思想与《薄伽梵歌》的理论是一致的。《薄伽梵歌》认为，"神我"（宇宙灵魂）分为三种：坏灭之物和不灭之物（kṣarākṣara）、终极灵魂（kūṭastha，或释"首位之物"）。前两者都属于与现象万有世界有关系的，属于低级的；坏灭之物转化为了现象世界，不灭之物是创造世界的主宰神，《薄伽梵歌》把它叫作"原人"、"不灭的自在天"，也是与现象世界有关系的。只有第三位的终极灵魂是高于这二者的，它完全是超验的、纯精神性的，因此被称为"无上神我"。商羯罗把梵分为

“上梵”(超验体)和“下梵”(经验体)与此是同样意思。

第三、四句是在讲明作为第三位的终极灵魂其本质就是自我,“我”的本质就是“最高我”,这是唯一不二的。个我同于大我,前面已经讲过。“梵我不二”是商羯罗哲学的最终本体。只不过因为人们被无知或无明,也即错误的知识所蒙蔽而看不到这一真理,或者颠倒黑白。最后一句商羯罗认为无明(avidyā)就是将真理颠倒(viparyaya),他还认为无明就是谬误(mithyājñāna)。[①] 商羯罗在《薄伽梵歌注》[②]中认为,无明(avidyā)具有三种含义:(1)viparītagrāhaka,(2)saṃśayopasthāpaka,(3)agrahaṇātmaka。其中第(1)的意思很接近 viparyaya,尽管“颠倒”一词与无明并非同义词,但是在意思上基本可以包括在中。

9. 异于无明、印象、业,
我全无垢亦无妨。
我为不二具见力,
虚空不动住本性。

释:阿特曼与无明、潜在印象和业是不同的,因为阿特曼是清静无染的,不受任何人间有情的缺点所妨碍的。这是讲阿特曼的区别性。它具有“见”的能力,像虚空那样不动而安住于自己的本性之中。

---

① 在《瑜伽经》(Ⅰ,8)中,viparyaya 一词被解释为 mithyājñānam atadrūpapratiṣṭham。

② Cf. *Bhagavadgītā-Bhāṣya*, Ⅻ. 1, Bombay: Nirṇaya-Sāgar Press, 1936, p. 529.

10. 信我为梵之见者，
圣典说他不再生；
无种哪来果实产，
去除无明即无生。

释：此颂所说圣典，是指《石氏奥义》。[①] 此圣典认为，凡坚信我就是最高梵，从而“见”阿特曼者，就会不再进入生死轮回之中获得解脱，也即“不再生”。这是前两句。后两句是接着解释，认为有生那是因为无明的缘故，无明是种子。如果去除这一原因（种子），自然就会无生，也即无果了。认为世界上的有生死的万有是存在的，这是一种迷误的见解，是无明。其实这一切都是不存在的，只是“摩耶”（即幻相）。

11. 我归此类你归那，
非高非异似自我。
同此认定不二梵，
源于愚昧非它因。

释：此颂前两句指出了人们对最高梵的一些误解。人们认为，“这是我的，即为此类”，“那是你的，属于那种”，“那么一样，我也同此，既不会高过那，也不会异于那”。如果用这样的观点来看最高梵的话，那就是错误的。为什么呢？因为，不能把人间的区别性加在最高梵的身上，梵是不二的，没有区别性的。它对于一切的万有

① 参见《石氏奥义》Ⅰ，38。

来说都是平等的，尽管经验世界显示出无限的多样性来，但终究会归于梵之中的，梵是终极的真理、本源，所以在梵那里多样性都会消失的。人们因为看不到这一点，以为经验世界是多样的，作为创造主的梵也应该是多样的，这是无明。

12. 不二无污知识得，
去悲去迷伟大者；
此时业行与生无，
知吠陀者确信此。

释：具有伟大的精神的圣者，当他获得完全不二无污的知识时，他就会没有悲伤和迷混。商羯罗说的知识是指那种关于“梵我同一”的知识。他认为，只有当人们认识到个体的我与大宇宙的我是同一的，小我最终是会归于大我的这一点时，人才能获得真正的解脱。一旦去除悲伤与迷混，人就会停止业行，清静无为，也就会无生了。只有精通吠陀圣典的贤者确信这一道理。

13. 醒睡状态见二元，
不二之中无所见；
所见业行也同此，
知自我者得结论。

释：因为自我是不二的，所以在觉醒状态以及熟睡状态中所见的二元世界（即实际经验世界），自我是见不到的；行为也是同理：实际行动着但却又无行为的人，这种人就是知阿特曼的人。只有真正获得了有关阿特曼的知识的人才会如此，其余任何人都不行。商羯罗认为上述为吠檀多的道理。实际上就是说，自我与经验的我是处在两个不同的世界中的：前者是唯一不二的，是超验的，是清静无为的，同时只是内心的体验，抽象的哲学概念，真理性的结论。后者是多元的、实际的，是看得见摸得着的经验世界，然而却是虚假不实的，是幻相。

14. 在此宣说胜义谛，
无上见解吠檀多。
虔信达于解脱者，
犹如虚空不染业。

释：胜义谛（paramārthasatya）又可译为真谛、第一义谛，这是相对于俗谛而言的，表示真理的意思。在这一颂里商羯罗本来没用“谛”（satya）这个词，而是用了 paramārthadarśanaṃ，说的也是从胜义的立场出发，译者之所以用谛这是为了语言上的简练，意思却完全是一样的。商羯罗认为在这里所讲述的一切，都是他从胜义的立场出发，将在奥义书中已经被确定的最高真理讲了出来。吠檀多（vedānta）的意思是“吠陀的终末”、“吠陀教义的究竟目的”，也可以指代奥义书。商羯罗这一派的哲学是以研究奥义书为主要对象，所以就被叫作吠檀多派。

后两句认为，如果对上述真理加以信奉的话，就会得到解脱，也就如前面所讲的，如虚空那样，不被业行所玷污了。

第十一章　观者之性质

1.　　观者性质同有情，
二者本无别异性；
无明生出别异来，
“汝为有”句去除它。

释:观者在这里专指梵。此颂讲,作为观看者的梵其性质是自立的,而万物有情的性质也是随之而确定的。如果把二者区分开来看待,或者认为它们之间是有别异性的话,那是由于无明的缘故。即是由于认识不到自己与最高梵的关系。那么,对于这种别异性,只要念习“汝为有”的圣句即可去除。“汝为有”就是承认自己的存在性。此颂暗寓了一个道理:大我映射着小我,从大宇宙可以窥视小宇宙。反之亦然。

2.　　[欲达]不死仅依此,
圣典认为知无助;
细身业行两皆否,
只因圣典如此述。

释:第一句是出自《广森林奥义》的“永生性是如此也!”[①]什么意思呢?这是说,要想追求不死(即永生性)就只能依靠对“梵我同一”的认识,充分认识到观者与有情性质的同一性,非此别无它法,连知识也是无助的。同时,圣典把细身与业行也否认了。

细身,即细微的身体。身体被分为粗大的身体与细微的身体两种类,粗大的身体是由地、水、火等五大元素组成,死亡时将会坏灭,这就是我们的具有知觉的肉体。细微的身体是那种在死亡时并不消失,而是在阿特曼开始轮回时伴随它轮回之物。细身是无知觉的,它在得到解脱之前会不断地存续下去。[②]

3. 一切[有情]意改变,
并未看见有区别;
并无变化之自我,
怎能思量有区别?

释:此颂说人们的内在统觉机能或心思的变化,你是看不见有什么区别的。那么,作为无变化的自我,又怎么能认为它会有差别呢?

4. 静观醒梦之二境,
心意里边起变化;

① 《广森林奥义》Ⅳ,5,15;汉译引自徐梵澄译《五十奥义书》第 32 页。同时请参看本书韵文篇第一章第 20~21 颂。

② 细身的梵文为 sūkṣmaśarīra,但在这里却用的是 saliṅga;不但在此,在本书的其它地方如韵文篇第十一章第 14 颂、第十五章第 10 颂,以及散文篇第一章第 4 颂都出现了此种用法。前田教授认为两者在此的意思是一样的。

熟睡境中皆不见，
纯思不二遍在处。

释：在觉醒与做梦这两种境界中，有情众生的思想及思想活动是可以被观察到的。但在熟睡境中却不见这些了。此颂是想证明，作为观察梦醒两种境的阿特曼，它处于心思之深处，它是不动的、不变化的，其性质是纯粹精神性的，遍在于一切之中，是不二的。

5.　犹如梦中见真实，
梵知[未得之前]时，
肉身同我[共真实]。
现量为知醒为真。

释：此颂说，就像做梦在醒来之前被认为是真实的那样，在获得有关阿特曼的知识之前，也会认为人的身体与阿特曼是同一的是真实的；也就像是把现量（直接知觉、感觉）作为知识的来源一样，当然会认为觉醒时所感觉到的一切都是真实的。商羯罗认为，由于实体的存在与经验的存在是有区别的，于是认识也就存在着区别。对实体的存在（梵）的认识为“高级的认识”（又称上智），对经验世界的认识为“低级的认识”（又称下智）。上智为直接的领悟，实际上就是一种神秘的直觉；下智是不可靠的认识，受到时空、因果的限制，其来源有六：第一，感觉（现量）；第二，推理（比量）；第三，证言（圣言量）；第四，类比（譬喻量）；第五，推定（义准量）；第六，非存在的认识（无体量）。

6. 犹如虚空入众生，
不染众生之缺点。
我为观者无所属，
清静之梵绝对者。

释：我虽像虚空那样住于一切众生有情之中，但是我却有别于他们，并不被他们的缺点所玷污。因为我只是目击者、观察者，我是没有任何属性的，是清静的梵。在这里商羯罗把梵我与经验世界作了非常清楚明确的区分，绝不能被现象世界所迷惑。下面一颂还会接着来说明梵我的。

7. 别于名色业三种，
本性常恒得解脱。
阿特曼即最高我，
纯粹精神不二者。

释：第一句参见于《广森林奥义》（Ⅰ，6，1），[①]该书认为客观世界有三重：名（名称）、色（形态）、业（行为）。这三种物质性的元素是依三种主观世界的因素：语、眼、身而生起。语为语言，事物的名称来自于人的语言；眼即人眼，形态当然是用眼来看；业即行为，行

① 《广森林奥义》Ⅰ，6，1。

为是用身体表现出来的。于是客观世界的三重因素是由主观世界的三种因素所产生，就成为顺理成章的了。不过在我们看来，只是这种关系正好被弄颠倒了。这三种主观因素虽为三，然却归于一：即自我。自我虽为一，却即为三。可见商羯罗认为自我在心之深处，主宰着人的一切。但自我与名色业是不同的，这三者是非阿特曼的，不能混淆。因为我在本性上是永远解脱的，我是纯粹精神性的，是不二的；我就是阿特曼，就是最高梵。

8.　明知我即梵之理，
又信我即经验者，
知识业行两皆抛。
无疑此为异端见。

释："我即梵"之理早见于《广森林奥义》："太初，此世界唯大梵也。彼唯知其自我：'我为大梵！'——故彼化为大全。"[①]懂得此理的人如果又相信我是行为的主体，我是经验者，那么他便会既没有知识，又不能产生行为。换句话说，如果一个人既相信我即梵的道理，同时却又认为梵我是行为的主体，也会对现象世界产生经验，那么，这种人其实是既不懂梵的知识，又不了解业行。他们是既失知识又丢行为。于是商羯罗说他们无疑就是非正统派（异端，nāstika）。[②]

---

① 《广森林奥义》I，4，10。汉译引自徐梵澄译《五十奥义书》第534页。

② 印度传统上将承认吠陀为其绝对权威的六派哲学（吠檀多、弥曼差、胜论、正理论、数论、瑜伽）称为正统派，把不承认吠陀权威的顺世论、佛教和耆那教等称为非正统派。

9.
善恶业果与我连，
眼虽不见得认可；
圣典认为梵我同，
知识引得解脱来。

释：此颂说，就像善恶之业与阿特曼相连，这种事尽管用眼看不见，但却得到了认可那样，根据圣典所讲，解脱是要从有关"阿特曼即是最高梵"的知识中得来。商羯罗认为，得到解脱的唯一方法就是学习有关梵的知识，真正了解"阿特曼即梵"的真理，也即亲证"梵我同一"，这样就能获得解脱。对商羯罗来说，有关梵的知识是最高的净化法（paramaṃ pāvanam），这种知识可以使那些追求解脱的人清洗恶业，消除无明，拯救他们于出没着吃人鳄鱼的生死大海之中。他时时告诫人们要专念于知识之道（jñānapātha），[①]他认为，只有当人们开始消除业行时才能逐渐领悟阿特曼的本性，也即业行的放弃是使你领悟圣典所说的"汝即那"中的"汝"的意义的最好手段。商羯罗是不赞成把知识和行为两者都作为解脱的手段的，他反对解脱的"知行合并"论。这里所说的行为是指宗教上的祭事一类的行为。因为知识的基础是实在，而行为的基础却是发出命令的行为的主体。而这个行为的主体会因为无明等原因把非阿特曼的因素附托在阿特曼身上，于是，行为与知识在本质上是根本不同的。

① 参见本书韵文篇第十六章第 68 颂。

10.　　番红色衣潜印象，
梦眠之人得见它；
知觉相遇在梦境。
见者绝对相异它。

释：对于处在梦眠状态中的人来说，他如果能在梦中见到番红色衣装的潜在印象，就算是知觉到了。也就是说，当人们在觉醒状态时，他知觉到了番红色衣装，于是在他头脑中就有了番红色衣装的印象；一旦做梦，这种潜在印象就会再次出现在人们的梦境之中，人们就算是对这种潜在印象有了知觉。但是，潜藏在人们内心深处的见者（阿特曼）却与潜在印象是不同的，因为它是绝对者，你是无法知觉到它的。

《广森林奥义》中讲到，大梵之态有两种，一是有相者，一是无相者；自我也同大梵，具有二相。曰："此神我之相：如黄衣，如白羊毛，如赤甲虫，如火焰，如白莲花，如电光突闪。"[①]如黄衣即指如番红色衣之意（mahārajanaṃ vāsas）。有相者即指可见之梵，可对应于商羯罗的下梵，即为宇宙的创造主；而神我是指可见之阿特曼，奥义书认为是从右眼看到的神我之相。奥义书设置一个可见者是为了解释变化万千的现象世界的存在，商羯罗因袭这一点也搞了一个下梵。但他却并未承认阿特曼也具形相。这是他比奥义书理论更为先进的原因所致。因为商羯罗认为，阿特曼只是纯粹精神，是抽象的哲学概念，它只是处于内心的某个位置，而我们却无法把

① 《广森林奥义》Ⅱ，3；汉译引自徐梵澄译《五十奥义书》第558页。

它的形相描述出来。当处于梦眠状态时，感觉器官的机能停止了活动，但内官还有活动，这时阿特曼被叫作"炎光"(ṭaijasa)或叫作"内慧"(生主，Prajāpati)；它认识着内在之物。[①] 换言之，此时的认识对象并非外在的对象，而是觉醒时通过感觉器官所得到的潜在印象(vāsanā)。[②] 这同回忆起觉醒状态的情况是一样的。阿特曼在梦眠状态时，摆脱了身体以及感觉器官这些限定性的添性的束缚，犹如刀拔出鞘放出了光辉那样，阿特曼显出了纯粹之形，初见自辉(svayaṃprabha)。也即：认识主体在梦眠状态时，从因果中得到了自由，看见了自身的光辉。[③]

当我们处于熟睡状态时，一切都消亡了，连内官的机能也停止了，这时的阿特曼被称为"有慧"(prājña)。[④] 此时的阿特曼什么都不看(ananyadṛś)，[⑤]也没有意识了。胜论派哲学认为，因为意识是非恒常的，阿特曼为意识的属性，所以在熟睡状态时阿特曼也是没有的。[⑥] 吠檀多认为，要破除这一般的常识，应认熟睡状态时阿特曼就是"纯知"。熟睡状态时谁也看不见什么东西。此时不能说纯粹精神被消亡了，而是纯粹精神的对象不存在了，而纯粹精神却是存在的。

---

① 参见《蛙氏奥义》4；《圣教论》Ⅰ，1，巫白慧译释，商务印书馆，1999年，第20页。

② 参见本书韵文篇第十一章第10颂；第十五章第24颂。

③ 参见本书韵文篇第十一章第11颂。

④ 参见本书韵文篇第十五章第26颂；第十七章第64颂。

⑤ 参见本书韵文篇第十五章第25颂。

⑥ Cf. M. Hiriyanna, *Outlines of Indian Philosophy*, New York: Macmillan co., 1932, p. 230.

11.　　犹如鞘中拔利剑，
[利剑寒光]能看见；
见者梦境去因果，
自己光辉也被见。

释：当你把剑从剑鞘中拔出来时，你能看见利剑的寒光一闪；见者（认识主体）犹如此理，当它处在梦眠状态中时，摆脱了身体以及感觉器官这些限定性的添性的束缚，犹如刀拔出鞘时放出了光辉那样，阿特曼显出了纯粹之形，初见自辉（svayaṃprabha）。它摆脱了因果（即指现象世界）的缠缚，所以自身的光辉才能放射出来。此颂着重讲了两点：第一，见者本身是藏于内心深处的，必须要当你处于梦眠状态时，已经消除了一切经验世界的印象之后，才能显现出来。第二，见者本身是无垢的，只因为经验世界的附着，才使它难以显露出光辉来。一旦消除限定性的添性，它便会自放光辉。接下来的两颂还会讲到见者的。

12.　　弄醒睡眠之见者，
进入自然的状态；
圣典讲述“非此也”，
去除错误之误见。

释：此颂是承袭《广森林奥义》而加以解说。曰：

“于是阿荼多沙特鲁王曰：‘是事颠倒矣！以婆罗门而从刹帝利学，说‘老师教我梵道！’——虽然，我将使尔明乎此。’执其手而起。

二人出，遇一熟睡者，遂以诸名对之而诵曰：'汝白衮之大君哉！梭摩王！'其人酣睡也如故。王遂以手触而醒之，其人起矣！"①

奥义书在此讲述了一个故事：贝那勒斯的一个国王，即具有充分梵知的刹帝利的阿荼多沙特鲁，与婆罗门出身的葭基夜进行了辩论对话。葭基夜并不具有很丰富的梵知，他把梵作为人格化的太阳或月亮神。一开始，葭基夜给大王讲梵学，但是王却认为这些都是不对的，加以了反驳。葭基夜败给了他，拜他为师。阿荼多沙特鲁王就说："你是一个婆罗门却来向刹帝利学习梵知。"此后二人一起来到了一个熟睡者跟前，阿荼多沙特鲁王用各种名字呼唤此人，此人却仍然熟睡不醒。当他用手去推时，那个人突然间就醒来了。此颂在这里引用天启圣典的这个故事是想说明：藏于人心深处的阿特曼是需要去引发的，而引发物就是"非此也，非彼也"的圣句。即用此圣句去除对见者的错误的看法，使见者回复到本来面目。下一颂还接着讲奥义书中的故事。

13.

应知王说此世界，
梦游之境所误想；
二[梵]相同之潜象，
皆为[我之误想故]。

---

① 《广森林奥义》Ⅱ，1，15；汉译引自徐梵澄译《五十奥义书》第552页。

释：在《广森林奥义》中，阿荼多沙特鲁王与葭基夜有一段对话，谈到了有关阿特曼在梦境之中被设想的世界，即或视为大邦之君王，或为大婆罗门，或高升或卑下等等，王认为这些都是梦境中的误想。[①] 也同于《广森林奥义》中所讲到的梵的二种相（有形、无形），这些与上述的有关我的潜在印象一样，都是误想。[②] 商羯罗最终是反对把梵我作二元的区分的，特别是对阿特曼；他把梵分为上梵与下梵，这只是权宜之计，是为了解释多样性的现象世界的存在。

14.　　粗身细身视为同，
具潜象我作业行。
因我本性"非此彼"，
我之业行何处有。

释：此颂分述了有形之我与无形之我的不同之处。有形之我把粗大的身体与细微的身体视为同一，这是一种误解。商羯罗认为，粗大的身体由五种基本元素（空、风、火、水、地）组成，死亡时会随五大元素的散失而消灭，也即可知觉的身体。但他在本书中却并未对粗大的身体作更为详尽的解释。有关细微的身体，商羯罗在《梵经注》中认为，细身是粗身的种子，是基本元素中的细微部分，性为"微少"（tanutva）、"透明"（svacchatva）。粗大的身体在人

① 参见《广森林奥义》Ⅱ，1，18。
② 参见《广森林奥义》Ⅱ，3，1～6。

死亡之际会随之消散，而细微的身体却会在阿特曼进行轮回时伴随于它。当然，如果把这二者混为一谈那就是错误的。实际上在商羯罗那里，粗身为物质，细身为精神。

此颂前两句认为，当阿特曼带着经验世界的潜在印象，对粗身和细身不加区别时，就会发生业行。这是说的有形之我的情况，上述两种情况只会发生在醒时和做梦时。而一旦进入深睡状态时，不会做梦了，自然也就没有了对经验世界的潜在印象，这时阿特曼就会显现出来。后两句说无形之我，阿特曼的本性是"非此也，非彼也"(neti，neti)，因此，无属性的阿特曼是不会发生行为的。下一颂将给出结论。

15.

因此无知是原因，
业行无望得不死。
要得解脱需知识，
此外再无它物倚。

释：行为的原因是无知，无知所引起的行为会使人没有希望达到不死。对上述道理如果不明了的话，就会陷入无明，认为行为(商羯罗在此说的行为应是指那种祭事行为)可使人得到解脱。这种想法是没有希望的。那么，要想得到解脱的话，只能依靠知识(梵知)，除了知识之外别无它法可倚。

16.

不死者无恐无伤，
阿特曼非此非彼，

理应对我加以爱。

业行他物皆应抛。

释：不死者即为永恒之物，系指阿特曼。它既不恐畏何物，也不为它物所伤。为什么呢？因为天启圣典指出，阿特曼非此非彼，它因为没有任何属性，所以无恐无伤。同时，天启圣典认为，阿特曼是非常可贵的，它可贵于任何事物；因此，我们应该对它加以爱。[①] 因此，凡是与阿特曼相异相反的东西，都应该与业行一起被抛弃。

① 参见《广森林奥义》Ⅰ，4，8；Ⅱ，4，5。

第十二章　光　　照

1.　　犹如光照身体亮，
误为自体会发光；
见者似为统觉心，
心被疑为自我见。

释：商羯罗举例说，就像阳光照在人身上，而人们却误认为身体自己会发光一样；见者（阿特曼）以心（统觉机能）的形式表现出来，人们却就认为这就是“我”、“见者”。这其实只是一种误认，商羯罗在这一章中将集中讲解阿特曼与心的关系。

商羯罗在不同的地方使用了许多词来表达“心”（antaḥkaraṇa），[①]如 buddhi，manas，citta，dhī，甚至 vijñāna，但其意思大致相同。商羯罗把人的大脑的思维能力和控制能力（也称统觉能力）表述为心，心是不同于阿特曼的。阿特曼只是“见者”，是灵魂，并不直接参与人体的具体活动。阿特曼的本性是纯粹精神（caitanya），它会附托在非精神性的统觉机能之上；当它附托于统觉机能时，统觉机能便具有了阿特曼的形相。阿特曼与心是处于两个不同的世界，

---

① 或可译为统觉机能、精神等，《金七十论》译为“内作具”，也即 mind 的意思。

前者是出世的，后者是世间的。只是当阿特曼的印象在统觉机能之中出现时，人们便会把这种知觉的主体误认为是阿特曼本身，也即，当知觉主体被附托于阿特曼的纯粹精神时，它看上去也像是纯粹精神之物，于是就被称为“知者”(jña)。[①] 这样实际上就把阿特曼和统觉机能混淆了起来。阿特曼本身是不变即不动、常住的，统觉机能也即知觉过程却是变化的，两者就产生了矛盾。于是商羯罗认为这种观念实际上是错误的，应该反对这种看法。

2.　　现世所见任何物，
均被认为阿特曼；
由此陷入迷混中，
难认[真实]阿特曼。

释：上一颂说把阿特曼与知觉主体混为一谈，现在就接着讲它所造成的后果。由于把阿特曼与知觉主体等同了起来，于是在现世中所经验的任何之物，都可能与阿特曼相混淆。当阿特曼的印象在统觉机能之中时，统觉机能的作者性(kartṛtva)就会附托在阿特曼的身上，阿特曼就会被误认为知觉主体，也就被称为“知者”。由此，因为统觉机能的观念遍满于它的对象之中，而对象的色形等又附着在统觉机能身上，那么包含着统觉机能其观念、知觉和动作的知觉的全过程，最终将会以常住不变的阿特曼作为误解的知觉主体而呈现出来。这样，现世中所见所经验的一切事物，都将以阿

① 参见本书散文篇第二章第 76 节。

特曼的形式显现出来；人们正因为认识不清这个道理，迷混于此，所以也就认识不到真正的阿特曼。

3\. 自己便为第十人，
然却混在九人中；
陷入此种迷误里，
难识自我与它别。

释：商羯罗在这一颂中讲了一个故事来作比喻。有十个小孩过河，过去之后就有一个孩子来清点人数，数来数去却只有九个人，他忘了把自己数进去。另一个孩子说："你就是第十个人啊！"这时这孩子才明白，"哦，自己就是这第十个人。"这是印度的一个民间故事，商羯罗和他的弟子们经常用这个例子来向人们说明他们为什么会产生认识上的错误，又应如何去认识"梵我同一"的道理。在这里商羯罗认为世人们也像这样，不清楚阿特曼是遍在于一切万有之中，也包括在人的统觉机能等这一类认识对象之中；难以达到"汝即那"的境界。这个故事至少包括了两个道理：一方面讲了阿特曼与身体的关系，这是一种若即若离的关系。阿特曼不等于人的肉体，因为它们是不同质的；前者是纯精神性的，是常住不变的，而后者却是经验性的，是变异不定的。同时，二者却又是同一的，因为阿特曼住于心中，统觉机能便是它的宿处，它遍在于一切万有之中，它还通过摩耶变现出了万有世界，它当然就是与肉体相同一的。另一方面讲了个我与梵的关系。个我本身就存在于大我之中，这是毋庸置疑的。"汝即那"的圣句肯定了这一关系。

4.　问：请予合理讲清楚，
汝作业与汝即那，
此为矛盾两命题，
为何同时出同处？

释：这里提出了问题："汝作业"是说人有行为作业的，承认身体的存在；而"汝即那"（tat tvam asi）[①]却是肯定小我与大我的关系，同样都是精神性的，那么精神性的东西是不会作业的。这两个命题是互相矛盾的，它们为什么会同时从同一地方产生出来呢？下一颂给出回答。

5.　答：身体同我即生苦，
无体何时也无苦；
见为去除苦之故，
[圣典]宣说"汝即那"。

释：有谁把身体与阿特曼视为同一的话，那他就有了痛苦；因为产生这种观念是源于无明，无明是一切痛苦之源。"无体"是指没有形相的阿特曼，奥义书讲阿特曼是没有体的。[②] 颂中说阿特曼无论是在熟睡状态还是在觉醒状态中，它本身是没有苦的。见（阿特曼）是去除苦的，于是为了去掉苦，圣典讲述了"汝即那"的道

① 参见《歌者奥义》Ⅵ，8，7。
② 参见《歌者奥义》Ⅷ，12，1；本书韵文篇第十五章第6～7颂；第十八章第164颂。

理。佛教认为人生有八苦:生苦、老苦、病苦、死苦、怨憎会苦、爱别离苦、求不得苦、五取蕴苦。佛教是从人的生理和社会意义上来讲的。商羯罗讲苦,则是从认识论的意义上来讲的。他认为无明是最大的苦,即人不能获得正确的认识才是真正的痛苦;因为你没有获得梵知,所以无法得到解脱,只好继续在出没着吃人鳄鱼的苦海中轮回。

6. 犹如镜中所见颜,
见之映象宿心念,
瑜伽行者眼见之,
认为看见阿特曼。

释:瑜伽行者看见了住于阿特曼的映象之中的心念(指统觉机能的观念),就像看见了镜中自己的脸一样,认为他已经看见了阿特曼。其实这是说瑜伽行者对阿特曼的领悟,是一种神秘的直觉。印度的瑜伽,在《薄伽梵歌》[①]中是这样认为的:瑜伽分为三种:业瑜伽、智瑜伽、信瑜伽。业瑜伽主要强调行动的指导思想,修此瑜伽者在行动时必须从内心对与客体接触的感官进行控制,使感官与客体接触时,并不产生"接触"感觉或认识。业瑜伽的目的是要人们摆脱对现象世界的认识,制止欲念的产生,真正做到心如明镜,纤尘弗染,又如虚空,了无障碍,与神同在,达到完美的境界。

① 《薄伽梵歌》为印度教经典之一,属大史诗《摩诃婆罗多》的第六篇《毗湿摩篇》,约公元前5世纪成书,传说为毗耶娑所作。

商羯罗是不太赞成这种瑜伽的，认为它跟行为有关。智瑜伽是强调对真理的正确理解，只有获得了真正的知识，也就能证得内心的解脱，不再进入轮回才算是真正地理解了。商羯罗推崇这种方法。信瑜伽主要强调对神无条件的信仰，靠对神的绝对敬信来取得对神圣境界的接近。商羯罗后期的吠檀多哲学家罗摩奴阇推崇这种方法，他提倡的“信爱”运动就与此有关。[①]

7.　　众多迷混之观念，
应知并非属于见，
前述之人非他者，
是为最上之瑜伽。

释：这一颂是对上一颂的补充。在众多的瑜伽行者中，最上者是那种能够认识到见者（阿特曼）而不会产生各种迷混观念的修行者，只有这种修行瑜伽者能认识到阿特曼是清静唯一的，别人是无法做到这一点的。

8.　　所说“认识的认识者”，
也即圣典所言“汝”；
此即圣句之正解，
别样理解皆为误。

---

① 罗摩奴阇（Rāmānuja，？～1137）是印度吠檀多制限不二论哲学家，他是印度中世纪虔诚派运动的理论先驱者，他认为只要对神虔诚（信爱），就可得到解脱。

释:“认识的认识者”此句出自于《广森林奥义》的“汝不能识识之能识者”,[①]也即你不能认识你这个认识者本身之意。《广森林奥义》说,梵是为居于万事万物之中的自我,是汝之性灵,在一切内中。于是,“汝不能见见之能见者也;汝不能闻闻之能闻者也,汝不能思思之能思者也,汝不能识识之能识者也。是即汝之性灵,在一切内中者也。”[②]根据《歌者奥义》所说的“汝即那”[③]来理解,汝即为内中的我,也为梵,所以,你不能认识你内中的认识者本身,因为认识者本身不能作为认识的对象。商羯罗在这里是要证明两点:第一,“认识的认识者”就是“汝”本身,也即内在的自我;第二,上述第一点是对“汝即那”这一圣句的正确的说明,除此之外的理解都是不正确的。下一颂接着解释。

9. 见与恒常为本性,
不见而见从何来?
因而如此误理解,
[确实]让人难接受。

释:因为我总是以“见”和“恒常”作为本性而存在的,所以要说我有时见有时又不见这是说不通的。在这里商羯罗对他的“见”的理论作出了更一步的说明。我的本性是见,这其实是在说统觉机

① 《广森林奥义》Ⅲ,4,2。
② 汉译引自徐梵澄译《五十奥义书》第581页。
③ 参见《歌者奥义》Ⅵ,8,7。

能的作用，任何一种见都必须要通过感觉器官来完成的。统觉机能是控制感觉器官的中枢，于是统觉机能就成了“见”本身。这和商羯罗的前述观点并不矛盾。因为内在自我的意志是要通过统觉机能才能表现出来的，统觉机能就成了内在自我的外现之代表。同时，这里还体现出商羯罗的认识内容等同于认识对象、认识主体决定认识内容的思想。并且，由于我的本性是见，是恒常的见，所以哪里会有时而见时而又不见的事情发生呢？只有非恒常的有情众生才会这样。那种把“汝”等同于肉身自我的理解是不正确的，因此不能接受。

10.　阳光灼热之身体，
犹如眼中所见相，
处于心理［反应］中。
心理即为见之相。

释：此颂举了一个例子来说明统觉机能与阿特曼之间的关系。处于阳光灼热下的身体，就像是视觉的对象那样；这时他就是“见”（阿特曼）的对象，因为他处在统觉机能之中。为什么呢？因为太阳照在人身上很热，这种热所带来的苦就是被统觉机能感受后所产生的心理反应，于是阳光灼热下的身体作为认识对象就进入了统觉机能。商羯罗认为统觉机能也是同样，它所体会到的苦又会传达到“见”那里，统觉机能于是就成了见者阿特曼的对象了。在这里有一点疑问：统觉机能的作用是否类似于唯识宗的末那识呢？

11. 否定此者之识体，
虚空同性为不二。
常恒解脱义清静，
此我为梵绝对者。

释："此者"是指作为肉体存在的我，[①]识体就是认识主体的见者，是内在的精神体，它与肉体之我有着本质上的不同。它的本质与虚空相同，是遍满于一切的，是不二的。

12. 此识之外别无它，
我为最高之识者；
常住一切众生中，
永远常生得解脱。

释：此颂与上一颂意思相近，同为说明阿特曼的性质。它为最高的识者，再也没有比它更优秀的识者了。这个识者就是我，住在一切众生之中，本身是解脱的。

13. 弃绝"知梵"之观念，
自我之见永不断；
不为业主之知者，
仅他知我非有别。

① 参见本书韵文篇第二章第2颂、第五章第5颂、第六章第5、6颂。

释:一个人放弃那种所谓“我已经认识了梵”的观念,即认为自己已经认识了梵才行。其实认识了梵并不一定就意味着你就认识了阿特曼或梵我同一的道理,还必须认识到阿特曼的见是非断的,它也并非行为的主体(业主),只有这样才是真正认识到了阿特曼。

14.　“我属识主非识相,
常为清静得解脱。”
如此观念由心出,
认识对象归灭物。

释:商羯罗在本颂前两句列举了一个观念:认为“我是认识主体,不是认识对象;是常住清静、解脱不缚的”观念,在商羯罗看来也属统觉机能的,不能认为它就是阿特曼的。这就像在本章第8颂的释里引用奥义书的话:“汝不能识识之能识者”,认识主体本身是不能被认识的,也不能形成一个观念,如果要这样,那也就只能是仍属于统觉机能的范畴,即被认识的对象。所以也是有生灭之物,并非永恒常驻之物。

15.　自我[本性]见非断,
也非业因生起物。
见为能生误解观,
出于识相之别见。

释:作为阿特曼本性的见是非断的,它并非是由业行之因所生起之物;因为阿特曼的本性与行为是没有任何关系的,它是常住不动的,既非所生之物也非能生之物。那么,把阿特曼之见想象为能生之物,就是错误的观念,这种错误的观念来自于本来应该是认识对象的别的见,而不是阿特曼这个见者本身。

16. 我为行为主体观,
误出自我同体念。
我无业行为真实,
正确知识之来源。

释:认为阿特曼是行为主体的这种误解,来源于那种认为身体就是阿特曼的错误观点。只有"我是什么也不做的"这种观念才是真实的,才是出自于正确的知识来源的。商羯罗认为阿特曼是绝对不动的,它是常住不变的,无为而清静。而变动的东西是非阿特曼,是虚假的。

17. 业因造成业主观,
自我离业属本性。
业行经验之主体,
此为误解可确定。

释:此颂是要证明,认为阿特曼是行为主体的观点是缘起于业因;因为存在着引起行为的原因,于是就误认为阿特曼是行为的主体。那么,就要说阿特曼并非行为的主体,这是由它的本性所决定的。于是,认为“我是行为的主体”或“我是经验的主体”,这种看法被确实证明是错误的。

18. 若依圣典与推量,
思忖自己真本性;
我被命令[来行动],
此种理解何为真?

释:如果按照上一颂的论证方法,当一个人通过天启圣典和推论来对自己的本性加以思量时,认为“我是依照[吠陀]圣典的命令而行动的”,这样的看法怎样才能被认为是真实的呢?此颂提出了一个问题:如果是圣典提出的行动的命令,那该怎么办?在商羯罗的时代,吠陀圣典(特指奥义书)是有很高的权威的,那个时代的思想家们都自称自己的思想是来源于奥义书的。后世的哲学家往往都是对奥义书做不断的注释和补充。对这个问题的回答应该是肯定的

19. 犹如虚空遍满世,
我实存在虚空中;
不变不动皆清静,
不老不二得解脱。

释:头两句讲出了我的存在方式:就像虚空遍满于一切万有中那样,我实际上也是一直存在于虚空之中的。这是一种你中有我、

我中有你的互相包容的关系。后两句是在说明我的形相:不变,这是从时间上来讲;不动,这是从空间上来讲,既然如此,那么当然是清静无为的了。后一句的不老,也是从时间上来讲我是无始的,无始自然就不会有老(终);反过来讲,不老意味着不会有来,无去哪有来?不二是讲它的唯一本体性,它是一切的最终本源。

第十三章　无　　目

1.　　无目之我看不见，
　　同样无耳也失聪。
　　缺乏语言怎开口，
　　失却心意如何思。

释:商羯罗在本章里讲的是有关感觉、外在对象和阿特曼的关系。从本章开始基本上进入了商羯罗的“生气论”,即对个人的存在进行分析,我们也开始了对他的阿特曼＝梵的心理、认识论的考察。在前面以及后面的章节里我们都可以看到商羯罗大量的有关梵＝阿特曼的宇宙论的见地,但是,如果说梵等同于阿特曼,那么作为个人存在的本质的阿特曼也就同梵一样,是纯粹精神。也就是那种恒常、不变、无畏之物,永远处于解脱之中的状态。然而在人们的日常生活经验中,我们的阿特曼却同梵有着遥远的差距。那么这个阿特曼怎样与绝对者梵相同一的呢?商羯罗为了回答这个问题,就必须对外在的我即个人存在的构造,内在的我即阿特曼的本性加以考察分析。同时,对阿特曼与其属性也必须依据心理上和认识论上的使人信服的事实来进行分析。至于对个人存在的构造的见解,吠檀多派的看法与数论、瑜伽学派的比较类似,都是起源于奥义书,又经过《梵经》而被确立。商羯罗在这上面并无多少改造创新。当然,在这一章里或在别的章节里,商羯罗也并非专章或专节来讲专门的内容,只不过内容相对集中一点而已。

第一颂开篇就讲感觉的问题。没有眼睛就看不见东西,没有耳朵又怎样去听呢?没有语言器官就没有办法讲话,缺乏心意(思考器官)又怎样去思想呢?显然商羯罗在强调感觉器官的重要性,特别是它在与外界对象的联系中有着不可替代的作用。商羯罗把心意(manas)等同于统觉机能(buddhi),下一颂他将还会提到统觉机能,那只不过是换一种说法而已。

2. 无生气便无行为,
心意不在非识体。
明与无明两皆无。
自我披覆纯思光;

3. 常得解脱和清静。
不变不动永恒体,
不死当然也不灭,
非常身体更不具。

释:2、3两颂从意思上来看是一个整体,故放在一起讲解。首先讲讲“生气”。Prāṇa有呼吸、气息、生气等意思,在这里选用生气一意。生气,意即为生物维持生命,使其活动成为可能的种种气,印度人认为主要有呼气和吸气、呼吸和呼吸之间相互维系的媒气、人死之时将个我从身体中导引出来的上气，以及消化机能的气等。商羯罗认为个体生命是由下列六种东西组成：(1)肉身，含粗身(sthūla)与细身(sūkṣma)；(2)五种感觉器官(buddhīndriya)；(3)五种行动器官(karmendriya)；(4)心或内官(antahkarana)；(5)主要生气(mukhyaprāṇa)；(6)阿特曼(ātman)。但在这里商羯罗所说的生气是上述(2)～(5)，包括五种行动器官(语、手、足、排泄器官、生殖器官)、五种感觉器官(听觉、触觉、视觉、味觉、嗅觉)和内官(心意)的总称。

因为阿特曼不具生气，自然就不行动。没有统觉机能，也就不是认识主体。因此阿特曼是无所谓明智或无明的。应该注意的是，商羯罗否认阿特曼是认识主体，认为它是没有统觉机能的。

"不变"(kūṭastha)这个词据前田教授考证，在古典奥义书里未见，而最早是《薄伽梵歌》(Ⅵ,8；Ⅻ,3；ⅩⅤ,16)在此意义上使用它。商羯罗在对《薄伽梵歌》作注释时使用了这个词，但意思还不是特别清楚。例如他有时把"kūṭa"表示为"无明"或者是轮回世界的各种种子，于是"kūṭastha"就意味着对"kūṭa"的延伸。在本书散文篇中，kūṭastha被作为parinamin(无穷的变化)的反义词来用。①

4.　　虚空一般遍满我，
因为并无身体故，
饥渴忧伤迷惘等，
一应皆无不老死。

① 参见本书散文篇第二章第75节。

释:像虚空一样遍满于一切万物之中的我,因为本身并无身体的缘故,于是也就不会产生饥饿和干渴,不会陷于忧伤和迷惘,衰老和死亡也不会光临。

5. 我无触觉不会触,
也无味觉不会尝。
永恒认识是本性,
固此并无识非识。

释:我是没有触觉的,所以不会触。同样我也是没有味觉的,也就不会尝味道。恒常的认识是我的本性,那么,我是决不会出现那种既认识又不认识的情况。也就是说,我对一切都是认识的,决不会像个体肉身那样,对一些东西可以认识,对一些却又不能认识。

6. 目见[对象]之色形,
尔后即为心意变;
实际总由见者见,
恒常永远阿特曼。

释:由眼睛所见的对象的色形,进入统觉机能后会发生改变,形成变化后的印象,商羯罗认为这种变容实际上是由阿特曼的恒常的见来看的。阿特曼是最后的见者,真正的见者(认识主体)。实际上意思就是这样的。但商羯罗却不承认阿特曼是认识主体。

7.　同理别样感官合，
对象所起色之相；
记忆贪欲形之容，
感官无关意所起。

释：与前一颂同样道理，与眼睛之外的感官相联在统觉机能中形成的色的变容，以及与感官并无关联的如记忆贪欲等在统觉机能中的形的变容，其实都是在心意（统觉机能）中所发生的。在这里我们可以看出，商羯罗很强调心意在认识中的作用。在他看来，统觉机能不单是起一个协调、综合感官送来的各种信息的统觉的作用，它的主观作用还非常大。同时商羯罗认为，欲望或别的什么心理上的发生行为都可以被当作对象来感知，就像一个水壶或别的什么外界对象那样，都是可以被感知的。[①] 在外在感觉和内在感觉之间并没有什么本质上的区别，因为在感觉过程中，外在感觉的对象被转换为以外在对象的形式出现的心意（buddhi or manas）的概念（pratyaya）或变容（vṛtti），同样的内在感觉的对象也转换成了以内在感觉的对象如苦乐等的形式出现的心意的变容，这些都只是心意所起。

8.　同理梦中意变容，
属他［非我］之所见。
由此见者见恒常，
清静无限绝对者。

① 参见本书散文篇第二章第 70 节。

释:这一颂是对上一颂的接续。在梦境中出现的统觉机能的变容,也是属于经验世界的范围内,因为梦中出现的色形是由觉醒时在脑海里留下的印象所引起的。这样,商羯罗就全部地肯定了统觉机能的变容的世间性,把它们排除在阿特曼之外。只有阿特曼的见是永恒不变的,是清静的(不含任何世间的成分),是无限的(既无来又无去),是绝对的(是最终的,所以没有比较)。

9. 见者之见断与污,
缘于欠缺识别智。
我是对象附属性,
由此经验苦与乐。

释:人们由于对见者缺乏识别的知识,于是认为见者之见是无常的、污浊的,其实这是错误的理解。所谓对见者缺乏识别的知识,也就是不具有梵我同一的知识,不能认识到心中的小我——见者在本质上与宇宙的大我梵是同一不二的,阿特曼既不是梵的分有,也不是梵的部分,它就等同于梵。同样的,根据这种错误的理解,也就会认为我是视觉(即见者之见)的对象,是具有属性之物,当然就会经验苦乐。只有经验世界的人才会具有感性,也才能对经验世界的苦乐有所反应,而处在超验世界中的阿特曼是不会感知任何情感的。

10. 迷乱[视觉]乱人心,
故思[我]是迷乱者;

清静当思我清静，
如此他们陷轮回。

释：因为视觉被迷乱，所以人们就会认为我是迷乱的；如果视觉是清静的，当然会认为我是清静的。所谓视觉的迷乱，也就是无明，无明就分不清我与非我；这也就是人们陷入轮回的原因。

11.　此世追求解脱者，
常忆无缚阿特曼；
圣典所述无目句，
内者外者皆无生。

释：此颂引述了两句奥义书的圣句，一是《广森林奥义》的“无目、(无耳……)”，[①]这是对阿特曼的描述；另一是《秃顶奥义》的“(神我固无形，)在外亦内是，不生”，[②]神我是指梵或阿特曼，在外为诸天大梵，在内为遍在的阿特曼，都是无生的。无生是说梵我的本性，即没有生死可言，没有来去，没有始终，是永恒的。如果要想追求解脱，那么在此世就得不断想起无目、内外无生、永远解脱的阿特曼。

12.　因为圣句说无目，
我也恒常无感官。

① 《广森林奥义》Ⅲ，8，8。
② 《秃顶奥义》Ⅱ，1，2。

吠陀圣典如是说，
清静无意无生气。

释：此颂是接续上一颂。由于圣典所说“无目、无耳”，所以自我是没有感觉器官的。另外，《阿闼婆吠陀》系统的《秃顶奥义》还说：“实际上（普鲁夏）无生气、无意、清静。”[①]“普鲁夏”（puruṣa）是“原人”之意，是吠陀中人格化的梵天，也是阿特曼的雏形，有情世界的造化。《阿闼婆吠陀》是四种古吠陀本集中的增一，主要记载巫术禁咒之类，大致包括驱魔，保健治病，求子求夫及妻，以及国君登位之礼仪，追亡者之魂灵，祈生者之福祉。《秃顶奥义》出自《阿闼婆吠陀》系统，“秃顶”指出家修行之人之必须仪式，商羯罗称此为“顶火誓礼”，并且认为这是出自《阿闼婆吠陀》。商羯罗很重视《秃顶奥义》，在他的《梵经注》中引用多达 129 处。[②] 在本书中也多次被引用。

13. 伽塔奥义如是说：
内我本身并无声；
因说无意无生气，
实际我为不变者。

释：《伽塔奥义》（亦译《石氏奥义》）属《夜柔吠陀》的一分。古

① 《秃顶奥义》Ⅱ，1，2。
② 参见徐梵澄《五十奥义书》第 685 页。

师有一人称“伽塔”(kaṭha),是吠商跋耶亚(vaisampāyaya)的弟子,伽塔善习《夜柔吠陀》,写得此书,故以他的名作书名。在奥义书的分类中(即后期的作品),它排在《伊莎奥义》和《由谁奥义》之后。此中说阿特曼“无声音”,[①]同时此颂也引用了《秃顶奥义》的“无生气、无意”,以此来说明我是恒常不变的。本章第11、12、13这三颂可以看作是一体的偈颂,商羯罗主要引用奥义书的圣句来说明阿特曼与感觉器官是无关的,是超世间的;同时他引用圣句也是为了证明自己理论的权威性。

14.　因为我心并不乱,
由此不具三摩地。
心之迷乱与三昧,
原本属于变动意。

释:“三摩地”(samādhi,三昧)是瑜伽修持的最终境界。瑜伽理论认为,人世间的一切苦恼都是由于心的纷乱所引起的,吠檀多也认为心的纷乱是造成无明的根源。于是必须要对心的活动进行抑制,瑜伽理论认为这种抑制过程有八个阶段,而三摩地则是最后的目标。在三摩地的境界中,心与对象冥合为一,主客观完全融合,从而达到解脱。商羯罗并不同意三摩地即是解脱的境界,他在此颂里指出,无论是心的迷乱还是精神的统一(三摩地),这都属于变化的意,而我是没有乱心与三摩地的。在后期的吠檀多理论中,

① 《伽塔奥义》Ⅰ,3,15。

乱心(vikṣepa)是一个专门的投射感官,无明(或摩耶)则具有投射力和掩盖力。[①] 而商羯罗对无明却并无此种说法。他的乱心在这里就是指精神的变动或活动,与瑜伽或佛教对心的描述较为接近。

15. 自我非意皆清静,
为何我会具二者?
无体遍满之自我,
并无心意也不变。

释:自我本身是不具心意的,自我是一切皆清静的,那么自我为什么会具有前述二者(乱心和三昧)呢?首先自我是无体相的,你是看不见它也找不着它的,它遍在于一切有生命之物之中,它是一切有情的灵魂,所以它并无心意,也就不会产生任何变化,不会具有任何活动。

16. 尽如我常得解脱,
清静遍体悟解具;
然处无知期间中,
仍须不断去实行。

释:尽管我常得解脱,清静并得悟解,但如果处在无知之中的

① Cf. T. M. P. Mahadevan, *Advaita Philosophy*, Madras: Ganesh & Co., 1957, pp. 240～242.

话，那也得去实行（消除乱心，获取精神上的统一）。

17.　　三摩地与非三昧，
为何我得去实行？
由此对我冥思悟，
但识［完人］无所为。

释：为什么我要对三昧或非三昧，以及别的什么加以实行呢？因为人们只要对我进行冥想和悟解，就能够成为无所为的完人。完人即是获得了解脱之人，此时他不动不变，既不用去对心思进行抑制，也不用不去抑制，没有什么需要他去实行了。在此可以参见《薄伽梵歌》（XV，20）里的一段话：

“如此秘义于宣示，
达于［世间］持罪者；
人若得昭此贤明，
定可成为终达者（Kṛtakṛtya）。”①

所谓“如此秘义”，是指《薄伽梵歌》的第十五章，这是克里希那与阿周那的对话，是关于奥义书、梵学和瑜伽论的一章，名为“无上普鲁夏瑜伽”，是指至高无上的梵，全章均在论述梵的性质。最后说，只要领悟了上述理论，便可成为完人。

① 终达者即为达到了目的的瑜伽行者，也即不动者。

18. 我为大梵为一切，
我常清静亦悟解；
不生遍在一切中，
不老不死也不灭。

释："我为大梵"（ahaṃ brahmāsmi）一句出自《广森林奥义》，曰："太初，此世界唯大梵也。彼唯知其自我：'我为大梵！'——故彼化为大全。"[1]

19. 有情之中我除外，
别无任何认识者。
业之监视观察者，
恒常不二无属性。

释：除了我之外，一切众生有情之中并无任何认识主体存在。我是业行的监督者、目击者和观察者，我是恒常、无属性和不二的。

20. 我为非有非非有，
二者皆非吉祥物；
绝对见者即自我，
常无昼夜与黄昏。

① 《广森林奥义》Ⅰ，4，10；汉译引自徐梵澄译《五十奥义书》第534页。

释：我既非有，又非非有，同时又不是二者。如果说我是有，这是把我与经验世界混为一谈；如果说是非有，这又等于说我是具有差别性的，我可以说是二者的性质都不具备。我是绝对者，吉祥物，作为见者之我是没有白昼夜晚和黄昏之分的（无时间）。

21.　　虚空并无一切形，
性为微细不二体；
我如大梵无虚空，
本身也是不二者。

释：吠陀文献中，虚空是宇宙开启的基本五大元素（地水火风空）之一；虚空本身是不具有任何形相的，其性质是微细的。《他氏奥义》[1]认为，大梵作为人格神，首先，他创造了天、空、地三界，它们分别代表着洪洋、光明和水。然后从地下之水创造了人（原人），他（自我）成为宇宙的护持者。而后，再从原人身体的各个部位，创造出了火、风、太阳、方位、草木、月亮、死亡，乃至水等现象界的一切万物。通过对《他氏奥义》所描述的宇宙创世说的分析，我们可以看出吠陀流变学说的痕迹；这种宇宙的创造过程总是先天地后万物，直到人的出现。在商羯罗这里，虚空同样是物质性的，他在本书中讲述宇宙开创的进程时的阐述很清晰：未展开名色（名称和形态）由梵而得以展开，在这个过程中，名称和形态变成了虚空。

[1] 参见《他氏奥义》Ⅰ，1。

由此，物质性的虚空间接由梵而展开。[1] 因而本颂中他讲得很清楚，自我并不具有虚空，大梵当然也不具有，梵本身是不二的。

22. 各别称呼之自我，
所谓区别为误设；
犹如洞穴之区别，
本来并无误设定。

释：所谓"我的阿特曼"、"他的阿特曼"、"你的阿特曼"等等，这些区别都是对我的错误的看法。就像具有各种不同对象的洞穴那样，对于虚空来讲，虚空都是唯一的，这些区别都是不存在的；如说有区别，那是错误的看法。阿特曼是唯一遍在的，有区别的只是那些经验世界的现象，这些现象是虚幻不实的，于是不能承认区别的存在。

23. 异与非异一与多，
主体对象与行动，
上述[区别]误设定；
唯一之我何所有？

释：异与非异、一与多、认识对象与认识主体、行动与行动主体，这些概念都是虚假的，这些区别都是被误设定的，怎么能说它

① 参见本书散文篇第一章第19节。

们是对唯一之我所设定的呢？唯一之我因为是唯一的，所以它是没有矛盾的对立面的，也无法用任何东西来作比较的。为什么商羯罗会这样说呢？从他的认识论观点的本质来看，他认为认识对象和认识主体是同样的，都属于经验世界的范畴；因为要说阿特曼是认识主体的话，也只能在下梵或下智的范围内。他把认识主体或行动主体与统觉机能相等同，在经验世界的范围内这些区别是存在的，但在上梵或上智的范围内，这些区别就是不存在的。为什么要这样讲呢？笔者认为，商羯罗虽然有时也讲阿特曼是认识的主体，但一定要了解他是在下梵的角度来讲的；真正的阿特曼不是认识主体，它的本性是纯精神性的，具有知觉的本质，阿特曼就是知。但是，如果说阿特曼是认识主体，作为对自己这个认识主体的认识，主体自身是无法感知这个对象的；因为主体本身并不是认识的对象。同时，如果说阿特曼是知觉主体，知觉到获取外界对象形相的统觉机能的观念，那阿特曼就不可能从这些东西的变化消亡中自由地解脱出来。换句话说，如果阿特曼是知觉主体，如果显现外界对象形相的统觉机能遍满于对象，阿特曼就不仅成为了统觉机能，还成了变化之物。这与其根本立场是相违背的。

24.　取舍之物我不具，
此因我为不变物；
常为解脱性清静，
悟得不二无属性。

释：能舍之物或能取之物，这都是变化之物，因为我是不变的，所以也就不具这些东西。既不取也不舍，当然就是清静解脱的，也就是无属性的不二者。

25. 照此集中精神力，
万有如我尽所知。
如若知悉体内我，
解脱即为不动仙。

释：根据上一颂所说阿特曼的性质，通过对精神的集中，便可得知一切万有均如阿特曼一般。这两句可参见《广森林奥义》，[①]其意为：作为婆罗门，应该修持瑜伽，集中精神，就像认识阿特曼一样地认识一切万有，因为阿特曼存在于一切万有之中。同样，如果认识到阿特曼在各自的身体之中，那么就能够获得解脱，成为不动的圣仙。

26. 瑜伽行者得真意，
如愿以偿至终结，
修行完成知大梵。
异思之人杀自我。

释：如果一个瑜伽行者，他真正领悟到前述的真实含义，那么他就会如愿以偿，无为而终，成为一个修行完成的人，一个懂得阿

① 参见《广森林奥义》Ⅳ，4，23。

特曼的人。《薄伽梵歌》(XV，20)中说：

“如此秘义于宣示，
达于[世间]持罪者；
人若得昭此贤明，
定可成为终达者(Kṛtakṛtya)。”

只有修行瑜伽完成者才能够得到如此之结果，那些用别的不同方法来对阿特曼加以理解者，只能是对阿特曼的扼杀。[①]

27. 简洁确切述吠陀，
实为教化云游者；
统觉机能相制御，
即能获得心平静。

释：这一颂是商羯罗在对自己的目的加以解说。他认为应该把这些吠陀圣典的思想理论，都教与那些通过对统觉机能进行制御，已经获得了内心平静的出家云游者。

① 对灵魂的杀戮，参见《伊莎奥义》Ⅲ。

第十四章　梦与记忆

1.　瓶之色形梦中显，
此种形相属内官；
以前确实见过它，
因而由此可推定。

释：此章商羯罗主要是分析外界的认识对象与认识、认识主体等之间的关系。通过这种认识论的分析，着重说明感觉对象的主观可塑性，也即“认识内容决定认识对象”的思想。他认为，认识的内容是由认识的对象所规定的。换句话说，认识的对象即为认识的本质，由认识对象形成了认识本身。一般说来，作为认识的对象依存在物体之上，在外界存在着的对象如瓶等是受限定之物，而我们的主观意识作用如认识、直观、记忆等也是受限定的活动。认识的内容要与对象取得一致性。认识的作用是有目的性的，个人不能因为个人欲望而任意加以改变。同时，如果其认识与对象的实际情况有出入的话，那就是谬误的认识。商羯罗还认为，认识的成立由下述四者综合而成：阿特曼、感官、对象、意（统觉机能）。感官用于显现对象，真正的实在是由我们的主观认识所产生的毫无矛盾的表象，具有矛盾的观念所呈现的东西是非实在的。根据上述来看，商羯罗在陈述下梵世界的认识论时是有些实在论的意味的。但是从他哲学的本质上来看，他却是否认这些经验世界的东西的。

这一颂讲，因为在梦中或人们的记忆中出现了瓶等的色形，于是可以推定，具有这些形相的统觉机能，以前确实是见过这些东西。

2.　梦见乞讨之身体，
其实不是他自身；
醒时身体不同此。
因为[他是]见之人。

释：在这一颂里商羯罗作了一个比喻：就如梦中出现的步行乞讨的人并不是做梦的人本人那样，阿特曼与觉醒状态时所见的身体是完全不同的。因为阿特曼他是外在于身体而见身体的主体。换句话说，阿特曼是不同于身体的，他是站在身体之外来观看身体的见者。所以，在这里就必须把阿特曼与身体区分开来，尽管阿特曼是藏于人的心内的。

3.　犹如熔铜铸型显，
心之遍满色形时，
取其形而现其相，
确实对此有经验。

释：商羯罗在这里表达了一个不二一元论的观点，关于统觉机能认识外在对象的过程的观点，这是不同于其他印度哲学派别的观点的。他举例说，就犹如把熔化的铜注入铸型之中而使铜获得铸型的形状那样，当统觉机能（心）中遍满作为外在对象的色形时，就会显现出这些对象的形相，这些都是被确实地经验过的。换句话说，统觉机能可以通过感觉器官来接触外在对象，感觉其色形，从而得到它们的形相。这里包含着一个意思：内官（统觉机能）可以由内到外达于对象。因为内官本身存在于人体内部，它本身是不可能遍在于各种对象之中的，所以为了这种遍满的目的，它就必须外出。当内官遍满于外在对象时，这些对象就会附着在内官的身上。于是我们通过对商羯罗的认识论的这一观点的分析可以看出，他对外在对象的认识过程是非反映论的，内官与对象之间是双向的：例如当一个瓶的色形附着于统觉机能时，也就是统觉机能遍满于瓶之时。但顺序是统觉机能遍满在先。[①]

4.　　犹如照射物之光，
取其所照物形相；
同此内官照对象，
也能看见所取形。

释：此颂是对上一颂的补充。就像照射物品的光，它可以取得所照物品的形相那样，统觉机能也是可以照射对象的，于是就可以从统觉机能看见所照物品的形相。但应该注意的一点是：统觉机

① 参见本书韵文篇第十八章第156颂。

能对认识对象的知觉是不是必需的？因为这个所谓的知觉过程实际上是一种双方的互相流入，或称渗透，于是那种主动的认识就显得没有必要了。另外，无论是统觉机能也好，还是其形成的观念也好，它们与外界对象及感觉器官等都是非意识的、物质性的。那么，统觉机能与观念也都是认识主体所应该认识的对象，这个认识主体是什么呢？只能是阿特曼了。但我们在前面已经知道，这个阿特曼并不是那个纯精神性的阿特曼，它只能是属于下梵的阿特曼，是商羯罗为了教说自己理论而开方便之门的阿特曼。真实的阿特曼不是认识主体。

5.　所见必为曾见心，
若非怎能会梦境？
如是形相再现时，
何处转来遇此人。

释：此颂意味是：根据第3、4两颂的意思，一个人在做梦时，他在以前一定见过附着着梦中对象形相的统觉机能。如果不是这样的话，那么，为什么做梦的这个人会在梦中出现那些对象的形相呢？同样，不然的话，那么当那个人想起这些对象的形相时，这些形相又是来自于何处呢？这里商羯罗讲了两重含义：第一，外在对象的形相与统觉机能是同在的；做梦就是对统觉机能的回忆。第二，梦境是对外境的想起；肯定了统觉机能与外在对象的内在联系。

6. ［如说］心为照物者，
心即犹如所照形；
［同说］见者是识主，
心显形时见满心。

释：此颂解说比上一颂更进了一步。如果要说统觉机能是照射者的话，那么就应该说所见的统觉机能具有所照之对象的色形。同样，如果要说见（阿特曼）是认识主体的话，那么当统觉机能带着其对象的形相而出现时，就可以说见遍满于统觉机能。这里商羯罗也讲了两重意思：第一，统觉机能本身是无形相的，它的出现都是以其对象的形相而显。第二，见（阿特曼）才是认识主体，统觉机能是介乎于见与外在对象之间的东西。见控制统觉机能的活动。当然，我们在前面已经多次给读者解释过，真正的阿特曼不能说是认识主体，这是一个被商羯罗变通的认识主体。

7. 我为纯思之光照，
一切身体之内官，
均被我光来照射。
我是万物阿特曼。

释：因为我是纯粹精神之光，所以一切万物身体中的所有的统觉机能都被我光所照射，因此我也就是万有的阿特曼。从此颂可以看出，商羯罗强调阿特曼的最终实在性，因为它实际上是一切万物的出发点和归宿。

8.　梦中心为对象物，
也是手段和行为；
醒时状态同梦眠，
故而识主异于彼。

释：梦境之中统觉机能可以是手段、对象、行为主体、行为和结果。觉醒状态中也是同样，这是我们的经验所告诉我们的。然而认识主体却是与它们相不同的。认识主体不能被认为是这些经验世界之物，它应该是超验的。

9.　内官即非阿特曼，
本性原属能取舍。
阿特曼是取舍者，
故其非取又非舍。

释：内官（统觉机能）是非阿特曼，从本性上来讲是被取舍的对象；所谓取舍，也即吸收与排斥。阿特曼是取舍的主体，它本身是不被取舍的，因为它本身是不动的。

10.　问：[阿特曼]含内又含外，
清静纯粹睿智块；
怎么能够误设施，
本应舍弃内外它？

释：本颂第一句谓："阿特曼含内又含外"，此句是说明阿特曼包含一切，无论内外。可以从空间的角度来考虑。所谓内者，指阿特曼内部；所谓外者，指一切空间万物。这一句可参照《秃顶奥义》，原句为：

"神我固无形，
在外亦内是，
不生，无气息，
光明，越心思；
至上不灭者，
'彼'乃更超出。"[①]

这是讲阿特曼无论在内在外都是无处不在的。结合此颂后三句来看，认为阿特曼是清静之物，是纯粹精神的睿智之块；正因为如此，如果认为阿特曼是具有那些本应舍弃的内或外物或其它之物，那只能是错误的想法。为什么要对阿特曼误设施或具内或具外，或具别的什么物呢？

11. 再问：知梵者识阿特曼，
去除它物独留此；
唯念非此又非彼，
为何此后还努力？

① 《秃顶奥义》Ⅱ，1，2；汉译引自徐梵澄译《五十奥义书》第 488 页。划线处为本颂所引用之处。下同。

释:此颂接上一颂继续提问。作为一个知梵者,已经很了解阿特曼了;同时根据圣典所讲"非此也,非彼也",[①]排除了一切非它之物,独留阿特曼,那为什么今后还要努力呢?

12.　答:我已超越饥饿等,
已是永恒自我梵;
为何还要去努力,
请君认真去思索。

释:从此颂开始以下是回答。第一句:我已超越饥饿等,是指已得解脱的信梵者。饥饿是指吠檀多派所认为的难以逾越的人生界限,包括饥饿(aśanāyā)、干渴(pipāsā)、忧愁(śoka)、痴愚(moha)、衰老(jarā)、死亡(mṛtyu)。一旦超越,便得正果。在《广森林奥义》中说:

"问:'雅若洼基夜!何者为居一切内中者耶?'

答:'彼超乎饥、渴、忧、痴、老、死者也。'"[②]

在奥义书中,如得超越,便可成为居一切内中者,那便是阿特曼,也即梵了。既然已经成梵,那我还有什么需要去做的事情呢?

13.　知自我者如是想,
未尽职责欲实行;

① 《广森林奥义》Ⅱ,3,6。

② 《广森林奥义》Ⅲ,5,1;汉译引自徐梵澄译《五十奥义书》第582页。

犹如已抵彼岸者，
又想更往彼岸行。

释：举例说明：如果一个知阿特曼的人，他还想更进一步地实行自己的职责的话，他就好像一个人已经到达了河的对岸，却又再想回头往对岸去一样。

14. 如果一个知我者，
仍是取舍之[对象]；
难见彼者得解脱。
实为大梵口吐物。

释：万一那个知阿特曼者仍是一个应取舍的对象，那么就不能把他看作是已经得到解脱的人，他确实只能算是从大梵口中吐出之物。

15. 生气出自太阳界，
知者夜昼两皆无。
知梵何故还有[二]？
因他即为不二者？

释：有关生气我们在前边的注释中已经解说过，商羯罗在本书中也并未对生气作更多的解释，但他在《梵经注》中有解说。[1]《梵

① 参见《梵经注》Ⅱ，4。

经》认为，生气包含着三层含义：(1)人的器官(organ)；(2)个人的生气(vital force)；(3)宇宙的气息。所以对于知生气者来说，是不存在着白昼与夜晚之区别的。这里说包含着太阳的宇宙是(3)的含义。对生气应当理解为宇宙的始基，万物的起源。下面接着提出问题：为什么知梵者却有昼夜之分呢？难道是因为他是不二的吗？

16.　自我实际对自身，
记忆忘却两相无；
它为纯知无绝断。
意之记忆因无知。

释：实际上，阿特曼对它自身是既不会想起回忆起，也不会忘记的，因为它这种纯粹精神是不会有任何断裂的，也即阿特曼是延续不断的，任何因素都无法对它造成损伤。而意(统觉机能)之所以会回忆起，或者会产生这种认识，是因为无知的原因。

17.　大梵若为识对象，
应知实为无明故。
疑绳为蛇被排除，
[阿特曼]为不二者。

释：如果把最高阿特曼当作认识主体的认识对象的话，应当明白这是因为无明的缘故所造成的误解；就好像把绳当成了蛇一样。

应该消除这种无明。阿特曼是不二的，不能既作认识主体又作认识对象。

18. 非动非相也非果，
内外皆含也无生；
然而谁能持此说，
此为自我此属我。

释：阿特曼并非行为主体，也非对象、结果，它遍满于内外，不生；那么，为什么有人会产生“这是我的物”、“这是我”等的观念呢？

19. 自身自我之观念，
实为无明所误想。
我在此念无处存，
种无哪来果子生。

释：“自己自身”、“自己的”等观念实际上是由无明所引起的错误观点，这是对阿特曼的误解。只有阿特曼是唯一的，只要阿特曼这一知识存在即可消除无明，这些错误观点也就不会存在；犹如没有种子，从哪里结出果子来呢？

20. 不灭即为识主体，
也为听闻见主体。

不灭不异见主体，
我见即为不灭物。

释：不灭之物即为见的主体，它也是听闻的主体，思维的主体，认识的主体。因为不灭之物与见的主体是不异的，所以作为见的主体的我也就是不灭之物。

21.

一切动与不动物，
见之活动而不灭。
由此我为不灭物，
一切物的阿特曼。

释：一切的动物与不动物（植物），因为具有见以及见的活动，所以是不灭之物。商羯罗在这里讲一切物为不灭，其实并不是讲物是不灭的，而是指在其中的阿特曼是不灭的。后两句说，自我才是不灭之物，它是一切物的阿特曼。

22.

自我不具未尽责，
行为及果也不具，
消除"我的"之观念，
见此者［即见真理］。

释：如果有谁认识到阿特曼并无未尽之职责，阿特曼也并无行为一类的东西，以及行为的结果等，同时还消除了诸如"自我的"或

“自我自身”一类的观念的话，那么就可以说这个人已经认识到了真理。更进一步说，阿特曼因为是功德圆满的，所以它不会有什么未尽之义务；行为以及后果也是不存在的。那么“自我的”或“自我自身”一类观念，就是对阿特曼的误解，因为阿特曼本身不能认识自己，也就是说，因为它自己是认识主体，那么就不能又把自己作为认识对象来认识，阿特曼本身就不是认识对象。

23. 如若识得前观念，
努力欲求非属我，
继续安住我之中。
努力到底有何用？

释：如果认识到了“自我的”或“自我自身”这类观念，以及努力和欲求这些东西在本性上都不属于阿特曼，那么就能继续在自己自身中安住。其实努力又有什么用处呢？

24. 自我被作“我”主体，
并为认识之主体，
持此者不识真我。
反之认识真自我。

释：此颂是对第22、23两颂的一个小结。商羯罗最后指出，不能把阿特曼认作是具有“我”这样观念的主体，同样也不能把它作为认识的主体，前面也已经讲过。只有认识到这一点的人才可以称之为“识真我者”。真实的阿特曼是不能作为认识主体的，只是被他称之为“下梵”的东西才能是认识主体，否则就与他的哲学的根本立场是不相符的。

25.　自我本身异于此，
却思它与身体同；
于是便为业主体，
成为业行之本质。

释：阿特曼本身是异于身体之类的，但会被认为是与身体同一的；照着这个思路，如果没有认识到阿特曼并非行为主体的话，也会认为是阿特曼形成了行为及其结果。因为行为是无常的，而阿特曼是常，所以它不会是行为的主体，更不能作为行为及其结果的本质。

26.　见闻识思在梦境，
人们总能经验到。
因此认为是本性，
自我也能直接知。

释：见、闻、识、思等这些都是普通人在梦境中可以经验到的。于是人们就会认为这些都是属于阿特曼的本性，因此阿特曼也就是可以直接知觉的。

27. 知悉真实自我者，
不惧死亡之彼岸；
甚至梵天帝释天，
也是小小可怜神。

释：对于那些认识到了真实阿特曼的人来说，死亡即彼岸世界是无所畏惧的，没有所谓恐惧可言的。即便是梵天（Brahmā）和帝释天（Indra）这些天上的大神，在这些人看来也是可怜的神。

梵天、毗湿奴（Viṣṇu）、湿婆（Śiva）这是印度教的三大神，分别代表着创造、维持和毁灭的原理。但其中梵天比起其他两神来，却从未那么兴盛过。而帝释天（又译因陀罗）是《梨俱吠陀》中的一个空中大神，他有无比的神威。帝释天是一个雷神，他的武器就是雷电，呼风唤雨，巡游天空。但在印度教的后期神话中帝释天的地位被降到了次要的地步。

28. 如果不祥与烦恼，
皆已被他消除掉，
成为梵天帝释天，
又有何用对于他？

释：如果一切的不祥和欲求之烦恼，皆已被知梵者所消除，那么这个人即便是变为了大神，或者成为了梵天、帝释天，又于他有何用呢？

29.　“我”与“自己”等观念，
以及“我的”“自己的”，
一旦失去其意义，
此人变为知我者。

释：如果一个人放弃了“我”（肉体的我）、“自己”，或“我的”、“自己的”等虚假的观念，使这些观念成为毫无意义的东西，那么此人就是一个知梵者，即获得了真正的解脱，成为了自由的人。

30.　如知心意添加性，
无论存在与非有，
阿特曼并无差别；
怎知他该如何行？

释：添加性（属性，upādhi）是指统觉机能、身体之类等，也即非阿特曼，它与阿特曼全无一点关系。这些东西一旦出现，便会将真实的阿特曼全部遮盖了起来，一点也看不见了。此颂说，知道无论统觉机能等一类的添加性存在与否，对于阿特曼来说都没有什么差别，那么既然如此他该如何去做呢？

31.　虚空一般无污垢，
纯粹睿智不二我；
持此理解之人们，
别说该做事何有？

释：此颂和上一颂一样，用了一个自问句来表示否定的意思。不二的梵如虚空一般，洁净、无污垢，其性质是纯粹的精神睿智，就是阿特曼；持如此理解的人们能说还有什么应该去做的事吗？

32.

人们看见阿特曼，
住于一切众生中；
[也见]自我之敌人，
确想把火来弄冷。

释：人们可以看见阿特曼在一切有情众生中存在，同时也能看见阿特曼的敌人（不信阿特曼者）确实想把火来弄成冷的，而这是不可能发生的事。

33.

心与生气般行动，
好似映像靠感觉；
因为自我有思焉，
自身清静得解脱。

释：阿特曼当它行动起来时，看上去就像统觉机能或生气那样；其实阿特曼就如在水面上所映照出的太阳的映像那样，太阳是通过水面反映出来的，阿特曼是靠感觉器官来进行知觉的。这一段是向人们解释阿特曼是怎样表现出来的。阿特曼看来与统觉机能一样，是通过感觉器官来与对象相接触的。接下来引用了《广森林奥义》中的一段：

"此在生命诸气息中智识所成之神我，内心之光明也。平等致一，彼游于两界中，如有思焉，如有行焉，而既化为睡眠矣，则超此世界及死亡之形。"①

用其中的"如有思焉"来比喻阿特曼的表现，说明它如心思一样（即统觉机能）。此奥义书偈颂所说"两界"，指此岸与彼岸世界，现实世界与梵界。当人处在醒与梦境时，便会游于此现实世界之中；当人处于深睡和死亡境界中时，便会游于彼界之中，而阿特曼却是游于两界之中的，它无处不在。于是说阿特曼是"如有思焉，如有行焉"，即如统觉机能般，一旦入深睡眠，则会超乎此世界以及"死亡之形"（即指有生死的有情众生）。阿特曼本身是清静的，解脱的。

34. 我无生气无意识，
不与[它物]相结合；
虚空一般遍满见。
还有何事我应做？

释：我是不具有生气也不具有意识的；同时我也不与任何物相结合，我就像虚空那样的遍满于一切的见（纯粹精神）。既然如此，那么，还有什么事情需要我去做的吗？（自问句）

35. 不变清静去除恶，
如此大梵之自我，

① 《广森林奥义》Ⅳ，3，7；汉译引自徐梵澄《五十奥义书》第424页。

从未见过这等事，
精神分裂需净化。

释：作为无变化、清静而去除掉恶的梵我，决计是没有见过那种精神不统一的状态，以及需净化之事的。因为梵与我是统一的，小我最终是会归于大我的，所以在精神上是一致的；同时小我作为每一个个体的灵魂与精神控制者，在这之中也是统一的。所谓需净化之事，既然梵我是无变化的，本身是清静的，并且是去掉了恶的，那么也就不会还有什么污浊之事了。

36. 同理遍满不动[我]，
不[见]身边有何物；
没有属性便无分，
上下斜方均无[见]。

释：同上一颂所讲道理一样，作为遍满于一切而不动之自我，它同样是看不见身边有何物存在的。自我本身因为没有属性，是一个统一的精神整体，所以它也是不会有任何部分，于是就看不见它有上方下方斜方等等之分的。

37. 纯粹精神之光照，
决无暗黑存在中。
如此解脱之自我，
缘何尚有该做事？

释:阿特曼作为纯粹精神之光,在它之中是决无黑暗可言的。同时,作为已经得到了解脱的我,还有何事留待我做呢?

38.　　无意缘何来思考?
无根因何来行动?
无气无意本清静,
圣典所言为真实。

释:无意识用何物来加以思考?无行动器官又怎么行动?下面引用了《秃顶奥义》中一偈:"实际上(布鲁夏)无生气、无意识、清静。"[1]第一,用此天启圣典来说明阿特曼的本质;第二,指出了这一圣典是真实可靠的。

39.　　自我无时也无所,
方位原因两皆无;
本身常为冥想者,
绝非依赖时间物。

释:阿特曼无时间、无场所、无方位也无原因,它本身只是冥想之物,所以绝不依赖时间等物。

40.　　神祇吠陀及其它,
万种净化法归一;

① 《秃顶奥义》Ⅱ,1,2。

心灵圣地得沐浴，
皆能获得人不朽。

释：神祇，即指一切可祈求保佑之神；人要想得到心灵上的净化可能会通过求助神仙，或学习吠陀圣典以及别的方法，但这些所有的心灵净化法在最终都会归于一种，也即对梵的学习，或对梵我知识的领悟。若在这种心灵巡礼的圣地得到沐浴的话，那么人就能达到不死（永恒不朽，或最终解脱）的地步。

41. 声音自己难认识，
相互之间亦不识。
尝味认可为它物，
因是对象归身体。

释：声音等等的外界对象，无论是自己对自身的认识，还是相互间的认识，都是不存在的。同样，像品尝味道这样的活动，也是由它物来进行的认识活动，是认识的对象，属于身体，只能被认识。商羯罗在这里讲了两点他的哲学观点：第一，作为外界对象，本身是不能进行认识的，既不能自我认识，又不能主动对它物进行认识，包括相互间的认识。否定了外在对象（指人）的认识能力，只承认阿特曼的认识能力。第二，像品尝味道这样的认识活动，本身是人的主动的认识，但商羯罗认为这好像是由它物来对此对象进行认识，它只能是一个被认识的对象，属于身体，仍然不能认可它的主动的认识活动。在他看来，非阿特曼的一切只能是被认识的对象。对象本身是不能认识的。

42.　“我”念及它人间事，
欲望努力与快乐，
皆为对象被认识，
尔等皆与[主体]异。

释：此颂与上一颂讲同样的道理。“我”的观念，以及欲望、努力、变化、快乐等等一类都是被认识的对象。因为它们在现世中只能是认识的对象，相互间也是无法认识的。它们的认识主体阿特曼与它们是不同的。

43.　“我”念一切之变化，
作为主体连结果，
纯思八方来照耀。
自我无缚本自由。

释：前颂所讲的包括“我”的观念，以及其它一切的变化，都有其自己的行动主体，并且与行为的结果相联；它们就像被太阳光照射那样，被以纯粹精神作为本性的阿特曼从各个方位来加以照射。由此看来只有阿特曼是摆脱了束缚成为了自由的，而一切变化之物是受阿特曼所控制的。

44.　见为本性如虚空，
有情意中遍满住；

依此主体无高低，
主宰神是唯一者。

释：以见（纯粹精神）作为本性之阿特曼，就像虚空那样，遍满于一切有情生物的意识之中，安住于它们之中。由此看来，对于万有来说，并不存在认识主体的高低之分。因为主宰神它是唯一的，一切众生都归于它。一切的意也都归于阿特曼。

45. 体意若为识对象，
非我学说遭排斥。
因我确立为清净，
遍满无缚不二者。

释：商羯罗说，如果把身体与统觉机能二者当作被认识的对象的话，那么，就可以完全地排斥那种认为阿特曼不存在的观点。他这句话是针对佛教的观点的。佛教是反对“有我说”的，认为一切有情众生皆为五蕴和合而成，[1]死后身体消散，复归五蕴，并没有一个永恒的灵魂或身体之外的认识主体存在。于是在佛教那里身体自然是认识的主体了。而商羯罗在这里把身体和统觉机能都归之于被认识的对象，不承认身体和统觉机能的认识能力，当然与佛教的观点是背道而驰的了。论主商羯罗的观点是：阿特曼被确立

① 五蕴指色、受、想、行、识。色蕴是指一切的物质现象，受、想、行、识蕴为各种心理或精神现象。

是超越一切不净的行为的，是完全无垢的，它遍满于一切之中，无束缚，不二的。

46.　依君之见我不知，
瓶形变化随自意；
不净无识与变化，
不能阻止意生此。

释：商羯罗反问：如依你之见，阿特曼如果没有认识到意（心识）本身由于自身的变化而具有多样性的活动，例如，以瓶子等的形相来讲，其变化是随人的意的变化而变化的；那么阿特曼也就可能无法阻止意出现不净性、无意识性以及产生变化。在此颂里商羯罗对心意解说是：心意自身是有多样性的活动的，但这些活动却并不由它本身来支配；如果一切都由心意自身来决定的话，那阿特曼就不可能使心得到净化，同时也无法使意识受到控制，并且消除变化。此颂是论主提出反问的形式，由此肯定阿特曼在人的心意中所占的不可替代的作用。

47.　虚空清静而无断，
去除执著无污染；
自我平等待众生，
常无老死无畏惧。

释：阿特曼就像虚空那样清静、无断（恒久）、不执著、无污染；

于是阿特曼对一切有情生命都是平等的，永远也不老不死，无所畏惧。

48. 无明之人心迷乱，
有形无形业与相，
皆不识我此非彼。
去除非我尽余见。

释：无明之人在精神上陷入迷混，便会把有形之物（物质现象）和无形之物（心理的或精神的现象）、行为与潜象（内在印象）等与阿特曼混为一谈。因此，必须要读天启圣典的圣句“非此也，非彼也”，这样才能把这些非阿特曼之物与以见（纯粹精神）为本性的阿特曼区别开来，从而只将见留存下来。

49. 醒时意形同于相，
回忆同此在梦中。
身体潜象也一样，
体意对象异于见。

释：在觉醒状态时意（统觉机能）的外在形式，是在与外界的对象相结合的情况下产生出来的，犹如对象一般。而在记忆之中，或在梦中也是一样，所看见的就是在醒时所见的外在对象那样。如此说来，这与人的身体（即心中）的回忆印象（或潜在印象）也是一样的。实际上，人的身体和心意与见是不同的，二者只不过是见的对象而已。商羯罗在这里肯定了精神产生的基础是外在对象，只有与外在对象相结合才能产生出精神的形象，这是认识对象决定认识内容；同时他也是在把俗谛与胜义谛区别开来讲，因为绝对精神“见”与这些是不同的，见才是真正的认识者，身体与心意只不过是它的对象而已。

50.　虚空无论浊云何，
本身清静无区别；
依据圣典说二元，
肯定与否无碍见。

释：本性上是清静的虚空，无论有无云彩的污浊，都不会对它产生影响。同理，虚空似的见，其二元性无论圣典否定与否，都不会对它产生影响。见的二元性，即：见以胜义谛讲，它是绝对的精神，与大梵同一，是世界的原理；以俗谛讲，见又是个体灵魂的主宰，是心意的控制者，现象世界的创造者。商羯罗认为，不管圣典如何讲述阿特曼的性质，其实阿特曼的本性就是如此，都是无区别的。阿特曼本身是什么样就是什么样。

第十五章　此　非　彼

1.　　因此不能成为彼，
故难把此认为彼。
如若欲要此成彼，
定要消除此才行。

释：因为此不能变成彼，所以就不应该把此认为是彼。理由是：如果要把此变为彼的话，那肯定应该把此消灭掉才行。商羯罗非常强调事物之间的区别性，同时实际上在讲认识上的区别。不但现象世界如此，而且他主要讲的是俗谛与胜义谛的区别。个体事物之间是有差别的，更重要的是：认识对象与认识主体是根本不同的，见者的见与人眼的见是根本不同的，二者不可混淆。本章的中心思想就是讲阿特曼与非阿特曼的区别。

2.　　画中描绘之图景，
出于所见印象中；
统觉机能是基体，
应知见为知田者。

释:就像画中所描绘的景色一样,那是画家根据自己对外在事物的印象而画出来的,而大脑里形成、储存并反映印象的是统觉机能,于是统觉机能便成为了外在印象的基体。商羯罗认为最终是由"知田者"(即阿特曼)来"见"的。

"田"(kṣetra)是指身体、意识、思想、感情和五大元素等可变灭之物,"知田"(kṣetrajña)是指阿特曼或灵魂"我",这两个概念来源于奥义书,在《薄伽梵歌》里专门有一章作解说。[①] 称阿特曼为"知田者"是说它是真正懂得身体者,它不但了解"田",并且也在"田"中。

3.

业行种子相结合,
随行结果体验者;
回忆住于心意处,
曾为[自我]之对象。

释:商羯罗认为那种与行为的因素相结合的行为主体等,带有[苦乐]等的行为结果,包括经验之物,都是知田者的对象,现在正在回忆的那些印象(在统觉机能中),以前(觉醒时)也是知田者的对象。行为包括有行为的因素,这种因素包括行为的主体等;同时行为还会产生一定的结果,结果有好有坏,以及快乐的、痛苦的等,最终控制行为的是统觉机能。而这一切皆为阿特曼的对象。

① 《薄伽梵歌》第十三章标题即为"田与知田有别瑜伽"。

4. 主体对象常相异，
对象就如瓶一般。
主体与它不同质，
若非见者变心意。

释：根据上颂所述，可以认为认识对象与认识主体是完全不同的。认识对象就犹如一个瓶子那样（它只能是被认识的对象，而不可能成为认识的主体）。认识主体与认识对象因为在性质上是完全不同的，如果不是这样的话，那认识主体就不会是观看者（见者），而就与统觉机能一样了。注意：商羯罗在这里讲的认识主体是指阿特曼，但他最终却不把阿特曼作为认识的主体，因为阿特曼是清静无为的，与外在现象世界无染的；但为了宣讲自己的哲学理论，商羯罗作为权宜之计承认现象世界的相对存在，并且加以分析，这即佛家的所谓"开方便之门"。

5. 自身种姓认同我，
圣典命令应遵从。
非亲死者之同理，
阿特曼成非自我。

释：此颂原句简洁晦涩，语句散断，经笔者反复研究，对照前田教授的译本，作出以下解释：

由于误认为自己的种姓血缘等是与阿特曼相同一的，于是种姓血缘就会起到一种敦促人们遵从圣典命令的作用。就好像见了一位死者，误认为他是自己的生父或生母，于是这一死者就会使儿子们遵从圣典的命令，准备将他“荼毗”（火化之意，源自巴利语 jhāpeta）一样。通过这个例子可以认为，种姓血缘就如非亲死者那样，它与阿特曼是非同一的，认为是同一的看法是错误的。如果不是这样的话，那阿特曼就会变成非阿特曼。在这里商羯罗实际上是在说明，逻辑上的由此及彼的推理对于阿特曼来说是行不通的，它是超逻辑的，不在经验世界之中。此就是此，此非彼。

6.　　圣典言说苦乐事，
本无业果也无身。
与体结合生业行，
智者理应抛弃它。

释：第一句“圣典言说苦乐事”，是指《歌者奥义》所说：“唯（自视）非此身者，苦乐皆不能触。”[1]因为天启圣典认为，实际上无身者（指阿特曼，或已得解脱者）是不会与苦或乐一类事情发生关系的，人其实本身也是不会有行为的结果或无身（解脱）一类事情的。接下来说，人本来虽然无身，但却与身体相结合，于是也就有了行为。作为一个智者是应该抛弃行为的。

7.　　如我与业无关系，
与其止息也无关。

① 《歌者奥义》Ⅷ，12，1；汉译引自徐梵澄译《五十奥义书》第 249 页。

既知无身非缘业，
为何还要去造业？

释：如果阿特曼与行为并无关系，那么就应该认为阿特曼与行为的停止（消除行为）也是无关的。此句意谓，要想修行得解脱，就要消除业行；但这一切都要靠自己的努力，这跟阿特曼是没有什么关系的。下句反问：如果知道成为无身者并不是因为业行的缘故，那么又何必去造业行呢？

8. 贤者根据圣典书，
种姓原因全抛弃；
应该经常忆起此：
业因相对自本性。

释：聪明的人根据天启圣典，把诸如血缘种姓这一类业行的原因都统统地抛弃掉，而经常想起与业因相矛盾的自己的本性（阿特曼）。

9. 自我唯一住有情，
二者相容如虚空。
清静明澈亦辉煌，
虚空那样遍一切。

释：头两句说：阿特曼是唯一的，它住于一切有情生物之中；而一切有情生物也在阿特曼之中，就犹如在虚空之中那样。那么，这就讲明了两点：第一，阿特曼虽然是唯一的，但是却存在于一切有生命之物之中；第二，一切有生命之物都归属于唯一的阿特曼，就像所有的生物都存在于虚空之中那样。结论就是：一和多的关系在此是一种包容关系，一涵盖了多，同时多又存在于一之中。这两句可以参见天启圣典《伊莎奥义》和《薄伽梵歌》。[1]《伊莎奥义》云：

“而见群有唯在‘我’中，
群有中乎‘我’独；
斯人兮，自兹无所畏缩。”[2]

圣典认为群有（此为徐译，梵语原为 sarvāṇi bhutani，唐代译为一切众生，即指有变化之生命物）均在自我之中，而自我却又是独立于群有的。再看《薄伽梵歌》（Ⅵ，30）：

“我于一切有中见，
一切之中也见我。”[3]

根据《薄伽梵歌》，一和多不但是包容关系，两者还是互相依赖的。

此颂后两句也是可以在圣典中找到出处的。《伊莎奥义》（Ⅷ）

① 《薄伽梵歌》Ⅵ，29～30。
② 《伊莎奥义》Ⅵ；汉译引自徐梵澄译《五十奥义书》第 507 页。
③ 《薄伽梵歌》Ⅵ，30。

指出：

“是彼周至兮，——光明，
无身兮，无瘢，无筋兮，洁清，
罪业兮不撄。
为见者兮为思士，
为一自在兮为遍是，
各如其性兮位列万事，
自来兮古始。”①

阿特曼本身是光明、洁清、无身无瘢的，他是周至的——像虚空那样遍在于一切众生之中，这些道理都是为天启圣典所确认的。

10. 无瘢无筋去粗身，
清静无恶和污浊。
[自我]无身[圣典说]，
也将细身[来否定]。

释：粗身即粗大的身体，是指由五大元素（地、水、火、风、空）所组成的可知觉的肉身，死亡时随即消灭。而细身即微细的身体，商羯罗在《梵经注》中认为：“为粗身的种子，是元素之中的细微部

① 《伊莎奥义》Ⅷ；汉译引自徐梵澄译《五十奥义书》第507页。

分”，[①]特征就是微少(tanutva)、透明(svacchatva)。细身与粗身不一样，它会伴随着阿特曼轮回。但是一旦达到解脱，细身也会消亡。于是，细身也是非阿特曼。

本颂说，因为阿特曼无瘢也无筋腱，[②]所以就应该对粗大的身体加以否认。同时阿特曼也是洁净的、无恶的，就应否认其污浊。另外，天启圣典又讲阿特曼无身，所以也应该对细身加以否定。

11. 犹如婆苏天自身，
说与菩提树平等；
知其自身平等者，
即为知梵者最胜。

释：婆苏天(Vāsudeva)是《薄伽梵歌》中的大神克里希那(Kṛṣṇa)的别号，在《薄伽梵歌》中，婆苏天对另一主角阿周那说，就他自身而言，不管是阿湿婆陀(aśvattha，也即菩提树)也好，是自己的身体也好，都是平等的。[③] 商羯罗在这一颂里是借用《薄伽梵歌》神话来说明非阿特曼的一致性，把阿特曼与非阿特曼区别开来，即便是阿湿婆陀，那也是与肉身一样平等的，因为还是非阿特曼。

12. “我的”与“我”之观念，
并非是对他人起，

① dehabījair bhūtasūkṣmair，参见《梵经注》Ⅲ，1，1。

② 参见前颂所引《伊莎奥义》Ⅷ。

③ 《薄伽梵歌》Ⅹ，26；原颂为：“一切树中独菩提，众仙只成那兰达。”

也非认为对自体。
心之观者无区别。

释:“我的”、“我”这一类的观念,不能认为它就是针对他人的身体而产生的,同时也不能认为它是对自己的身体而产生的。因为不管在任何场合或针对任何人,阿特曼作为统觉机能的目击者是没有区别的。反过来讲,所有的人的统觉机能都是由阿特曼作为目击者,所以就没有什么区别了。商羯罗在这里不但肯定了阿特曼的见者的统一性,他还否定了一切众生之间区别性的意义。

13. 贪欲憎恶与色相,
共同出于同一处;
畏惧也是来自心。
识主清静无所惧。

释:此颂认为,贪欲、憎恶这一类带有感情色彩的东西与外在事物的色、形等的印象,都有一个共同的出处——统觉机能,感知到的恐怖,也是来自于统觉机能的。而不同于统觉机能的认识主体,它是恒常清静的,无所畏惧的。这也是谈阿特曼与非阿特曼的区别。

14. 心在何处成何物,
自我并非要依它;
如若自我即如此,
定会变异成他者。

释：心是人身的控制器，是所有感觉器官的统觉机能，当A事物由心集中起来时，只要A与其它的事物在一起，这些事物就会以A作为它们的本质。而阿特曼却没有这种要使何物变成自己的行为。阿特曼如要想成为它自身，它并不依靠自身以外的什么东西；如若不是这样的话，那阿特曼就不是阿特曼了。此颂商羯罗讲了两个方面：第一，心的作用；区别事物的性质可以以心作为判断标准。第二，阿特曼的排他性；这也是维护阿特曼的唯一无二性。

15. 等质纯知如虚空，
无分不老性纯净。
只因眼等添附物，
把它看成相反对。

释：纯知，即是纯粹精神，它本来如虚空一般，是等质的、无分割的、不老与无污的；但却因为眼睛等等这些有添附性东西，却把纯粹精神看成与它本来面目相反的东西了。

有关这个“纯知”(jñapti)，商羯罗在《薄伽梵歌注》中把最高的阿特曼称为“vijñapti”，[①]把阿特曼的性质描述为“vijñaptimātra”即“纯知”，[②]这与梵的性质完全一样。在本书中商羯罗三次使用这个词，但都是指的阿特曼。

① 《薄伽梵歌注》Ⅲ，29，Bombay：Nirnaya-Sagar Press，1934. p. 139.
② 《薄伽梵歌注》Ⅱ，17，Bombay：Nirnaya-Sagar Press，1934. p. 81.

16. 犹如瓶子似对象，
“我”念非属阿特曼。
应知它念也同样，
只有自我无污染。

释：关于“我”这个观念，它本身并非阿特曼的属性；而是像瓶子那样，只不过是认识的对象而已。同样，也应该明白其它别的观念以及缺点也是对象，只有阿特曼是不沾染这些污浊的。

17. 因是万念目击者，
不变遍满一切中。
万一见者有变化，
便如心智有限制。

释：由于阿特曼是一切观念的目击者，因为仅是旁观所以没有变化，它也是遍在于一切之中。万一它有了变化呢？那么见者（阿特曼）就成了统觉机能那样的有限制的知识。智者是不会这样认为的。

18. 见者之见非眼见，
［本质］相异无坏灭。
确因圣典说不灭，
见者始终在经验。

释：见者的见（等于纯粹精神）与人眼的见是不同的，它是不会被破坏的。因为天启圣典讲到了这一点。《广森林奥义》说：

“诚然！如彼之不见也，固仍见也，虽不见焉。盖见者无见之间止，非灭性故；”[①]

圣典认为见者的见是不会坏灭的，因此，见者始终都是在经验着的。

19.　　自问：我是元素聚合体，
　　　　也为器官之集合？
　　　　拟或其中某一个，
　　　　要知到底我是谁？

释：商羯罗认为应该自己问一问：我是五大元素的聚合体，或者是统觉机能及感觉器官的集合体吗？拟或是它们其中之一部分？我到底是谁呢？

20.　　自答：我非元素聚合体，
　　　　也非器官之一个，
　　　　仅是对象与手段，
　　　　主体异此如瓶般。

释：我既非单个的元素，也非元素的聚合体；我既不是单一的感觉器官，也不是感觉器官的全体。它们都只是认识的对象和手段，而作为认识主体的我与它们是不同的。就像认识主体与认识对象瓶的关系那样。

① 《广森林奥义》Ⅳ，3，23；汉译引自徐梵澄译《五十奥义书》第614页。

21. 心为薪取自我火，
无明欲行来点燃；
通过耳目之大门，
常把此火来燃烧。

22. 供物引起心燃烧，
右眼显现为主要；
活动即在[觉醒境]，
经验粗大在火中。

释：第21、22两颂论主集中论述了阿特曼与外界事物的联系。首先，阿特曼之火必须要通过统觉机能这一薪柴才能与外在对象发生关系；统觉机能又要在对象的基础上才能燃烧。可见统觉机能是阿特曼与外在对象相联系的桥梁。其次，燃烧的发生必须要有外因，也就是无明、欲望、业行等等，同时还得通过耳、眼等感觉器官。第三，阿特曼之火会对外在对象进行经验。这种经验发生在觉醒状态下，以右眼作为主要的活动场所，即在感觉器官活动之时发生。

第22颂还可以参照商羯罗的先辈乔荼波陀的《圣教论》（又译《蛙氏奥义颂》）第一章第2、3颂，乔氏说：

“彼复分三住体内：
周遍，显于右眼前，
炎光，居于意识内，
有慧，在心中空间。

要知享用复有三：
周遍，常享用粗食，
炎光，常享用细食，
有慧，常享用喜悦。”①

① 引自巫白慧译《圣教论》，商务印书馆，1999年版，第23～24页。

第2颂讲，阿特曼分成三部分住于体内：周遍，这是阿特曼在觉醒状态下的表现，它“显于右眼前”。此说法最早见于《广森林奥义》，书云：“此右眼中之神人，名曰因陀，以其为因陀也，隐称曰因陀罗。诸天皆好隐而不好显也。”[①]其时《广森林奥义》的作者认为原人有二眼，左眼显示有相之梵，右眼显示无相之梵。在第22颂中，阿特曼之火经验粗大，这与乔氏的第3颂相对应，“周遍常享用粗食”，“享用”（原文bhuk、bhoga）一词据巫白慧研究员的解说，是指意识接触（能缘）对象的作用，粗食指物质世界，即感官所直接接触的对象。阿特曼之火点燃统觉机能之薪，再通过感官来经验外在世界。第22颂第一句“供物引起心燃烧”，讲的是“供物”（对象）可以对统觉机能产生作用，由感觉对象引发感觉或认识，这符合商羯罗的“认识对象决定认识内容”的思想。

23.　　然则知觉色相时，
贪欲憎恶无忆起；
自我之火供对象，
醒时并不受污染。

释：紧接着21、22两颂，下面的第23、24、25三颂是讲阿特曼的三种存在形态：觉醒境、梦眠境与深睡境。此颂即讲觉醒境：在知觉外在对象的色、形时，并不带着贪欲和憎恶所回忆起的东西，那是阿特曼之火向供物（外在对象）供给的[一切]，同时它（阿特

---

① 《广森林奥义》Ⅳ，2，2；汉译引自徐梵澄译《五十奥义书》第607页。

曼)在觉醒境中也不为外在对象的种种缺点所沾污。这是在醒位,人们在觉醒时认识的只是外界事物,是外界的经验者,而自我是遍在于一切之中,是“周遍”的自我,所以被称为“周遍”(Viśva)。

24. 无明业行生潜象,
意的住处显现出;
自身光辉照耀着,
自我即此称炎光。

释:这是自我处于梦境中。由无明生起的业行产生了种种的潜在印象,此时(即做梦时)都会在意的住处(统觉机能)中显现出来;而阿特曼此时被它自身的光辉所照耀,所以称它为“炎光”(Taijasa)。在梦位,此时的自我正认识着心意本身,因为人们在做梦时实际上是在认识精神本身,此时已与客观外界断绝了关系。由于自我此时居住在思想之中,不但照亮着自己,也照亮着它物,所以就被称为“炎光”。

25. 事物潜象与业行,
内心此时皆不生;
自我何物也不见,
应知它称有慧者。

释:此时为深睡境,即熟睡位。这时外在的对象、潜在印象、由无明所产生的业行等等,以及内心(统觉机能)所生起的种种,统统停止了；自我也停止了对这一切以及内在精神的认识，接近于超验的境界，但还没有达到最高我的境界。此时的我被称为“有慧”(Prājña)。

26.　　意境心境感官境，
行为将其来决定；
犹如太阳照射瓶，
精神让它得明亮。

释：意境，这是说的梦境；心境，这是说的深睡境；感觉境则是醒境。这三者都是由行为所决定的，由精神性所照射的，就犹如瓶子被太阳光所照射那样。所以这三者并没有达到最高的境界。

27.　　自我之光照观念，
等同识体之对象；
再称认识之主体。
愚者由此来称谓。

释：根据上一颂所讲，三种境界都属业行所起，但由精神性之光照射，于是愚昧之人才会认为：以精神之光照射着统觉机能的诸观念，同时把这些观念作为认识对象的认识主体，与统觉机能的诸观念的主体是等同的。因为认识主体与观念的主体是完全不同的，认识的主体是超验的，而观念的主体却是经验世界的。认识主体(此处即指自我)本身是不能认识的，它并不是心或意，也不能把它看作统觉机能。

28. 智者被疑为识体，
缘其自光照万有。
自我同疑为业因，
万有业行之主体。

释：根据上一颂所讲，于是愚者也会把所有的聪明之人都认为是认识主体，因为他以自身之光可以照亮一切万有。同样，愚者也把认识主体（等同于阿特曼）认为是一切行为的原因，也就等同于一切行为的主体。这是两种错误的推断。

29. 如此自我添属性，
本身却是无限定，
无显无分义清静；
心意言词难影响。

释：如果照着上一颂那样来认识阿特曼的话（愚者之念），那阿特曼就会被添加上有限定性的属性。本身并不带有这些添加性的阿特曼是无表现的、无部分的、清静的。心意或言词都难以对它产生影响。

30. 纯知非知两皆是，
业行主体及它非；

在与不在缚与脱，
唯一杂多清静否。

释：如果把阿特曼作多种多样相反的想象，那它就会成为既是精神性的又是非精神性的；既是行为的主体又不是行为的主体。既遍在又不遍在，既束缚又解脱；既唯一又杂多，既清静又……

31.　然而言语与观念，
两者共同难及[我]。
因为本身无属性，
也无业行与差别。

释：由于阿特曼本身并无属性、行为和差别，所以言语和统觉机能的观念，无论如何都无法对它（阿特曼）进行解释。阿特曼没有任何限定性（属性），所以它就没有识别标志，当然就无法言说它。不但不能说，连观念都达不到，那就无法想它了。

《鹧鸪氏奥义》说：

彼也语言自之返，
用此心思亦不至。
人知大梵阿难陀，
更无何者为可畏。[1]

① 《鹧鸪氏奥义》Ⅱ，9；汉译引自徐梵澄译《五十奥义书》第203页。

该天启圣典意谓，阿特曼是语言与心思的解释都难以达至的。

32. 犹如虚空遍满在，
一切有形无结合；
应知自我性清静，
最高归宿[吠檀多]。

释：就像虚空那样遍满于一切之中，却并不与一切有形之物相结合；应该知道在吠檀多原理中，自我是本性清静、最高之归宿。

33. 太阳之光驱黑暗，
见者之光逐黯色；
舍弃[醒时]知觉物，
以及[梦时]潜印象。

释：就像太阳光能驱逐黑暗一样，见者之光通过对觉醒状态的直接知觉物的放弃，对梦眠状态的潜在印象（如记忆）的舍弃，以及对一切物的放弃，达到对深睡状态的"黯色"的驱逐。此颂意味着阿特曼的最终状态是不同于前三种的，是对前三种的否定。

34. 色形记忆黯黑相，
皆为观念之对象；
我之对象诸观念，
遍在有情皆平等。

释:统觉机能的诸观念,是以觉醒状态的色、形,梦眠状态的记忆,和深睡状态的黯黑作为对象的。而以这一切的观念作为对象的阿特曼,存在于一切生类(有生命之物)之中,它是平等的,遍在于一切万有之中。商羯罗把认识对象分为了两个层次:一是经验世界的认识对象;一是阿特曼的认识对象。经验世界的对象是以物质为基础的现象界,阿特曼的对象是统觉机能经过对外界事物的认识和加工后形成的观念,这种观念是精神性的。

35.　自我结合心与意,
以及光眼和对象;
由此无知心意中,
各种各样观念生。

释:此颂商羯罗讲解观念的产生。阿特曼与统觉机能、意、眼、光、对象相结合,以无知作为特征的统觉机能就会产生出各种各样的观念。统觉机能本身是没有任何形式和内容的,它是通过感觉器官从外界获取印象后形成观念的;看来观念的产生是有一定的物质基础的,是与外在现象世界相关的。

36.　自身之我别于它,
清静最高之归宿;
见者万有中平等,
应知超越其恐怖。

37. 整体遍在一切中，
寂静无污如虚空；
无分无业是一切，
常住破除二元观。

释：第36、37两颂同样讲的是阿特曼的性质。第36颂讲：要将自己的阿特曼与它物加以区别，应该知道阿特曼它本身是清静的，最高的归宿；是见者，在一切万有之中平等地存在，并且超越了一切的恐怖。第37颂接着说：阿特曼是整体，遍在一切中；它是寂静的，无污的，就像虚空那样的安定；它是没有部分的，没有业行的，它就是一切；它是常住的（即永恒之物），超越了二元的对立。

38. 我应如此来反思：
一切观念目击者，
如何才能认识它；
梵知与否应确认。

释：此颂认为应该做两件事：一是自己反思一下，我应该怎样做才能认识到一切观念的目击者（即认识主体）呢？二是要确认梵到底是不是已知之物。

39. [天启圣典]教导说：
"[彼]见而不可见也，"

"［大梵］汝知亦殊微"；
吾等与他不知梵。

释：此颂引用了两段奥义书的圣句。

第一段引自《广森林奥义》：

"彼见而不可见也，闻而不可闻也，思而不可思也，识而不可识也。"①

这是说，阿特曼是能见而不是所见；它是见的主体，而你是无法见它的。

第二段引自《由谁奥义》：

"若汝心自惟：我已善知'此'。
'大梵'之形相，汝知亦殊微。
'彼'者汝已是，'彼'者诸天处，
此汝当观省。我思已知'此'。"②

从这一段来看，是说不要自以为已经知梵了，其实你懂得还很少，梵的真理，还待探求。于是此颂讲，我与他人，对最高的梵其实还是不知的。

40.　自身本性无中断，
智慧之光是自性，

① 《广森林奥义》Ⅲ，7，23；汉译引自徐梵澄译《五十奥义书》第588页。
② 《由谁奥义》Ⅱ，1；汉译引自徐梵澄译《五十奥义书》第256页。

见而无须依它物。
由此我知[最高梵]。

释：最高的梵是以自身作为本性的，是不会中断的；它又是以智慧之光作为本性，因此它在认识事物时不会依赖于它物的。只有这样，你才能知道最高梵。

41. 太阳之光照自身，
不用依赖它光源。
认识无须靠它识，
自己照耀为自明。

释：太阳之光照耀自身，它是无须借助于其它光源的。认识(特指阿特曼)也是同样。

42. 此物本性之为何，
无须借自它物出。
不管这是什么光，
不用它光来照亮。

释：此颂接着上颂讲，一个东西，不管它的本性是什么，都不用借用别的东西的本性来作为自己的本性。光难道还需要用别的光来照亮吗？

43.　无光借光为本性，
一旦结合即显出。
光是太阳的结果，
此种说法有错误。

44.　不在之彼生于此，
可称彼为此结果。
光为太阳之本性，
并非太阳生出光。

释：第 43 颂讲，无光之物，当它与以光为本性的东西相结合时，就会得以显现。这就是借光。由此，如果说光是太阳的结果，就是错误。第 44 颂接着解释道：彼是目前并不存在之物，但它依靠此生出来了，那么就可以说彼是此的结果。而光却是太阳的本性，并不是太阳与它物相结合所产生的结果。

45.　太阳仅是存在物，
瓶等显现发光体；
认识为本[阿特曼]，
也应照此来思考。

释：以光作为本性的太阳，虽然仅仅存在而已，但一旦它把瓶子等照亮使其显现出来，那就可以把它看作是发光的主体。同理，以认识作为本性的阿特曼也应该这样来考虑。

46. 太阳无须作努力，

光照出洞之蛇身；

因为认识为本性，

自我同理为主体。

释：就像太阳并未作任何努力，当蛇从洞穴中爬出来时，阳光自然就照着了它那样；阿特曼无须努力也能作为认识主体，这是因为它本身是以认识作为本性的。

47. 热[火]存在为燃物。

知为本性认识蛇。

同样认识属性时，

只需存在理如此。

释：同上一颂道理，（本性上）热的火是作为燃烧之物而存在的。那么，对于以认识作为本性的阿特曼来说，在对从洞穴中爬出来的蛇加以认识时（就像太阳光照物时那样），只需要它存在就行了（而无须努力）。同样，在对限定性的属性加以认识时，也只需存在就可，理应这样来理解它。

48. 不用努力成识体，

磁石一般变业主。

因此自我之本性，

识与不识两皆非。

释：认识者（阿特曼）不用任何努力就能成为认识主体，就像磁石吸铁那样，不用努力也会成为行为的主体。因此阿特曼就其自身而言，在本性上既非可认识又非不可认识。在这里商羯罗讲了阿特曼的两重性，也即有形的我与无形的我。作为有形的我，它呈现为外在的世界；也即人们可见的经验世界，所以它是行为主体。而作为无形的我，它是内在精神，进入轮回的灵魂，所以它是认识主体。

49.　此有教导说自我，
异于已知与未知；
束缚解脱诸状态，
实为假设不属我。

释："此有教导"是指《由谁奥义》中的一句："唯异所知者，又超所未知"，[①]说阿特曼既不同于已知物，又不同于未知物；于是，要说阿特曼有什么束缚、解脱等状态，那都是想象或假设出来的。

50.　太阳不分昼与夜，
因光本性无差别；
自我并无知与否。
知的本质无差别。

① 《由谁奥义》Ⅰ，3；汉译引自徐梵澄译《五十奥义书》第255页。

释:因为光的本性是没有差别的,所以对于太阳来说并无白昼与黑夜的区分;同理,因为知的本性也是没有差别的,所以阿特曼是无所谓知与不知的。

51. 上述已讲之大梵,
如依前面所已讲,
知其取舍两皆无;
知不[再]生为真实。

释:就如上面所讲的梵,按照前面所讲的方法既不舍弃也无获取的人,他是知道:不会(再)生是真实的。

52. 落入生死大河中,
无论使用何物品,
除了知识别无他,
自己自身难得救。

释:商羯罗认为人们都处在生与死的大河之中,要想从中得救,只有依靠知识,除此之外别无他法。他所说的知识,并不是我们所认为的有关经验世界的知识,而是有关梵与阿特曼的知识,或有关梵我同一的知识。

53. 天启圣典如是云:
"[高下双见者],

乃解心中结，
一切疑尽除，
诸业皆断灭。”①

释：本颂中主要引用《秃顶奥义》中之一偈，第一句“高下双见者”本颂中并无，但奥义书原颂有，故引出。这是指梵具有高低两个面，也即上梵与下梵；高的梵与低的梵都懂之人，是一个真正具有知识之人，他能解开心中之结，消除一切的疑惑，从而也就断灭掉了所有的业行。

54.　虚空一般无身境，
精研圣典与推论；
舍弃我念与我身，
信此境界得解脱。

释：此颂对本章作一结论。如果一个人，通过精心地研读天启圣典及其推论（指本书），完全地摈弃掉“我”和“我的”这些观念，进入一个虚空般的无身的境界，并且对此确实地相信，那他就会得到解脱。此章讲解阿特曼与命我的区别，目的是分清有形之我与无形之我，重点是讲解无形之我，下一章开始讲有形之我。

① 《秃顶奥义》Ⅱ，2，9；汉译引自徐梵澄译《五十奥义书》第702页。

第十六章 地所成物

1. 体中硬物地所成，
液体要素水来做；
消化动作与空间，
火风空来如此说。

释：此章商羯罗主要对个人存在的各种构造，以及对可以被称为“内在的自我”（pratyagātman）进行分析。商羯罗的个我观实际上是在对梵＝阿特曼进行心理以及认识论上的考察中显现出来的。梵我同一，那么作为个人存在的本质的阿特曼，就应该与梵为同样，其本质为纯粹精神，同时也为恒常、不变、无畏，永远处于解脱之中。然而在我们的日常生活经验之中，我们的阿特曼却又离梵是那么的远，二者怎么是同一的呢？商羯罗认为要回答这个问题，就必须要对个人的构造进行分析，对作为内在自我的阿特曼进行考察，以及对一般的阿特曼与它的属性的关系等进行考察。这种考察主要是通过对心理上、认识论上的种种事实进行分析。

此颂说，身体中硬的成分是由地所产生，液体之成分是由水所产生，而消化、动作和空间则是由火、风、虚空做成。

2.　　嗅觉及它之对象，
　　其为地等之属性。
　　色显缘于光亮故，
　　感官自有对象应。

释：商羯罗认为，嗅觉以及味觉、视觉、触觉、听觉这五种感觉器官，是由地、水、火、风、虚空五大元素所构成；它们的对象为香、味、色、形、可触物、声音，而这些对象又是地等五大元素的属性。就犹如色显现出来是因为照射它的光是明亮的缘故，于是各感觉器官都有对应的同种类物作为对象。

3.　　知觉实为其目的，
　　行动有赖语与手。
　　十一就是内在意，
　　它的目的在分别。

释：可以说，五个感觉器官在传统意义上讲其目的在于进行知觉，而行动是因为有五个行动器官（即语、手等）存在。商羯罗所说五个行动器官是语、手、足、排泄、生殖。作为外在的器官有十，那么内在的意则为第十一，意的目的在于对五个感觉器官和五个行动器官加以分别（即控制）。

4.　　心意目的为判断。
　　自我本性放光明，

照耀知觉对象心；
认识主体阿特曼。

释：前一颂所讲“意”（manas），与此颂所讲“心意”（即统觉机能，buddhi），其实意思都一样。商羯罗认为它们都是由阿特曼被添加的属性所生之物。在别的地方他还用过“心”（citta），识别（vijñāna）等。

统觉机能是以判断对象作为目的，这是讲它在认识过程中的作用。阿特曼以自己本性之光，来对知觉一切对象的统觉机能加以照射，所以可以称阿特曼为认识主体。

5. 光照取形被照体，
看似混杂实非合；
认识主体也同样，
实非浑然为一体。

释：作为照射主体的光，它在照射时，采用了被照体的形状，于是就会把光与所照的对象混为一体。换句话说，当你看见一个物体时，这是因为在这个物体上有光你才可能看见，于是光和物体是混在一起的。但是，实际上两者并非一体，光就是光，物体就是物体。商羯罗认为，同样，认识主体也会与它的认识对象混为一体，但无论任何时候两者都不能混为一谈。认识主体之光照射在对象身上，这时你才有可能看见对象，但看见对象并非意味着它就是认识主体。

6.

固定灯火不用劲，
定能照亮达于物；
认识主体也同样，
照到声音等观念。

释：商羯罗比喻说，就像一盏固定的灯火，它不用任何努力，就能把它所能达到的物体照亮一样；认识主体也不用任何努力，它的光就可以照亮那些取声音等形的统觉机能的观念。这是指观念的外在化，即阿特曼通过统觉机能，统觉机能再通过感官与外界对象接触，从而使阿特曼能够认识到现象世界。这也是表现为十大器官与外在世界的交流和接触。

7.

愉悦别于统觉心，
恒常自我光照耀；
身体感官集合中，
心意显现如自我。

释：愉悦等等的心理感受受到阿特曼的恒常之光的照射，在身体与感觉器官的集合体中，它与就像阿特曼那样显现出来的统觉机能是有区别的。

8.

因为头疼即思量，
自身实为痛苦人。

见者非为苦对象，
原为识主并无苦。

释：因为头疼的原因便会认为自己是痛苦的。而见者（阿特曼）与痛苦的对象是不同的，这个见者是认识的主体，所以它是无苦的。前一颂与本颂商羯罗都讲述了一点：愉悦也好痛苦也好，都是统觉机能的内在感觉，源于内官，与阿特曼是不同的。这些是内在的知觉对象，它们与外在的知觉对象一样。商羯罗认为，这两种知觉的对象都是由统觉机能的观念变形而来，具有先验论的意味。

9.　人苦因为思量苦，
而非实际体验苦。
具有四肢集合体，
见苦之物并不苦。

释：一个人感觉到苦，主要原因是由于此人误持有“我是痛苦的”的观念，并不是因为他确实体验到了痛苦。在具有四肢的集合体（身体）中，见着苦之物（指阿特曼）却是并不苦的。

10.　如若误说眼目事，
对象主体两皆是；
眼目多样又集合，
自我为见非对象。

释：在此颂中商羯罗以眼为例来讲对象与主体的关系。前两句是反方意见，后两句是正方意见。眼睛是看的主体，但当你在镜子里看自己的眼睛时，这时眼睛就既是看的主体又是看的对象了。佛教唯识宗认为"识"就是既为对象又为主体，商羯罗认为唯识宗的这个识与其统觉机能相近。商羯罗在他的《梵经注》中提到，佛教坚持积聚论的观点（实为佛教说一切有部的观点），一切事物都是聚合而成，因而执著于外界事物的实在性。在《梵经注》中商羯罗又认为，①说一切有部的观点其实与佛陀的本意并非一致，佛陀的观点是"识一蕴论"（vijñāna-ekaskandha-vāda）。这种观点认为：认识手段（pramāna 量）、认识对象（prameya 所量）和认识结果（phala 量果）这些日常活动的一切，都是由意识所表现出来的表象，属于内在的；它们与外界客观存在的事物是不同的，因为客观现象并没有意识的参与。识一蕴论实际上是承认任何事物都是识的聚合体，根本反对外界事物的客观实在性。根据法称的《量评释论》（Pramāṇavārttika）的观点，②认识从本质上讲，最终是没有区别的；但是带着错误见解的人们却认为，认识对象（grāhya）、认识主体（grāhaka）和自意识（自证分 saṃvitti），这三者是存在着区别的。对于唯识宗来说，认识最终都是归于阿赖耶识的，当然是没有区别存在的，因为阿赖耶识既是一切认识的前提，又是一切认识的归宿；它甚至也是认识对象，如第七识末那识就对它认识。

---

① 参见商羯罗《梵经注》Ⅱ，2，28；*Brahmasūtra-bhāṣya*, vol. I, Ānandāśrama-Saṃskṛta-Granthāvaliḥ, Granthāṇkaḥ 21, Khristābdāḥ, 1900, pp. 579～581。

② 法称：《量评释论》Ⅱ，354。参见本书韵文篇第十八章第 142 颂的注释。

商羯罗认为，陈那和法称都认为识是超越于对象和主体(grāhyagrāhakāṃśavinirmukta)的，甚至包括空(śūnya)。他不同意唯识宗把认识主体等同于认识对象的这种看法。因为，统觉机能如照此推理那也就既是对象又是主体了。他认为不能这样来推，因为眼睛是多样性的，又属于集合体(蕴)；而最终来说，统觉机能受阿特曼的控制，阿特曼是见的主体，但它不是对象。

11. 如识自我为多样，
具有意志与努力；
我以知识为[性质]，
犹如光照非对象。

释：前一颂为商羯罗对唯识宗的批判，这一颂是对胜论派哲学的批判。前两句是反方，后两句是正方。胜论哲学认为，一切事物都具有如下六种性质：实体、性质、运动、普遍、特殊、内属。[①] 而阿特曼只是实体中之一，具有知觉作用、愉悦、非愉悦、意欲、憎恶、意志和努力等性质。商羯罗认为如果照胜论的观点，阿特曼具有知识、意志和努力等等的性质的话，那阿特曼就成为多样性的了。这种看法是不正确的。因为阿特曼唯一只以知识作为性质，它就像光一样，不会成为对象的。其实照商羯罗的本意是不能言说阿特

① 这是古典胜论的看法，在《胜论经》(约 50～150 年)中出现的，再后的《胜宗十句义论》(唐贞观二十二年，玄奘译出)又提出有十个性质，增加了可能、非可能、亦同亦异、非存在等四种。

曼有什么性质的。阿特曼只是本性为知识,而是没有性质(guṇa)的。但在此处他说阿特曼以知识作为性质,这是为了配合对胜论的批判而作的权宜之计。

12.　光为照他非自照,
如此要说有区别,
[本质]相同不自照。
识主也非被识体。

释:光作为照物的主体,它本身是不会自照的;同时就它自身来讲是无所谓照主和被照之分的。如果说有照主和被照之区别,那它作为这两者,在本质上是同等的,它也不会照自己的。同理,认识主体也是不会看它自身的。

13.　无论任何事与物,
难成自身属性相;
犹如烈火对自身,
不能自照与焚烧。

释:无论任何事物,它都不可能成为它自身属性的对象,就好像烈火一样,既不能照亮自身,也无法焚烧自己。

14.　依据同样之理由,
排斥意能识自身;

部分同样不合理。
[自我本性]无差别。

释:此颂认为,依据前述同样之理由,认为心意(统觉机能)可以自己知觉自身(如阿赖耶识对自身的认识)的唯识宗的观点已经被排斥,同样,唯识宗的认为认识是认识主体和认识对象之一部分的看法也是不合理的。[①] 作为认识主体和认识对象的部分,其本性是完全同样的,而认识(阿特曼)在本性上是没有差别的。也即:唯识宗把认识的成分分为三部分(认识、认识主体、认识对象)是不正确的,阿特曼并不是其中的一部分;如果成了其中一部分的话,那阿特曼与其它两部分的本性就是完全一样,成为有差别之物了。

15. 同样空性不合理,
心似瓶般为所见;
心意虚妄分别前,
[自我]早已得确立。

释:前颂批驳了唯识宗的观点,此颂又对空宗的观点进行批判。商羯罗认为把阿特曼认同于空宗的"空性"也是不合理的。因为如果这样,统觉机能就与瓶子一样,可以从自身或从别的阿特曼

① 唯识宗关于认识的作用有安慧的"一分说",难陀的"二分说",陈那的"三分说"和护法的"四分说"。在此处,唯一的"识"被分为了"认识对象"(所取分)、"认识主体"(能取分)、"自意识"(自证分),看来商羯罗是在批判陈那、法称的三分说。

来看的对象;实际上阿特曼在心意(统觉机能)对它进行错误想象(虚妄分别)之前,它早已确立。这里的心意虚妄分别商羯罗用的是 vikalpa,他在别的许多地方把 vikalpa 的功能等同于 manas 的,但在此似等同于 buddhi 的功能。在后两颂里也是同样的情况。

16.　妄别之前存在物,
如为妄别之原因,
定能消除妄别念,
因为是它生起此。

释:不管是什么东西,只要它是在统觉机能进行虚妄分别之前就存在的,而且如果它是这种虚妄分别产生的原因,那就一定会消除这种虚妄的分别。因为虚妄分别本身就是原因。虚妄分别在这里可以理解为无明。此颂想说明的一点是:在无明出现之前就已经存在的东西是不会受无明的影响的,如果以此成为虚妄分别的原因的话,也一定会得到解脱的,因为只有无明才是原因。而在无明出现之前存在的只是阿特曼,它是不会被影响的。

17.　舍弃无知虚妄因,
以及轮回支配者;
阿特曼以得解脱,
它是无畏最高梵。

释:虚妄分别的根源也就是轮回的支配者即为无知,将它舍弃之后阿特曼便得解脱，因为它就不会再缠缚着阿特曼了。这样一来，应该明白阿特曼也就是恒常无畏的最高梵。因为阿特曼再也不进入轮回之中，它也就归入了最高梵。

18. 觉醒梦眠与深睡，
后者为种生于暗；
其一存在两不生，
皆为虚无应舍弃。

释：觉醒状态(jāgrat)时阿特曼经验着外在世界，梦眠状态(svapna)时阿特曼经验着通过外在感官所得来的内在的潜在印象(vāsanā)；深睡状态(suṣupta)时一切意识全停止了，阿特曼成为纯粹的知。此颂第二句"后者为种生于暗"在此需要作出解释：第一，"后者为种"是说深睡是前两者产生的种子。商羯罗认为，阿特曼对于前两种来讲只是纯粹的形式而已，与真实的阿特曼是完全不同的。就好像人由觉醒状态进入熟睡状态，再由熟睡状态返回到觉醒状态那样，前两种状态就是由熟睡状态而来，于是它便成了前二者的种子了。后一"生于暗"说，在熟睡状态中，阿特曼是处于未开展的状态，被称为"未开展者"(avyākṛta)，也被称为"暗黑"(tamas)或"无知"(ajñāna)。同时，当这一种子被阿特曼的知识烧尽时，它就再也不会发芽了。

第三句"其一存在两不生"是对第四句的"皆为虚无应舍弃"作论证，这三种阿特曼的存在状态只要有其中之一种存在着，其它两种就不会存在，这是常识所告诉我们的；既然是常识，那便是虚幻不实的，所以这些状态都不是阿特曼的本来面目，于是便应该加以舍弃。

19.　　阿特曼与对象接，
心意目光相混合；
其时业行即生起，
错认此为自我做。

释：因为看见了阿特曼与统觉机能、意、目、光、对象等等相混合后，行为便产生了，于是认为这是阿特曼的行为，这是错乱的想法。

20.　　眼睑开闭缘于风，
并非由于目自身；
眼亮一般心意亮，
心与意都并非因。

释：因为风吹的缘故眼睑才会产生开闭，而不是由于眼睛本身的缘故。同样，因为眼睛视线有光（即开着而不是闭着的），眼睑的开闭也不是出于意或统觉机能的缘故，而是因为它们是有光的。

21.　　思量确认两作用，
分属意念和统觉；
双方属性不相混。
一切妄别为自我。

释:思考作用和确认作用分别归属于意和统觉机能;双方各自的属性是不能混淆的。这是商羯罗自己的分法,与现代我们的看法是不一样的。接着便认为一切的事物都被妄分别为阿特曼。

22. 诸种知觉有局限,
意将知觉同感官。
认识主体见心意,
思量等同身体大。

释:诸种感觉器官的知觉,是受感觉器官在身体中所占的部分大小的局限的,而统觉机能就把知觉与产生它们的感官看作同样大小了。认识主体是看管统觉机能的,因为统觉机能统管全身,于是就认为认识主体是与身体同样大的尺寸。商羯罗实际上在这里是引用了耆那教哲学的观点。[①] 耆那教哲学认为,灵魂与人的肉体是在一起的,灵魂寓居于它所附着的各种躯体上面,就像灯光照亮了整个房间一样。于是灵魂与身体的大小是一样的。

23. 此确全为刹那灭,
达摩无断别非他;

① 耆那教是印度同佛教一样古老的宗教,耆那(Jaina)的意思是"胜者"或"修行完了的人",在汉译中被称为尼乾外道或裸形外道。其祖师是佛祖同时代的尼乾陀·若提子。耆那教哲学最有名的是其原子理论以及逻辑理论的七支论法。

类似灯火认识生，
人生目的在寂归。

释：此颂商羯罗列出了佛教的观点。第1、2句说，佛教徒认为，一切都是刹那生灭的，是无间断生灭的达摩（法）而非其它。第3、4句说，人的认识就像灯火一样，是此灭彼生、彼灭此生，类似而不断延续的；一旦所有这一切都归于寂灭时，那就是达到了人生的目的了。根据佛陀的观点，"诸行（行指有为法）无常"，[①]他认为世界上所有的一切事物和现象都是生灭无常的，没有永恒的实体存在。甚至包括人的思维概念都是如此瞬间万变的，所谓"念念生灭"即是这个道理。商羯罗在这里讲的"这一切"，根据其弟子欢喜智、菩提尼第和罗摩提达的观点，应该指的是认识（jñāna）和认识的对象（jñeya），即包括有为法和无为法。佛教在讲人的生死轮回时也认为，轮回是怎样从此身渡到彼身的呢？他们用"如火传薪"来解释。如有两支蜡烛，甲烛燃烧将尽时传火于乙烛，乙烛则继续燃烧；对于轮回的主体就像火一样，既不能说此火即是前火，也不能说与前火无关。人的认识也是一样，现在的认识是以前认识的延续，它与以前的认识是有关的。佛教理论的目的是讲一切事物的无常性即无永恒实体性，反对有一个不变的灵魂。这是针对当时婆罗门教的梵我理论而提出来的反对理论。商羯罗在这里讲述

① 佛教把一切具有质的规定性、可认识的事物和现象称为"法"。根据小乘说一切有部的分类，由因缘和合而产生的有生灭变化的现象为"有为法"，非由因缘和合而产生的无生灭变化的现象称为"无为法"。

佛教的观点主要是想论证阿特曼的永恒实在性，以及阿特曼的本性与非阿特曼即现象世界的区别性。

24.

一说色形存在物，
本性相异来显现；
它说识外别无物，
现讲前者不合理。

释：有一些（承认现象世界实在性的）佛教徒认为，诸如色形这样的外在对象是存在的，这些对象的显现不是由自己而是通过与自己本性相异的它物来实现的。另一些佛教徒则认为，识之外并不存在其它事物。前者应该是指的部派佛教的犊子部，后者则是指的唯识宗。犊子部有两大重要的思想理论值得注意：其一是有关"补特伽罗"的理论，犊子认为补特伽罗是生命的我，是一种物质性的，是有；应该把它看成谛义（实在的东西，不是镜中花水中月似的假有）、胜义（非传言而来，是可以得到实证的）。同时，补特伽罗就是轮回的主体，这在大多主张无我论的佛教派别中是特殊的。其二是犊子认为诸法不完全是刹那灭，有些法是暂住的。佛教讲刹那灭是与心相联系的，犊子则认为，心法刹那，此外则大部暂住。这样，把色与心分开来，色可以在心外独立存在，就具有了唯物的倾向。

唯识宗主张八识，其中第八识阿赖耶识为藏识，具有能藏、所藏、执藏三义。其含藏一切诸法种子，为有漏无漏一切有为法的根本。自然在识之外，别无它物。接下来商羯罗将驳斥佛教理论的不合理之处。

25.　识取外在对象形，
剎那生灭无记忆；
心意既为剎那灭，
何处又能留潜象。

释：商羯罗认为，识采用外在对象之形，是剎那生灭之物，那么它是决不会有记忆的。显然在这里商羯罗把识等同于了统觉机能。统觉机能既为剎那灭，那么同样它也是无处可留潜在印象。

26.　能留之物尚且无，
类似性质难[确认]；
若非则应弃剎那，
此确非汝所愿意。

释：既然潜在印象及记忆等延续性物都不存在，那么对此瞬间之灯火与彼瞬间之灯火之间延续的类似性，要加以确认是很难的，没有确认的手段。因为没有把它们的类似性记忆下来的东西。这样一来，商羯罗便认为佛教徒的理论是不合理的。如果说潜在印象以及记忆有保留的场所，那么剎那灭的观点就应该被舍弃。这意味：既然一切都是剎那灭的，那任何事物都是无法保留的，都是无常；于是，统觉机能中也不应该有任何保留，当然就没有潜在印象和记忆了。没有记忆，何来延续的类似性呢？前一灯火与后一灯火又是何种关系呢？最后一句商羯罗说，要舍弃剎那灭的观点却是佛教徒不愿意的事情。商羯罗的目的是要维护他的阿特曼恒常不变的观点。

商羯罗在《梵经注》中对佛教的攻击也主要集中在刹那灭的观点上。商羯罗认为，以《梵经》的立场，如果根据持刹那灭论者（Kṣaṇa-bhanga-vādin，指佛教徒）的说法，后一个刹那生起之时，就是前一个刹那灭亡之时，那么，前的刹那与后的刹那之间似乎并无因果关系。因为前一个刹那在消亡之后，它就变成了无，所以它不可能成为后一个刹那的原因。这样也就割断了前因与后果之间的顺序关系，前一个刹那的活动是与后一个刹那的活动没有关联的，这样一来两个刹那之间就是断裂的、纯粹的无。从而也就可以证明佛教的十二缘起的理论是不合理的。商羯罗提出：结果在发生时不可能完全没有沾染上原因的自性，那么，如果事物原因的自性在结果生起时被留传了下去，也即原因和结果有了传承关系的话，那刹那灭论的说法就不攻自破了。换句话说，如果不承认事物具有自性而结果又被原因的自性所染，但却又认为因果关系是存在的，那这就是对因果关系的不当扩大。①

27.

寂归无需作努力，
教授手段无意义；
既然各自作寂归，
它物也就不必要。

① Cf. *Brahmasūtra bhāṣya*, Ⅱ, 2, 20, vol. Ⅰ, Ānandāśrama-Saṃskṛta-Granthāvaliḥ, Granthāṇkaḥ 21, Khristābdāḥ, 1900, p. 565.

释：按照佛教的观点，一切事物在归于寂灭时，是不用作什么努力就能达到的，那为了这个目的而教授归寂手段也是无意义的了。因为这一切事物其归寂皆为各自个别在每一瞬间完成，那么它们之间也不存在因果关系，于是在它们寂灭时，也无需它物的助力。佛教认为一切事物在无常上可表现为刹那无常，即一切有为法，刹那之间，有生、住、异、灭的变化；还有相续无常，即一切有为法在一期相续上有生、住、异、灭四相。一切都处于流变之中。

28.　它者连续有必要，
尽管[本质]为相异；
但如一切刹那灭，
没有必要求它物。

释：对于寂灭来讲，即便在本质上是相异的，但与它物的连续还是有必要的。但如果认为一切事物都是刹那生灭的话，那寂灭就没有必要求助于它物了。这是对上一颂的补充解释，下一颂接着进行解释。

29.　因为二者[之连续]，
同时共在相互依；
其一随它而成立，
也要依靠它存在。

释：因为此物与彼物在同一时间共同存在，它们之间就是相互有关系的，是连续的；此物是通过与它物的联系而建立起来的，此物也就会依靠它物而存在。这是借批判佛教的刹那灭观点来讲事物之间具有不可分割的因果关系。

30. 对于[自我之]误附，
理应消除是吾念；
如若一切[刹那]灭，
解脱结果归谁属。

释："误附"是"错误的附托"的简化说法，这是因为字数限制所致。说明"误附"（mṛṣādhyāsa）的最好例子就是认绳为蛇，即把蛇的形相错误地附托在绳上。它的同义词是"无明"。此颂第1、2句说，对于被误附的阿特曼来说，只有把这些误附消除，才能得到解脱，这是吾等（不二一元论者）的见解。换句话说就是，轮回是因为误附（无明）所造成的，要想获得解脱，就必须要消除无明。换另一种说法，对于把梵和阿特曼看作非同一的直观（bhedadarśana）要抛弃，保留不异的直观（abhedadarśana），这样即可获得解脱。第3、4句说，如果一切事物都是刹那灭的话，那么就要说说作为它的结果的解脱是归属谁的问题了。

31. 知识自我或称他，
自身确为实在者；
存在非在认识体，
非存在事不承认。

释:它(阿特曼)可以被称为知识、自我或其它什么的,但它自身确实是实在的。因为它是存在与非存在事物的认识主体,于是要说它是非存在的是不能承认的。

32.　　承认非在基于有,
　　如若把在变非在,
　　众生难识有与非;
　　此事并非人情愿。

释:承认事物的非存在,这是基于事物的存在(有,也即梵)。因为只有梵或阿特曼是真正的有,其它都是非有。如果有被看作非存在的话,那么人们对于存在或非存在的事实就无法认识判断了。这种事并不是人们所情愿的。商羯罗在此颂中讲有与无的关系,他却只强调了问题的一个方面:有是绝对的。考察二者的关系只能基于这一原则。

33.　　"有""非有""有非有",
　　在此虚妄分别前,
　　应知存在是不二;
　　平等恒常与误别。

释:其实"有"(存在)、"非有"(不存在)、"有与非有"(存在与不存在),这些都是虚假的区别,在此之前,只有不二。商羯罗与佛教同样地认为,这些名称都是虚假的,只是名称上的区别;而有了这些区别，便出现了二元，这是绝对错误的。实质上只有“不二”是真实存在的。不二即指梵。它对于一切来讲是平等的，是恒常不变的，与虚妄分别之物是有别的。

34.　应知二元非实在，
因为虚妄生出它；
犹如梦中所见相，
有与非前不存在。

释：应该承认二元是非实在的，因为它是虚妄的分别所产生的，就像梦中所见的对象一样，虚幻不实。二元在作“有”、“非有”这种虚妄的分别之前是不存在的。

35.　语言所别圣典言，
变异之物非实在；
流转生死接古传，
我之摩耶欲超渡。

释：在本颂中商羯罗共引用了两段圣典和一段古传书的圣句，现先将引用原文注出，再行解说此颂意味。

第一段为引用《歌者奥义》：

“吾儿！如（识）一泥团也，一切泥所制器皆可知；分异在语言之所系，名而已；实，唯泥也。”[①]

① 《歌者奥义》Ⅵ，1，4；汉译引自徐梵澄译《五十奥义书》第197页。

第二段引用《广森林奥义》：

“唯以意会彼，
斯世无异多。
若见其多似，
得死如流梭。”①

此末句原为“得死又得死”，也即生死流转。

第三为引《薄伽梵歌》：

“神者属性显摩耶，
如何才能得超越；
我等既为归依者，
定要超越此幻力。”②

本颂第1、2句说，根据天启圣典所说，一切变化之物的区别（分异）只是在于名言或名称而已，实质是不变的；变化之物是非实在的。第3句说，如若看见此世界的多样性，那么还会“得死又得死”，即永远沉沦于生死大海之中不得解脱。前三句连起来总的思想是要消除多样性的现象世界，追求最后的不二。第4句说，要超越摩耶。摩耶（māyā）是梵的一种神奇的幻力，梵通过它变现出多

① 《广森林奥义》Ⅳ，4，19；汉译引自徐梵澄译《五十奥义书》第197页。

② 《薄伽梵歌》Ⅶ，14；The *Bhagavadgītā*，ed. By S. Radhakrishnan，George Allen & Unwin Ltd.，1956，p. 217.

样性的现象世界,但这些却并非真实,犹如疑绳为蛇一样,只是幻相而已。要想摆脱虚幻的现象世界,就必须要超越摩耶,才能达到真如。

36. 由此自我为清静,
虚妄分别本性异;
因而无取又无舍,
自我并非虚妄物。

释:根据上一颂得出结论:阿特曼是清静的,因为它是不二的,没有多样性的变化。也因为阿特曼与虚妄分别在本性上是相异的,阿特曼既不用取得何物也不需舍弃何物,它是唯一的。所以,阿特曼并不是它自身以外的什么东西所虚妄分别之物。

37. 由于本性为光辉,
太阳之中无黑暗;
本性恒常是认识,
自我不存在无知。

释:由于阿特曼的本性是光辉,所以就像太阳之中无黑暗一样;由于阿特曼的本性是恒常的认识,所以不可能存在它所不知的。

38. 同样不变为本性,
自我状态无变化;

如若要说有变化，
自我无疑会消亡。

释：同样接着上一颂解释，阿特曼是以不变性作为自己的本性的，当然不会有状态的变化。如果要说它有状态上的变化，那阿特曼无疑就会消亡。商羯罗认为，就如佛教所讲，有变化之物必然经历的过程是：生、住、异、灭。有生就有灭。

39.　如说解脱为境变，
是为造物有泯灭；
或说结合与分离，
应视决非为合理。

释：商羯罗在此提出两种他认为不合理的说法：一种认为解脱是阿特曼所处的状态（境）发生了变化，他认为如果照此说法那阿特曼就成为了某种人为造出来的东西，这样一来解脱就成为了不安定之物，即会泯灭之物了。另一种说法认为，解脱是阿特曼与梵的结合所造成，或者说是与原质（prakṛiti）的分离。[①] 对这种观点商羯罗在下一颂里进行批驳。

① 商羯罗在这里批驳的主要是数论哲学的观点。数论认为，物质世界的最高实体就是原初物质，它由三种成分组成，也称三德即“喜”、“忧”、“暗”。三德在原初物质内部的平衡一旦被打破，便演变成为世界的各种现象。此外还有一个“神我”，其性质是意识性的，类似于灵魂；神我的功能是在原初物质的演化过程中相结合，但角色是“观者”，它本身保持独立。由此，神我在与原初物质相分离后，自然就退出了现象世界，重获解脱。

40. 因为结合与分离，
皆非恒常之事物；
来去两者也同此。
自己本性不能失，

释：因为无论是阿特曼与梵的结合也好，还是与原初物质的分离也好，这些都不是永远恒常的事物。另外，或者说解脱是阿特曼进入梵，或梵到阿特曼中来，这些说法也都是不合理的。最后一句“自己本性不能失”按意思应该接在下一颂，故使用了一个逗号，同时与下一颂放在一起解释。

41. 自身本性无需因，
它物却需有原因；
自己本性确如此，
本身无需舍与取。

释：根据第40颂的意思，我们可以知道此颂商羯罗是通过讲事物的本性，来阐述阿特曼本性的不可变性。上一颂末尾讲自己的本性是不能失的，此颂一开始讲自己的本性是没有什么原因的，而别的事物（如状态的变化等）却确实有自己的原因。自己的本性是不能由自己也不能由他人所获取或舍弃的。它是不可改变的。

42. [它]是万有之本性，
取舍之事实难有；

非别它物永长存，
亦非对象亦难离。

释：此颂意思比较简单明了，商羯罗说阿特曼是一切万有的本性，因此它是不可取舍之物。因为阿特曼就是一切万物本身，所以它也是永世长存的。阿特曼既不是什么东西的对象，也不从什么东西那里分离。

43.　万有为它而存在，
它为绝对在永远；
因此知晓解脱者，
舍弃业行及手段。

释：一切万有因为阿特曼的存在而存在，阿特曼也就是一切万有，所以它是永远的存在者、绝对者。因此，知晓或追求解脱者，应该舍弃一切的业行及其手段。[①]

44.　圣典理论言说它，
自我认识为最高；
如生他想非[真]识，
应弃非我之[认识]。

① 此颂后两句可参见本书散文篇第一章第32节。

释：无论是天启圣典还是一般理论，都说阿特曼的认识是最高的认识。[①] 然而，如果把真实的阿特曼认为是别的东西的话，这种认识就不是真实的认识。因此，对于那种把真实的阿特曼当成非阿特曼的认识是应该舍弃的。

45. 原质构成之三德，
平衡状态难打破；
因为无明静休止，
别的原因并未有。

释：在本章第39颂的注释中讲了数论哲学的基本观点，数论哲学从二元论的立场出发，提出了宇宙的根本原理是原初物质和神我二者，前者是物质性的，后者是纯精神的。而原初物质由"喜"、"忧"、"暗"三德组成，这三者在原初物质内部的平衡一旦被打破，宇宙便得展开。此颂商羯罗专门来批判数论哲学的观点。他认为原质三德的平衡被打破是不可能的，因为在此状态中无明等还处于休止的状态，而商羯罗认为打破平衡是需要无明来发挥作用的。在这一点上吠檀多哲学与印度的许多其他派别观点是一致的，例如佛教在讲述十二因缘论时便认为无明是使人进入生死轮回链条的根本原因。至于数论哲学讲的别的打破平衡的原因是不被认可的。接下来商羯罗将继续对数论哲学的观点进行批判。

① 此句可参照《阿跋斯檀婆法经》(Āpastamba-Dharma-sūtra) 1,8,22,2。

46.　　其一如若为它因，
活动拟或有与无；
引起活动必然性，
不属三德或自我。

释：如果说三德之中的某一个属性是其它另外两个的原因的话，那么，它们要么始终是活动的，要么是完全不活动的。发生活动的必然性，既不属于三德，又不属于阿特曼（＝神我）。《金七十论》十二长行解释三德内部的不平衡状态有五种：(1)或者其中一个制服其它两个而取得统治地位（“更互伏”），如强大的日光照伏月光或星光；(2)或者三者互相支持和依存（“更互依”）；(3)或者一个由其它两个所产生（“更互生”），例如火、油和灯芯三者合成灯火；(4)或者三者互相转化（“更互起”）；(5)或者三者互相配合（“更互双”）。①

47.　　[唯一原质]其存在，
是为[多数之神我]。
解脱以及束缚[我]，
如说有别不合理。

释：根据数论哲学的观点，原初物质是唯一的，神我是多数的；

① 陈真谛译《金七十论》是学术界公认的目前保存的《数论颂》释本中最古老的一种。我国的传统说法认为《金七十论》是频阇诃婆沙造，约公元三世纪的世亲之前。

原初物质其存在是为了神我的缘故。具体如《金七十论》讲:“聚集为他故。异三德依故。食者独离(存)故。五因立我有。”[①]这段文字说明了几点:(1)世界上一切的事物都是为神我的目的而聚集的,只有它才是目的。(2)作为目的者的神我是异于三德的。(3)神我是一切事物的实际控制者。(4)物体是可经验的,其经验者就是神我。(5)这个世界是一切痛苦的原因,它本身是无法使人们得到解脱的,因此必须要有神我存在。由此看来,数论的神我与吠檀多的阿特曼是很相近的,但在形式上也有一些不同。如数论认为神我不是一个,而是多个。但在此颂中商羯罗认为,如果唯一的原初物质为了多个的神我的原因而存在的话,那么得到了解脱的神我与被束缚的神我之间要说有区别的话,那是不合理的。

48. 因为神我为不变,
原质缘它而存在,
数论此说不合理。
如说有变也相悖。

释:数论哲学认为,因为纯粹精神的神我是不变之物,所以原初物质(在此用的是 pradhāna,=prakṛti)是因为它的原因而存在的,商羯罗认为此种说法是不合理的(在下几颂里商羯罗还会加以说明和批判)。当然,如果再说纯粹精神的神我是有变化的,那就更是不合理的了。布鲁夏(Puruṣa)一词在吠陀时代即指人格化的

① 《金七十论》十七。

宇宙创造者，在数论哲学中它是灵魂（神我）的代名词。神我在本质上是一种意识的东西，它是无变化的，既无始终，又无时空和因果。神我不是创造者，也不是被创造者。原初物质是由三德所构成，神我则不是。原初物质是认识的客体，神我是认识的主体。

49.　　原初物质与神我，
二者关系不相合；
因为原质非精神，
为此存在不合理。

释：原初物质与神我二者之间的关系是不相合的，这是因为二者的性质根本不同的原因，原初物质是非精神性的。于是，说原初物质因纯粹精神的缘故而存在是不合理的。

50.　　如起作用成可灭，
即便知识也同样；
如若原质无原因，
最终不会得解脱。

释：此颂讲纯粹精神与原初物质是否相互发生作用的问题。如果纯粹精神布鲁夏能起作用的话，那它就变成了可灭之物。同样，如果纯粹精神的神我仅以其知识来起作用的话，它也会成为可灭之物。如果原初物质的作用没有原因的话，那随之而来的结果就是没有解脱。以上第 45 颂至 50 颂是对数论哲学的批判。

51. 如热不为[光]显现，
愉快不被识知觉；
迦那陀徒如是说，
同一基体[阿特曼]。

释：从本颂开始至第 56 颂是对胜论哲学的批判。迦那陀(Kaṇāda)是胜论学派的开山祖师，胜论哲学具有实在论的特点，主要哲学观点有原子论、句义论(范畴说)和因中无果说。其“句义论”把世界的各种现象分为六种范畴，即实体、性质、运动、普遍、特殊、内属。实体说认为，世界上一切现象的本质自身就是实体，实体的类别有九种：地、水、风、火、空、时、空间、灵魂、心。由此看来包含了一切物质和精神。特别是灵魂和心，胜论认为灵魂是人体中的东西，是自我意识的主体；而心则是灵魂与外界器官的联络员。可以看出，胜论学派的哲学观点是多元的实在论观点。商羯罗对它的批判就是着重于这一点。

热是火的性质之一，光也是火的性质之一，但热并不是因为光的照射才显现出来的。同样，胜论学派认为，快感与知觉都是实体阿特曼的性质之一，但作为性质之一的快感却并不被另一性质知觉所知觉到。因为快感等与知觉作用都同属于一个实体阿特曼，即以阿特曼作为基体的原因。

52. 意[我]结合只生一，
快感知觉[两相异]，

难以同时内属我；
故而愉快难知觉。

释：意与阿特曼每结合一次，只能生出一种性质；快感与知觉作用是两种不同性质的东西，所以不能同时都内属于阿特曼。因此愉快就不能被知觉作用所知觉。

53.　由于［性质］均相异，
难以认可同时生；
如德之识［我］内属，
回答有误因限定。

释：由于内属阿特曼的各种性质互相之间是有区别的，所以无法认可这些种种性质会同时产生。如果胜论学派想说这些种种性质，以及它们的知觉都内属于阿特曼的话，那这种回答是不正确的，因为知觉作用会受到种种性质的限定。“德”（guṇa）即为性质之意，如前所述，胜论有“三德”之说。

54.　知觉功能识［诸德］，
因其限定［诸德］故；
“吾感愉快”有记忆，
汝不认知为本性。

释：诸德是被知觉所认识的，因为它们是受知觉所限定的；例如，人会有“我感觉到了快乐”这样的记忆。而根据你们（商羯罗指胜论）的意思，阿特曼并不是以知觉作为本性的。性质是认识的对象，它们是受认识本身的限定的，所以说“愉快”这种性质是由“我”来感觉的。而胜论却不承认知觉是阿特曼的本性。

55. 愉快并非我之德，
汝说自我为不变；
相异为何不归意，
[意与自我]或相同？

释：此颂前两句是说，快感等等并非阿特曼的性质，因为你们说过阿特曼是不变之物。后面的两句对胜论提出了诘问：因为种种的性质与阿特曼是相异的，如说阿特曼是不变之物，但却带有种种相异的性质，那为什么说某个阿特曼的性质，却又归属于其它的阿特曼即意呢？意拟或与异于种种性质的阿特曼是同一的吗？实际上胜论学派认为，意是实体中的一种，属于思考器官，同阿特曼一样。

56. 若以此知为对象，
无限循环难避免；
如认[两知]同时生，
此时也认[其它生]。

释：如果此知觉成为彼知觉的对象的话，那就不可避免会出现无限循环之事。所谓无限循环也即从此知觉到彼知觉一个一个往上或往下追。如果意与阿特曼结合，这两个知觉就一起产生的话，那么，此时在同一个结合里，同时所接触到的诸如色、形、味、香等等的知觉，它们也会同时产生。商羯罗在上述几颂里对胜论学派的意（即心）作出了一些评价。首先阿特曼必须要与意相结合才能感知外界的对象，也即才能产生知觉。阿特曼不是认识的主体，意才是认识主体。其二，胜论的灵魂并非一个，而是一个身体就有一个灵魂；由此产生的困惑就是，这个阿特曼与那个阿特曼之间会存在不同的性质，如何理解？其三，阿特曼是不变之物，怎么会有种种可变的性质呢？其四，意与阿特曼一结合，不但两个知觉同时会产生，还会有其它的知觉同时产生，也即外界对象会同时出现，而对这些同时出现的知觉起调节作用的不是认识的真正主体阿特曼，而是意。意的性质具有物质的意味，胜论说是像原子一样的东西，它以极快的速度在全身运动着。商羯罗对胜论学派的批判到此结束。

57.　自我不变亦无缚，
因而自身无不净；
圣典说它无执著，
因此[自我]并无执。

释：阿特曼因为并无状态变化，所以它无束缚，也无不净。因为天启圣典说它无执著，它也不去执著，所以它就无执著。天启圣典《广森林奥义》说："彼自我者，非可摄持，非所摄持故也。"[①]阿特

① 《广森林奥义》Ⅲ，9，26；汉译引自徐梵澄译《五十奥义书》第599页。

曼不执著，这是因为它不去执著的缘故。

58. 圣典言说无污事，
细微唯一非对象；
如是这样反论起，
无缚解脱谈何有？

释：天启圣典《伽塔奥义》说："同样，唯一的自我在一切众生之中，不受世界的痛苦污染，超然于外。"[①]根据圣典所说，内藏在一切万有之中的阿特曼是不受世间之苦的污染的；阿特曼是微细的，唯一的，非认识对象的。于是，论主自己提出了反论：如果是这样的话，那就是无束缚的，因此也就无解脱可言了。

59. 如是圣典无意义。
非也束缚为心乱，
解脱是为去除[错]；
束缚因此非其它。

释：第一句是接上一颂的反论：如果照此看来，那天启圣典也是毫无意义的。接下第二句开始是回答：非也，如此说来是不正确的。束缚只是统觉机能发生了错乱，而解脱正是止息此种错乱。

① 《伽塔奥义》Ⅱ，2，11；汉译引自黄宝生译《奥义书》，商务印书馆，2010年，第277页。

于是束缚正如前边说过的那样，而非其它。这里所说前边，是指本章第30颂，说束缚即为对阿特曼的错误的附托，一旦这种误附被灭时，随之而来的结果就是解脱。因此束缚的性质就清楚了，就是无明。商羯罗认为最终的解脱就是对虚假附托的终止，这一观点非常接近月称的观点，他认为涅槃的本质就是对虚假设定的去除。

60.　　自我识光所照射，
思量自身是知识；
别的识主不存在，
心之错乱实如此。

释：上颂讲统觉机能发生了错乱就会引起束缚，本颂解释为什么会发生：受着阿特曼的知识之光的照耀，统觉机能误认为自己就是认识主体，别无其他的认识主体存在，于是便产生了认识上的错乱。

61.　　自我本性为认识，
心却常作比喻用；
无始欠缺识别智，
此即轮回非它也。

释：认识是阿特曼的本性，认识对于统觉机能来说，它常被用来比喻（为自身的本性）。（统觉机能的）识别智的欠缺，这是无始之事；这就造成了轮回，这也只是轮回。识别智即为对无明的识别能力，辨别出虚假的附托。此处商羯罗借用了一个佛教的概念

"智",它即是指人们对是非的判断能力,也即智慧,但佛教认为智与慧是有区别的。按《大乘义章》卷九的解释:"言智慧者,照见名智,解了称慧,此二各别。"佛教认为一切众生因为无明而流转轮回,受诸烦恼逼迫身心;而断除无明烦恼得到解脱便是智慧。佛教还认为智有二种:胜义智和世俗智。前者为观察真谛之智,后者为观察世俗世界之智;商羯罗所说识别智,当为前一种。

62. 解脱即为得止息,
非此就为不合理;
区别之见[持有者],
思量解脱破坏事。

释:解脱正确讲来就是对识别智欠缺的去除,不如此理解就是不合理的。那些主张解脱不是恢复自己本性阿特曼而是其它的人们,应该被认为是对以解脱作为自己本性的阿特曼的破坏。

63. 状态之说也不对,
因为[自我]并不变;
如若有变成部分,
故当消亡如瓶般。

释:同上一颂一样,这一颂也讲解脱之事。那种主张解脱只是状态的变化的说法也是不正确的,因为阿特曼是没有变化的。如果说阿特曼有变化的话,那它就是有部分或分有之物;如若这样,它就会像瓶子一般消亡。

64. 有关束缚与解脱，
非此理解为错乱；
数论胜论与佛教，
缺乏正确之考察。

释：此颂是对由第44颂开始到第64颂为止的总结，主要列举了数论与胜论以及佛教的一些观点，讲述有关束缚和解脱的关系；商羯罗认为必须要照此理解，否则就是思想错乱。他认为这三个学派对束缚和解脱缺乏正确的观察。

65. 经典理论相矛盾，
难以尊敬其推论；
尔等思想多谬误，
可以指责千百处。

释：商羯罗认为这几个学派经典和理论都是相矛盾的，所以很难尊敬他们的推论；可以从他们的思想里找出许多谬误。

66. [吠陀圣典]相异者，
理应批判不客气；
贤者专念于[圣典]，
抛弃不正之经典。

67.　　真实圣典吠檀多，
以及毗耶莎思想；
对此理应真信赖，
确实真正理解它。

释：第66、67两颂可以放在一起来解说。第66颂一开始实际上是引用了一段经典说："渴求有关达摩（法）的正确知识的贤者，应该对世界上的其它各种与吠陀天启圣典相异的经典产生怀疑。"[①]于是商羯罗便认为，对那些相异的经典（此处是指前述几个学派的经典）进行批判就是无可非议之事，也就不用尊敬他们的观点和思想（参见第65颂）。贤者应该舍弃那些与吠陀圣典相异之经典，专念于圣典。在此"专念"一词梵文为"bhakti"，其为印度教的"信爱"或"献身"的意思，但商羯罗却并无此意，而是专注、专一等意思。[②] 接下来说，首先应该信赖天启圣典所讲述的道理，也就是具有真实意味的吠檀多（奥义书），同时还有毗耶莎的思想。[③]对于这些，要确实地去理解。

---

① yāny ato'nyāni śāstrāṇi pṛthivyāṃ vividhāni vai/śankanīyāni vidvadbhir dharmaśuddhim abhīpsubhiḥ//据前田教授考证，对本书做注解的Ānandajñāna、Bodhanidhi和Rāmatīrtha引用的为上段梵文，而这一段经典出处不明。

② 在此Rāmatīrtha把信爱解释为对此的tatparatā。

③ 前田教授认为，商羯罗在《梵经注》里提出，只有毗耶莎（Vyāsa）才是《摩诃婆罗多》的作者，而不是跋达罗衍那（Bādarāyaṇa）。甚至认为毗耶莎是《梵经》除跋达罗衍那以外的另一作者。同时他还是别的一些古传书的作者。见前田专学：《示教千则》梵文版，第40～41页，日本北星堂出版社，1973年。

68.　二元论与无我说，
理论批判两谬论；
追求解脱舍疑问，
知识道路要坚定。

释:以上所讲的由二元论(数论学派)和无我论(佛教)所产生的各种谬论(错误的推论),已经为理论(吠檀多不二一元论的理论)所排斥。于是追求解脱的人,要抛弃由他人的理论所产生的疑问,坚定地走知识之路(有关梵我同一的知识之路)。

69.　反对谬论获自证，
绝对清静不二识；
正持确信离联系，
永远至福即可得。

释:自已作为自身的亲证者(自证),要反对那些谬论,以达到绝对的清静和获得不二的知识。要持正确的信奉,远离与它物(非阿特曼)的联系,这样才能得到永远的至福。

70.　抛弃缺点与误念，
细研秘传趋终归；
尽心正道求真理，
别异思者难如此。

释：舍弃自己的缺点以及关于阿特曼的错误观念的人，就会详细地研读有关最高终归的知识，同时使自己的思想归于正确的道路，尽心于追求真理；而那些实际上认为自己与梵是相异的人，肯定是难以见到真理的。

71. 知悉最高净化法，
抛弃他生所蓄积，
以及无知所生恶；
此生如空无业染。

释：要懂得最高的净化法（下一颂解释），一个人要从无数的他生（即往世的生）所蓄积下来的、以无知为原因的罪恶中脱出，要在此世中像虚空那样，不为各种各样的业行所污染。

72. 心归寂静制感官，
如述施业弃缺点；
常遵师言具美德，
教予追求解脱者。

释：商羯罗在此颂中解说了净化法。首先，心要归于寂静，不能受外在世界的影响；其次，要控制感官，这也是心归寂静的必要条件。感官不与外界相接触，这样才能使心得到平静。要像圣典中所讲的那样去实施行为，同时克服各种缺点，具备美德，常遵从于导师所言。这些就是净化法的内容，对于那些追求解脱者，要不断地教导他们。

73.　人不虚妄思他体，
如是观察最高识；
获得纯净真知识，
此时一切得解脱。

释：就像人不误认他人的身体为自身的或是自己的东西那样，人也要观察最高的真理，获得这个全无污染的知识，这样一来，便能在各个方面得到解脱。

74.　此世本性无它比，
因为来自[吠檀多]；
超因陀罗之本性，
非经检测不可教。

释：在此世中，比获得自己本性更好的事是没有的，因为自己本性的获得是由吠陀圣典(吠檀多)所教诲而来的，除此之外别无它法。然而，获得自己的本性这种事是比因陀罗神王国更好的事，要教导这种事则必须对弟子的情况进行检测才行。这里需要说明几点：第一，对自己本性的获得即是对阿特曼的亲证；第二，因陀罗是印度神话中司雷的天神，他的王国当然就是天国了；而获得自己的本性这件事却超过了它，可见商羯罗对此事的重视；第三，商羯罗对弟子入门(即接受弟子)的要求很严，同时在各处所讲条件还不相同，此处只是要求心的寂静和对感官的控制，而在别处（如本书散文篇第一章第2节）却又要求是舍弃三界（人、祖、神）的云游仙人。其实综合他的说法总的说来，主要原则是由学习吠陀圣典开始，达到熟知梵我同一的知识；同时遵从法典对种姓、生活期所规定的伦理道德的行为准则，这也是商羯罗对弟子们规定的知行合并的标准。

第十七章　正确的思想

1.　　智者见者是自我，
清静最高阿特曼；
因为除此无它在，
敬礼应知之自我。

释：此章是商羯罗向弟子们宣讲有关认识阿特曼的正确方法，因为他认为这才是正确的思想，只有这样才能真正获得解脱。

从此开始应知阿特曼是一切智者，一切见者，是清静的最高阿特曼；因为除了它之外别无它物存在。于是向这个应知的阿特曼敬礼。

2.　　吠陀秘义教导梵，
犹如灯火来照明；
言词义理明了者，
我常敬礼于他们。

释：吠陀圣典的秘密教义所讲之梵，它像灯火一样地来照明；那些对圣典的单词、句子以及义理都精通者，我会永远地向他们致敬。

3. 阳光照射去暗黑，
先师教导灭罪恶；
在此敬礼诸导师，
我欲讲述梵知识。

释：太阳光照到黑暗时，便会去除黑暗；各位先师教导我时，便会灭除我的罪恶。向这些导师们致敬，我把有关梵的知识的结论在此讲述。

4. 何物获得无所比，
能够达于阿特曼；
吠陀古传与业行，
尽为达到此目的。

释：不管获得什么东西，都不如获得阿特曼；不管是吠陀圣典所讲也好，古传书所讲也好，行为也好，都是为了达到获得阿特曼这个目的。

5. 渴求幸福所获物，
自身目的正相反；
知梵者称获得我，
即为永远与最高。

释：为了幸福而渴求获得某些东西，是为了自身的目的，其结局将与幸福相反。对梵精通的人，宣称阿特曼的获得是永远的，所以为最高。

6.　自我获得依本性，
自然而然不靠它；
如若靠它有所得，
[梵我]别异见解生。

释：阿特曼的获得，这是本性上自然而然地得到的，并不依赖于其它的东西。如果依赖于其它东西而获得的话，那就会对梵与我产生出别异的见解。

7.　别异见解即无明，
止息无明得解脱；
始于知识因矛盾，
羯磨不得[此止息]。

释：认为梵与我为别异之物的见解就是无明。对无明的止息即称为解脱。这种止息是由（有关梵我）知识而得来的，因为知识和无明（无知）是矛盾的。这种止息是不能由行为（羯磨）得来的。

8.　无明欲念是原因，
无常即为业行果；

吠陀圣典可称是，
自我知识之来源。

释：无明和欲念为其原因，行为的结果就是无常，也即多变。而只有吠陀圣典，可以称为是有关阿特曼的知识来源。

9. 专注知识唯一品，
应知它是一文章；
自我[与梵]同一性，
文章理解来获知。

释：吠陀圣典是有关梵的知识的唯一品，应专注于它；智者们也知道吠陀圣典是唯一的文章。有关阿特曼与梵的同一性，应该从对吠陀圣典文章的意思的理解中来获取。

10. 虚设我[与梵]不同，
缘于意思理解差，
听闻[单词]相违故。
三者名色业说成。

释：此颂意思比较复杂，而因原颂过于简略，故需分别解析。

[诘问]：梵与阿特曼是两个并非同义词的单词，所以对它们的意思的理解也是不同的，那么认为梵与阿特曼为同一是否应该说是不合理的呢？

［回答］:依你理解,“因为梵与阿特曼是两个并非同义词的单词,于是就认为对这两个单词意思的理解也是不同的,这都是因为听到这两个非同义词的单词有差别的缘故。最终就虚设梵与阿特曼也是不同的。”(此为颂意)换句话说,前述诘问,因为单词的差别就认为单词的意思也有差别,或者单词的意思的差别是基于单词本身的差别,认为二者是相互依存,这是一种逻辑上的谬误。

［诘问］:此宇宙是由三种东西组成的,因为天启圣典说:“唯然,此世界三重,名,色,业是也。”①即宇宙是由名称、形态和业行三者组成,那么,除了阿特曼之外,这三者也是存在的。(其实,天启圣典的本意并不是要说世界的多样性。)

回答在下一颂。

11.

相互依存实为虚,
三者本身不存在;
犹如言语听闻者,
心外对其来描绘。

释:［回答］:实际上,说这三者是相互依存的是错误的。因为这三者根本就是不存在的。就好像听说了一个神的名字,然后在其对象的表象所映射的统觉机能之外的别的一个什么地方把他描绘出来似的。

① 《广森林奥义》Ⅰ,6,1;汉译引自徐梵澄译《五十奥义书》第548页。

12. 由此所见之形态，
依心语言再表现；
世界一切被误设，
皆为缘于错乱心。

释：然而，就像见到的在统觉机能之外别的地方所描绘的形态，通过统觉机能再由语言将其表现出来那样，这个世界的一切都是由于错乱的统觉机能错误地设想。

13. 因此这［三］不存在，
纯有与知非虚设；
自我是为第一知，
知识对象非它物。

释：因此这三者（色、形、业）是非存在，而作为纯知和纯有（存在）的阿特曼并非误想虚设之物。阿特曼是第一的知识，也是知识的对象，其它的都是虚设误想之物。说阿特曼是知识的对象，这种说法类似于唯识宗的观点。

14. 梦中所见称知识，
此实源于摩耶故；
梦眠之中所见闻，
应称视觉与听觉。

释：人们将在梦眠状态中所认知的一切称之为知识，其实那只是由于阿特曼的幻力（摩耶）所致。处于梦眠状态中的人的见与听闻，可以称为视觉与听觉。

15.　梦中所说称作语，
[梦中所嗅]称嗅觉；
味觉触觉与思考，
其它器官也同样。

释：在梦眠状态中的人说话，可称作语言。同样，梦眠中人嗅，可称作嗅觉。人们在梦眠状态中尝味、感触和思考之物，可以称为味觉、触觉和思考器官。其它器官都是同样。

16.　由于误设限定性，
此种知识生别异；
犹如属性添限定，
同样宝石出区别。

释：由于对阿特曼虚设了限定性，于是这种知识有各种各样的差别。就好像同样的一块宝石，由于颜色这种限定性的属性不同，它会出现各种区别。

17.　同样人在觉醒时，
误想知识有区别；

心显对象错乱起，
欲念引发出活动。

释：人在觉醒状态时也是同样，错误地设定知识也有区别。在觉醒状态中的阿特曼使统觉机能显现出对象，因为错乱的原因，由欲念产生出现行的活动。

18. 觉醒类似梦眠时，
相互依存内外生；
犹如书写之读物，
[依存]诵读之行事。

释：觉醒状态就像梦眠状态一样，不管是内在的东西还是外在的东西，全是由相互依存的观点而生。两者的关系商羯罗作了一个比喻，就好比是写就的读物，与对它的诵读之间的那种相互依存关系。

19. 错误设定区别时，
欲求之物[想取之]；
如想[获得]欲求物，
其得业行[之结果]。

释：此颂实为讲述无明产生的原因。处于觉醒状态时的阿特曼，因为错乱而被误设为有区别之时，便会产生获得某物的欲念；

此种意图一旦实行，便会得到行为的结果。

20.　　一切事物无明生，
因此世界不存在；
无明之人所见物，
熟睡状态却不知。

释：一切的事物都是由无明所生，因此可以说这个世界是不存在的。无明之人所见的，在熟睡状态中是不会知觉到的。由此可见在熟睡状态中阿特曼开始显现它的真实面目。

21.　　明智理解为同一，
无明生出别异解；
天启圣典如此教，
朝着明智去努力。

释：明智把梵与阿特曼理解为同一，无明却把二者理解为别异；因此天启圣典教导说，要朝着明智去努力。

22.　　心如明镜清亮时，
明智光辉即显出；
心要制戒行仪式，
祭祀苦行得清静。

释:当心像镜子那样变得明亮之时,明智的光辉就会显出,心也就会变得清亮起来。为了使心达到清亮的目的,必须要做到以下几点:制戒(不杀生、真实语、不偷盗、不淫、不持有)、日常的仪式、祭祀、苦行。

23. 为了使心得清亮,
最上苦行要实践;
心意等等为集中,
随时使体变衰弱。

释:此颂讲述苦行。根据《薄伽梵歌》所讲,苦行分为三种:(1)身体;(2)言语;(3)思想。身体苦行因为排在最前,所以也可称最上苦行。《薄伽梵歌》说:

"崇敬神祇及圣师,
清静廉直施梵行;
尊婆罗门不杀生,
此曰身体之苦行。"①

因此,为了使心得到净化,就必须去实践身体苦行。意要得到集中,随时都要使身体变得衰弱。

---

① 《薄伽梵歌》XVII,14。

24.　直接知觉在醒境，
梦眠状态为回忆；
[两者]皆非是熟睡，
最高归宿阿特曼。

释：觉醒状态是直接知觉，梦眠状态是回忆；熟睡状态中两者皆无，而最高的归宿是——自身的阿特曼（＝梵）。

25.　无明睡中成暗黑，
梦与觉醒其为种；
自身明智烧掉它，
烧过种子无力发。

释：在熟睡状态中无明就是暗黑，不能发挥作用；而在觉醒和梦眠状态中无明却是种子。无明一旦被自己的阿特曼之火烧掉的话，就会像被烧过的种子那样，再也没有发芽的力量了。

26.　摩耶独自一种子，
三种状态反复显；
自我不变携摩耶，
水中太阳成多样。

释：摩耶是独自一个种子，它却在三种状态（醒梦睡）中反复地依次显现。阿特曼尽管唯一不变，但因带着摩耶，就像在水中映照出的太阳那样，是多种多样的。这样商羯罗就讲出了为何唯一不二不变的阿特曼会显现出多种多样的世界来的。都是因为摩耶（幻力）的原因。

27. 生气梦眠境不同，
同一种子起变异；
阿特曼如水中月，
梦醒之体[显别异]。

释：生气，在此处是指熟睡状态。根据商羯罗的说法，在觉醒状态中，阿特曼与意相结合，同时通过感觉器官，以身体为介质发挥机能。在梦眠状态，感觉器官进入意之中，但却并无什么机能。在熟睡状态，意与感觉器官进入生气，阿特曼进入梵。生气为生命的原初状态，也即回复到世界未展开的时候。商羯罗在本书中没有对生气作出什么解释，但他在《梵经注》里认为，[1]主要生气有五种作用（pañcavṛtti）：呼气（prāṇa）、吸气（apāna）、媒气（vyāna）、上气（udāna）、等气（samāna）。其中媒气是使呼气和吸气之间相连接的气，上气是人死时将阿特曼从人体中导出的气，等气则是起消化作用的。[2]

---

① 《梵经注》Ⅱ，4，12以及参阅Ⅱ，4，8～19。

② 根据《吠檀多精髓》（*Vedāntasāra*，XIII，96～98）的介绍，媒气是朝着全身所有的方向行动的。上气在喉头的部位，人死时它就往上方从身体中脱出。等气则在身体的中央，起消化食物的作用。同时，呼气是在鼻尖，由鼻孔向外前进；吸气是往胸部后退，处于排泄器官之中。

此颂说，同样的一个种子（摩耶），由于熟睡状态和梦眠状态等等的区别，会显现出不同的样式来；同此，阿特曼就像水中的月亮一样，会在梦眠状态和觉醒状态的身体上显现出不同的样式来。

28.　犹如魔术师乘象，
来来往往不断行；
自我本身并不动，
奔赴生气梦眠等。

释：犹如一位魔术师，骑在一头用魔术变幻出来的大象上来来往往那样；阿特曼也是不动，但同时却又赴向生气、梦眠状态等等。

29.　犹如无象无乘者，
别的魔术师在此；
生气见者两皆无，
主体见者总在此。

释：犹如并没有大象与骑象者，而只有非这二者的魔术师在此站立一样，生气与见生气者并不存在，而是不同的认识主体，也即见（纯粹精神，阿特曼）总是存在。前述大象其实只是幻现出来的，并非真实存在；现象世界也是幻现，只有阿特曼常存。

30.　魔术师与目锐者，
幻相原本不存在；

只是存于目钝者，
因此魔术师非有。

释：商羯罗用基本生活常识告诉我们，对于目光锐利者和魔术师来说，魔术中出现的幻相都是不存在的，因为那些只是幻相而已。而对于目光愚钝者来讲，幻相当然是存在的。那么，结论就是，魔术师是没有的，只要你能识破他。

31. 阿特曼应直接识，
因为圣典如是说；
知则"乃解心中结"，
"未知[便遭大破灭]"。

释：对阿特曼应该直接地去认识。因为天启圣典《奥义书》是这样说的。[1]

此颂引用了两节圣句：

第一，《秃顶奥义》说：

"高下双见者，
乃解心中结，
一切疑尽除，
诸业皆断灭。"[2]

① 参照《广森林奥义》Ⅲ，4，1；Ⅳ，2；Ⅴ，1。

② 《秃顶奥义》Ⅱ，2，9；汉译引自徐梵澄译《五十奥义书》第702页。

此偈意为：第一句“高下双见者”，高下指高梵（上梵）与低梵（下梵），高低两梵皆知者，就能解除心中之结，或称不解之处。后两句是补充，一切的疑问皆得解答，诸业也就断灭了。这个诸业（羯磨）包括三个方面：（1）前生之业，今生受果。（2）今生之业，来生受果。（3）未来诸生之业。

第二，《由谁奥义》说：

“于世臻是明，其人则真是。
于世而未知，毁灭良巨已。”①

此偈认为，在现世中不认识阿特曼的人，会遭到巨大的破灭。

32.　因为并无音声在，
感觉器官难知觉；
快感等为别异物，
为何[心]会知觉它？

释：阿特曼本身并无声音，所以感觉器官不能知觉它。但同样的是，阿特曼与快感等是相异的，为什么统觉机能会知觉它们呢？

33.　尽管那夫眼不见，
月亮之中[出显影]；

① 《由谁奥义》Ⅱ，5；汉译引自徐梵澄译《五十奥义书》第257页。

水中所见月一般，
自我遍在心内识。

释：那夫（Rāhu）是印度神话中的一个恶魔，据说当他捕捉到太阳和月亮而吞没它们时，就会发生日食和月食。故事说，有一次神创造出了生命之水阿玛尔塔（amṛta），那夫借助于掀起大海的波涛来把自己作一番乔装打扮，同时饮用了阿玛尔塔。此时太阳和月亮发现了他并向毗湿奴神通报，毗湿奴神便砍下了那夫的头。那夫为了向太阳和月亮报仇而吞食它们。

颂中说，尽管人们平常用眼睛看不见那夫，但在发生月食时，可以在月亮中看见他。同样，也如水中能见月亮之影一般，阿特曼尽管遍在于一切万物之中，但在统觉机能之中就能认识它。

34. 太阳影像与光热，
水中感知非水属；
认识在心亦同此，
只因本质不相同。

释：太阳的影像和发出的光热，可以通过水来感知，但这却不是属于水的；同样，认识可由统觉机能来感知，但认识却并非统觉机能的属性，因为二者在本质上是完全不同的。商羯罗认为认识是属于阿特曼的，统觉机能只是身体的一个机能。

35. 纯知不败阿特曼，
借眼看见心变化；

见之见者与闻者，
天启圣典如此说。

释：纯粹精神永不消失的阿特曼，在内部知觉的情况下，借助于眼来看统觉机能的变化，也即对外在的观看。这样一来，阿特曼就是见的见主体，听闻的听主体，这些都是天启圣典的教导。此处所指圣典为《广森林奥义》：

"汝不能见见之能见者也；
汝不能闻闻之能闻者也，
汝不能思思之能思者也；
汝不能识识之能识者也。"[①]

36.　看见隔离心变化，
思维主体为不生；
识主具有不绝力，
由此圣典说原因。

释：在对外界对象进行知觉时，阿特曼只看见与知觉外在对象的感觉器官相隔离的统觉机能的变化，因此阿特曼是思维的思维主体，是不生的。同样，阿特曼也是认识的认识主体，具有不绝（永不消失）的能力。因此天启圣典说出其原因。此处所引为《广森林

① 《广森林奥义》Ⅲ，4，2；汉译引自徐梵澄译《五十奥义书》第581页。

奥义》所说："盖见者无见之间止，非灭性故。"[①]

37\. ［圣典说］如有思焉，
如有行焉谓不变；
盗贼非贼［福］不至，
［阿特曼］自得清静。

释：此颂引用了《广森林奥义》两段偈颂，第一段说阿特曼为不变之物，引出如下：

"性灵者何？

此在生命诸气息中智识所成之神我，内心之光明也。平等致一，彼游于两界中，如有思焉，如有行焉，而既化成睡眠矣，则超此世界及死亡之形。"[②]

此偈讲，阿特曼为平等同一之物，它在两世界之间，即此世界和彼大梵之世界之间；在醒与梦境时游于此世界，在熟睡和死亡时则游于彼大梵世界。此处的两个"如有"是着重强调阿特曼并非如常人一般具有思考和行动。阿特曼如有这些，便成为了可变之物。因为阿特曼是超此世界和死亡之形的。"死亡之形"是指一切有生灭之物，非阿特曼。

第二段说阿特曼是清静之物，圣典如是说：

"是处也，盗贼非盗贼，毁胎者非毁胎者，……福亦不至，祸亦

① 《广森林奥义》Ⅳ，3，23；汉译引自徐梵澄译《五十奥义书》第614页。
② 《广森林奥义》Ⅳ，3，7；汉译引自徐梵澄译《五十奥义书》第610页。

不来，盖斯时已超出内心之一切尤苦矣。”[①]
阿特曼既无福可言，亦无苦可言，它是超然于一切内心的心理感受的，所以它为清静的。

38. 识主能力实无限，
醒梦皆在为不变；
区别应知在对象，
圣典在此讲原因。

释：认识主体（阿特曼）的能力是无限的，因此它也存在于觉醒和梦眠两种状态之中。尽管存在于变化的现象世界之中，然而它却是以不变应万变。如果要说区别的话，那只是存在于认识的对象之中，因为圣典讲：

“唯是处若有别一者然，则此可见彼……”[②]
这是说，阿特曼是唯一独处的，所以它是无区别的；它是独一的见者，而非有二。如果那里有另一者存在的话，那就能见到它。

39. ［时空］为媒非自我，
世俗认识为间接；
自我本性是认识，
述说直接认识梵。

① 《广森林奥义》Ⅳ，3，22；汉译引自徐梵澄译《五十奥义书》第 614 页。
② 《广森林奥义》Ⅳ，3，31；汉译引自徐梵澄译《五十奥义书》第 615 页。

释：非阿特曼的认识是以时空作为媒介，用眼睛来实行的世俗认识，这实际上是一种间接的认识。而认识是阿特曼的本性，对梵的认识是直接的。这是商羯罗的说法。

40.　犹如某灯出现时，
别的灯火为多余；
自我本性为认识，
别的认识不必要。

释：犹如出现了一个灯火，那别的灯火就为多余的一样；因为阿特曼的本性是认识，阿特曼进行认识，别的与阿特曼相异之认识就没有必要了。

41.　对象变化与多样，
［自我］如此难认可；
因此它物对自我，
也难实行取舍事。

释：说阿特曼是认识的对象，或者说它有变化，是多样性的，这些都是难以认可的。因此可以说，别的东西（非阿特曼）对阿特曼进行取舍之类事情都是不可能的。所谓进行取舍，这就是使阿特曼发生了变化。

42.　内外皆含无微弱，
超越生死与衰老；

知道我为自我者，
还有何事值得忧？

释："内外皆舍"一句可参见《秃顶奥义》（Ⅱ，1，2），意说阿特曼是遍在于一切事物的内与外的。阿特曼不会变得微弱，它超越生死与衰老。已经意识到"我是阿特曼"者也就不再有什么事可畏惧或担忧了。

43. 教示之前行祭事，
排除种姓之观念；
基于圣句非粗大，
确信汝即那[之前]。

释：此颂讲了在三种情况发生之前可以行祭事。祭事是指包括火祭等在内的祭祀行为。火祭等等的祭祀行为实行的必要性是在下述三种情况发生之前：第一，在教示阿特曼之前；第二，根据祭祀行为所划分的种姓所属的观念被排除之前；意为：一定的阶级种姓可实行的祭事行为不同，必须要按照阶级的划分来进行祭事行为，否则其行为是无效的。以上为前两句所说，后两句引用了两段《奥义书》的教导。第一段系《广森林奥义》（Ⅲ，8，8）所说："非粗大，非细微"，第二段系《歌者奥义》（Ⅵ，8，7）所说："汝即那"。颂意为：火祭之类的祭事行为实行的必要，是基于非粗非细之类的圣句，以及"汝即那"这一圣句使人产生确信之前；也就是在获得有关梵我的知识，达到梵我同一的地步之前，会做一些祭事。此为第三种情况。

44. 抛弃前生身体时，
[同样]舍弃种姓等；
因为种姓属身体。
身体实为非自我。

释：在前生的身体被抛弃之时，也即死亡时，同样属前生的种姓也会一并被抛弃，因为种姓等是属于身体所有的。照此看来，身体实际上是非阿特曼。

45. 身体非我之无明，
产生私物与我念；
应用知识抛弃它，
圣典说其是恶魔。

释：接着上一颂讲解。因此，人们对于身体等等的非阿特曼之物会产生"我的东西"或"我"一类的观念，这些都是无明。应该用有关阿特曼的知识来抛弃无明，因为天启圣典说："这是阿修罗哉！"此处引用的原句如下：

"是故于今在世对于不布施者，无信仰者，不牺牲者，凡人则曰：'汝诚阿修罗哉。'"①

① 《歌者奥义》Ⅷ，8，5；汉译引自徐梵澄译《五十奥义书》第246页。

阿修罗是印度神话中的恶魔，佛教认为轮回有六道，其中之一就是阿修罗。此偈内中的“无信仰者”，当指持无明之人。

46.　　进入出家云游期，
免除十日不净观；
［梵的］知识获得时，
种姓祭祀亦消除。

释：印度婆罗门教认为，人一生有四个生活期，或称为人生的四个阶段：（1）学生期；（2）家住期；（3）林栖期；（4）云游期。最后的一个阶段就是出家云游。进入第四阶段的人，也就免除了对不净进行十日观察的仪礼，也即：印度人认为，诞生和死亡都会对其家人和亲戚产生不净的影响，这种不净的期间有多长，就取决于一定的环境。于是，为了消除不净，需要举行一定的仪礼；而进入云游期的人，因为已经遁世，就可以不参加了。因为这是顺理成章的事，所以商羯罗举例来说明，就如这样，在得到了有关梵的知识时，那些基于种姓等进行的祭祀行为也会被消除的。

47.　　然而无知欲念者，
得到欲念行动果；
见到自我去欲念，
此时［其人］得不死。

释：然而对于无知的人来说，他产生了欲望，为了达到其欲望而进行行动，并得到了结果。但当一个人见到了自己的阿特曼而把欲念放弃时，他便会变为不死（永恒）。

48.　教示自我之本性，
结果便为止息业；
并无目的与手段，
圣典说他得满足。

释：对于有关阿特曼本性的教示，其取得的结果就是对行为等的止息。这是有关阿特曼的知识所带来的结果，而对于阿特曼本身来说，它并无要想实现的目的，也没有实现的手段。根据天启圣典的教导，[①]应该认为阿特曼是“常满足的”。

49.　变化净化做与得，
皆属行为之结果；
相异结果其并无。
[行为]手段一起抛。

释：行为的结果应该是被做的、能得到的；也是变化的、净化的。与此相反的行为结果并不存在。因此，行为及其手段应该一起被抛弃。

---

① 前田教授认为，此处说天启圣典是误会，实际上应该说是古传书讲的，参见《薄伽梵歌》（Ⅳ，20）讲：“常满足亦无所赖。”

50.　向外之爱对自我，
结束苦恼与无常；
为了自我而存在，
应要依赖导师[引]。

释：追求真理的人，要把对外界之物的爱转移到对阿特曼的爱；因为这种爱可以结束苦恼与无常，为了阿特曼的目的而存在，这一切都需要有导师来引导。因为对身外之物的爱，是造成苦恼的原因；也是无常的原因。商羯罗一贯主张要想获取知识就应该有导师指引，这也是印度各流派经历史传统所延续下来的。

51.　心归寂静得智慧，
解脱离业安住梵；
有师者知圣句说，
也讲知此有古传。

释：应该得到导师的指导，因为其师心归寂静，具有智慧，得到解脱，离业(无行为)，安住于大梵之中。天启圣典说：

“正尔！斯世有人而得其师。”①

古传讲：

“通晓诸谛之智者，
将把智慧传授你，

① 《歌者奥义》Ⅵ，14，2；汉译引自徐梵澄译《五十奥义书》第212页。

汝当小心伺奉师，
尊敬即能得知识。”[1]

52. 弟子如具本属性，
并为适切之弟子；
导师应以梵知船，
搭载弟子出暗海。

释：如果一个弟子具有圣典所要求的各种弟子的本来属性，是一个合适的弟子的话，那导师就应该直接以梵知的船，把弟子从他内心暗黑的大海中搭载出来。

53. 见触闻嗅思与识，
以及其它诸种力；
尽管纯识作本性，
但因添性有区别。

释：见、触、闻、嗅、思维、认识等等诸种力，尽管它们都以纯粹精神作为本性，但却因为限定的添性而有区别。上述诸种力皆属感受一类的力，因为最终归属于阿特曼，所以可以讲它们的本性是纯粹精神。但它们毕竟还是无常的现象世界所有，于是各自都有一些不同的限定性，或称添加性，当然就会有区别了。

---

① 《薄伽梵歌》Ⅵ，34。

54.　就像太阳常光辉，
破坏生起两皆非；
遍在一切见一切，
一切常知得清静。

释：阿特曼就像太阳那样常光辉，破坏和生起两皆无；它是遍在于一切中，见一切，清静而常知一切。

55.　因为无明生别见，
存在体内等身大；
犹如水中所见月，
视为本有属性身。

释：因为无明的原因，认为阿特曼是别物之见，处在身体之中，与身体的体积一般大小；[①]就像把映在水中的月亮视作月亮那样，把阿特曼看作是具有身体的属性的东西。这是商羯罗在批评耆那教哲学的观点。

56.　外界对象见之后，
闭目回忆再舍弃；
开我之识达于梵，
任何道路不用走。

① 参见本书韵文篇第十六章第22颂。

释:在觉醒状态中看见了外界的对象,其后闭上眼睛,进入梦眠状态,对先前的事物回忆;再进入熟睡状态,又将这些舍弃。再接下来,打开阿特曼之识达于最高梵,此时便是任何道路都不用去走了。为什么说任何道路呢?因为商羯罗根据人们对于梵我的认识程度,把行为或认识分为三种道路:第一种,无知的人走的祭祀的道路;即行一些祭祀仪礼,称为祖道。第二种,具有低级明智的人走的神道,信奉神鬼。第三种,是既无知识又不行祭祀的道路,也是应该舍弃的。真正具有高级上智的人,这些道路都不用走,他们是可以达到至福(解脱)的,这些人就是具有真正梵知的人。

57. 生气三境皆可弃,
由此渡过无明海;
安住自我无属性,
清静自悟得解脱。

释:生气(即熟睡状态)等的三种状态(醒梦睡)皆舍弃,由此渡过无明的大海。因为安住于自己的阿特曼之中,无任何属性,清静,自我开悟,所以得到了解脱。

58. 我不生不灭不死,
不老无畏一切智;
一切见者得清静,
悟得此者不再生。

释：如若能悟知到，“我是不生、不灭、不死、不老、无畏，我是一切智者，一切见者，清静”，那么就不会再生了，也即达到了永恒。

59.　知悉梵我同一者，
确信此前所述事；
暗黑种子不存在，
为何还会有再生？

释：懂得梵我同一的道理的人，确信前面（指本章第25颂）所提到的暗黑的种子是不存在的。于是反问：既然不存在，那么它们为何还有再生呢？

60.　奶酪出自牛奶中，
两者混合难认同；
识主来自非实在，
然难再成身体我。

释：商羯罗使用牛奶与奶酪的例子来说明阿特曼与身体我的不可逆转关系。奶酪出自牛奶之中，但如果再想把它重新混入牛奶之中，使它们成为同一，那是不行的。同理，认识主体（阿特曼）如果从诸如统觉机能一类的非实在中分离出来的话，那就不能再变为具有身体的个我。

61.　实在知识与无限，
超越五种目不见；

[悟得]我是大梵者，
消除恐惧变无畏。

释：此颂第一句是引用的《鹧鸪氏奥义》："大梵为真，为智，为无极。"①

第二句依据《鹧鸪氏奥义》（Ⅱ，7）认为，大梵是不同于有五种外壳覆盖的个我。在《鹧鸪氏奥义》中，阿特曼是以具有五种外壳覆盖的个我而显现的，也即：(1)食物的精髓所成外壳；(2)生气所成外壳；(3)思考器官所成外壳；(4)认识所成外壳；(5)欢喜所成外壳。在这里，大梵是超过了这种个我，圣典说有眼也看不见。

第三句出自《广森林奥义》（Ⅰ，4，10），如若悟得"我是大梵"，则会变得无畏。

62. 言语思想及火等，
惧怕自我起功能；
懂得欢喜真理者，
从此再也无所畏。

释：人的语言、思考器官或者火等，一边对阿特曼有所畏惧，一边发挥着其功能；而懂得阿特曼的欢喜真理者，对什么都无所畏惧了。

① 《鹧鸪氏奥义》Ⅱ，1；汉译引自徐梵澄译《五十奥义书》第194页。

63.　　胜过名称无限者，
安住不二自治国；
懂真理者敬礼谁？
此时行为无必要。

释：如果胜过名称（以及语言、思考器官等的冥想之对象）的无限者（即指大梵），安住在不二的自治（也即独立）国中的话，那懂得这些真理的人此时还会向谁敬礼呢？那时行为变得毫无必要了。梵是超越于名称之上的，说名称为冥想之对象是来自于《歌者奥义》。[①] 此颂认为只有大梵是最终的无限者，名言仅为对象而已。懂得一切真理者，已经为人上人，那时没有行为的必要，也就不用向谁敬礼了。

64.　　［自我］在外称周遍，
在内回忆称炎光；
一切事物消亡时，
可称有慧或未显。

释：此颂又提出了阿特曼处在不同的阶段的名称：在外的时候（觉醒境界）叫做“周遍”，在内的时候（梦眠境界）叫做“炎光”，而当一切事物在人们的视野或记忆中完全消失时，此时进入了熟睡境界，可称为“有慧”或“未显”。所谓“未显”（avyākṛta）有两层意思：

---

① 参见《歌者奥义》Ⅶ，1～26。

一为回到了原初混沌状态，一切名色都未展开；另一为对象不显现出来了。

65. 熟睡等三非存在，
仅为名言之所系；
吾为实在是识主，
覆以真实得解脱。

释：然而熟睡状态等三种状态，仅仅为言语所把握之物，所以是非存在的。而思“我是实在、认识主体”，即以真实来覆盖自己者就能得到解脱。此颂的前两句和后两句皆源出于《歌者奥义》。曰：

“吾儿！如（识）一泥团也，一切泥所制器皆可知；分异在语言之所系，名而已；实，唯泥也。”①

此圣句意为：一切泥制器的区别只在于名称的不同，而实际上都是泥所出；泥制器仅仅是语言或名称，或者是用名言来把握而已。熟睡等三状态也同此理，都是非存在。

后两句可参见《歌者奥义》（Ⅵ，16），在这里圣典讲，有一个人被当成贼捉住，根据古印度的法典，如果确认了他是一个贼，那么就要按规矩用烧红的斧子去烧灼他。此时那人有两种情况：一是他确实是贼，那他会说假话，以虚伪来自蔽；一是他并不是贼，会讲真话，以真实自蔽。说假话的贼最终会被烧灼，而讲真话的人会得

① 《歌者奥义》Ⅵ，1，4；汉译引自徐梵澄译《五十奥义书》第197页。

释放。圣典最后讲，世界万有是以真为自性，而阿特曼就是真，就是认识的主体。所以，以真实来覆盖自己的人会得到解脱。

66.　太阳以光为本性，
并无昼夜之区别；
［我］以纯知作本性，
知与不知区别无。

释：太阳是以光辉作为自己的本性的，因此对它来说没有白天黑夜之分；我（阿特曼）是以纯粹精神作为本性的，本身并无区别，因此知与不知是不存在的。

67.　圣典不能加怀疑，
我是大梵为道理；
取舍之物两皆无，
应该如此来想起。

释：因为对圣典不能产生怀疑，所以要相信我是大梵的道理。正因为我是大梵，所以应该取舍之物是没有的——就应该这样去想。

68.　我在一切有情中，
虚空一般是唯一；
一切也在我之中，
如此见者不再生。

释：我（阿特曼）像虚空那样，是唯一的；我在一切有情之中，一切有情也就在我之中，他们的关系是你中有我，我中有你。对这种关系圣典和古传都有论述，如《伊莎奥义》说：

"而见群有唯在'我'中，
群有中乎'我'独；
斯人兮，自兹无所畏缩。"①

"群有"是一个与"自我"相对应的概念，表示"已发生变异之事物"，或直接就是指"一切众生"。

在《薄伽梵歌》（Ⅵ，30）中说：

"彼于我中见万有，
亦于遍在中见我；
自我焉能失去彼，
彼亦非能失去我。"

只有这样思考的人才不会再生，也即得到解脱。

69. 自身以外无它物，
无论内外或中间；
因为圣句如是说，
于是清静自得辉。

① 《伊莎奥义》Ⅵ；汉译引自徐梵澄译《五十奥义书》第507页。

释：天启圣典说："彼大梵也，为无前，无后，无内，无外者。"[①]因此，自己自身的阿特曼之外的无论何物，无论在内外或中间，都是不存在的。也即说，除了阿特曼之外，并无其它存在。所以，阿特曼是清静的，自得光辉的。

70.　依据非此非彼句，
熄灭戏论为不二；
因是能见非所见，
运用它法难能知。

释：此颂引用了《广森林奥义》的两句圣句，以及乔荼波陀的《圣教论》中的一句话。第一句用《广森林奥义》的著名圣句"非此也，非彼也"，以此说明阿特曼能"熄灭戏论"，是"不二者"。"熄灭戏论为不二"一句出自乔荼波陀的《圣教论》（Ⅱ，36），乔氏说：

"观察此乃无分别，
不二熄灭诸戏论。"[②]

"戏论"（prapañca）一词是文字游戏的意思，是佛家用来指责在语言文字上用功夫而玩弄概念游戏的谬论。而商羯罗使用这一词却与佛家不一样，他是指虚假不实的经验世界，也即现象。那

① 《广森林奥义》Ⅱ，5，19；汉译引自徐梵澄译《五十奥义书》第568页。
② 引自巫白慧译《圣教论》Ⅱ，36，原载《东方哲学与文化》，社科文献出版社，1995年，第121页。

么，实际上这一句在此应是“熄灭现象”。

后两句第一句引了《广森林奥义》的圣句：

“此不变灭者，为见者而不可见也。”[1]

此圣句意为：阿特曼是无变化生灭之物，它是见者而不被它物所见。于是后一句接着说，除它之外没有任何方法去见或知了。

71.　　知悉最高之大梵，
悟彻我是阿特曼；
一切有情之自我，
因为圣典如是讲。

释：一个人如领悟到我是一切万有的阿特曼，也就知道了最高的大梵；那么他便成为了一切有情的阿特曼。为何如此讲呢？因为天启圣典讲：“他是他们的阿特曼。”商羯罗的意思是，无论是仙人，或即凡俗，只要真正懂得了阿特曼，觉知大梵，就会化为一切万有大全，进而成为一切有情生命的阿特曼。因为此时其人已经化入大梵之中了。商羯罗的这一思想来自于《广森林奥义》，现摘引如下：

“有如是知‘我为大梵’者，则化为此宇宙大全；是则虽诸天亦无能使其不化，盖彼已化为彼等之‘自我’矣。”[2]

将本颂与上引作一比较，可以看出意思完全一样。

---

① 《广森林奥义》Ⅲ，8，11；汉译引自徐梵澄译《五十奥义书》第590页。

② 《广森林奥义》Ⅰ，4，10；汉译引自徐梵澄译《五十奥义书》第534页。

72.　如若有情得正知，
为己自我与神祇；
理应受到神崇拜，
摆脱神之家畜相。

释：此颂是对前一颂的解说和补充。前两句来自于《广森林奥义》：

“若人得见彼，
直是神，性灵，
过去未来主。
憎畏斯已屏。”[①]

圣典意为：如若有人得以见到大梵，也即悟知到大梵，那么他就是神，是阿特曼，过去未来主(自在天)。也就会对一切无所畏惧了。本颂曰：如果有谁正确地知道一切有情生命就是自己的阿特曼，就是大梵，就是神，那么就应该受到神祇的崇拜(而不是去崇拜神)，同时也就不再是神的家畜了。最后一句也出自《广森林奥义》：

“若有敬拜异神道者，曰：‘彼为异而我异彼。’是不知也。如诸天之家畜然。唯然，如诸牲畜之有用于人也，人人有用于诸天。”[②]

① 《广森林奥义》Ⅳ,4,15；汉译引自徐梵澄译《五十奥义书》第623页。
② 《广森林奥义》Ⅰ,4,10；汉译引自徐梵澄译《五十奥义书》第534页。

73. 我是真实阿特曼，
犹如虚空无它物；
唯用真实覆自身，
杀戳虚伪不再缚。

释："我是真正实在的阿特曼和认识主体，就像虚空那样是不掺杂任何它物的"，照此将自身用真实来加以覆盖，那些杀戮虚伪的人就将不再受束缚。此处可参照《歌者奥义》（Ⅵ，16）所讲对说谎言的盗贼的杀戮。

74. 认为大梵异于此，
理应怜悯尔等者；
自律不异安住己，
神祇在其支配下。

释：认为大梵不同于此的人们，是应该怜悯的。神祇处在那些自律的、见不异的、自己安住者的支配之下。人们被划分为两种，一种是对大梵持相异的看法，没有认识到真正的大梵的人；他们是俗世的，应该怜悯的。而另一种人却是自律的（自我控制的），见到不异的（认识到了梵我不二性），安住于自身的（与自身的阿特曼相同一），这些人是将神们置于自身的支配之下的。显然商羯罗对崇拜礼仪神祇是持否定态度的，只承认大梵的至高无上性。

75.　舍弃种姓及关系，
以及语言和行为；
汝念圣音得一切，
清静自身阿特曼。

释：只要你舍弃经验世界的一切，包括种姓关系、（圣音以外的）语言、行为等，仅念圣音“唵”（Om），你便会得到一切的、清静的自身阿特曼。圣音“唵”字非常神秘，《蛙氏奥义》一书专解此字，该书开篇第一句就是“唵，此字即此一切”。《蛙氏奥义》前半部分说明什么是“一切”，后半部分说明为什么“唵”就是“一切”。梵文om为a＋u＋m组成，根据梵文音变规则，当a后跟u时，音变为o，于是au便成了om。《蛙氏奥义》把om分解为梵的四个位，即把a、u、m三音和无音的第四位，相对地对应了周遍（醒位）、炎光（梦位）、有慧（熟睡位）和第四位。《蛙氏奥义》运用这个神秘的om的目的是想说明，它是梵的代号，它传达着梵我同源、宇宙整体的奥妙意义；a、u、m传达宇宙万物在时间中千变万化的信息。在时间上，a、u、m代表着过去、现在、未来；在空间上，此三者遍于宇宙；而om（a、u、m的全体）包摄a、u、m所不能包摄的超时空的一切。商羯罗的前辈乔荼波陀对“唵”字有很好的解释（详细参见本书解说），在他看来“唵”字有三层本体论的含义：（1）唵＝梵；（2）唵＝心；（3）唵＝自在天。从商羯罗的思想来看，也与乔氏接近，基本上表达的也是这几层意思。

76.　确立一切之大堤，
无分白昼和夜晚；

上下斜面与一切，
永远光辉无染病。

释：此颂是接着上一颂的，商羯罗用了很多词句来修饰自身的阿特曼。它是：（四种姓和四生活期等的）一切得到确立之物的（保护）大堤，不分昼夜，是四面八方（即上下斜），是一切，永远光辉，无病。它就是自身的阿特曼，只要念颂圣音，便可得到自身的阿特曼。

77.　　人应悉知自身我，
摆脱束缚最高梵；
去除善恶行为业，
过去未来因与果。

释：人们应该懂得：自身的阿特曼就是那种去除了善恶之业，从过去和未来、原因和结果、一切的束缚中解脱出来的最高的梵。这就是梵我同一的道理。

78.　　清静无为做一切，
站立却超奔驰者；
应思摩耶为全能，
不生却是多样形。

释：阿特曼虽是清静的，不做任何业行的，但它却做（造就）一切；它虽站立，却能超越奔驰者。此一句出自《伊莎奥义》(Ⅳ)：

"彼止，而越乎奔驰者兮。"①

原意说：阿特曼是无所不能的，它的能力是超越一切的；看似不动，却始终超乎于一切。此颂后两句也是同样的意思，阿特曼通过摩耶（幻力）显示出它的全能，它本身虽为不生，但却能通过摩耶显现出多样化的经验世界来。商羯罗认为就应该这样来思考。

79.　我无业行阿特曼，
王似旁观非业主；
虽是不二亦接近，
磁石一般世界转。

释：我是阿特曼，因为像王那样只是旁观者，所以没有行为，也不是行为的主体；虽是不二，但仅仅因为接近于它（世界），就像磁石那样，使世界回转起来。

80.　我无属性无行为，
恒常无病非二元；
清静觉醒得解脱，
即为大梵应牢记。

释：阿特曼不带有任何属性，没有行为，恒常不变，非二元对

① 《伊莎奥义》Ⅳ；汉译引自徐梵澄译《五十奥义书》第506页。

立；它无病，清静，觉醒，得解脱。它就是那个大梵，应该牢记上述所讲的。

81. 正知缚解二[原因]，
以及应弃一与二；
知识超越能与否，
学习圣典圣者语。
唯一清静之真理，
超越忧郁与迷惘；
知其一切行一切，
无畏无欲知大梵。

释：这是很特别的一颂，字数比其它的多一倍，为何如此，无从考证。

一开始讲，要正确地知道束缚与解脱这二者以及与其有关的一切的原因；第二句接下来，以及应该舍弃的一（指熟睡状态）和二（指梦眠状态和觉醒状态），能否认识这些之事要超越。要学习圣典和圣人所讲的唯一、清静的最高真理。这样一来人便能超越忧郁和迷惘，知一切行一切，无存在的恐惧，结束一切该做的事，成为知梵者。

第二句的"一和二"，梵文原为"ekam dvayam ca"，其含义并不是非常明白，但根据在本章中多次的出现及运用，基本可以确认"ekam"是指熟睡状态，它为梦位和醒位的种子；如果确实如此的话，那"dvaya"就是指的梦醒二位。如是指三位的话用的是"trika"。

82.　即说阿特曼自身，
无论于己或从它，
皆非取舍之物品。
前述正确之思想。

释：阿特曼自身，无论是由它自身，或是由它物，都是不可取舍之物。这些正确的思想是在前边（本章第67颂）就已经讲过了。

83.　因为此种正思想，
正对一切奥义书；
使其理解阿特曼，
摆脱轮回得解脱。

释：上一颂所讲的思想，是对应于奥义书的思想的，包含了其所有的东西；它还能使人理解阿特曼。懂得了这些就能从一切轮回的束缚之中解脱出来。

84.　这是最高净化法，
一切吠陀之秘教；
对神来讲也为上，
在此将它来展示。

释：最高的净化法，是指对人的心灵加以净化，消除一切对梵我同一的疑虑，从而归于大梵。这是一切人都应该遵从的，甚至对于神来讲，这也是最高的，它实际上就是一切吠陀圣典的秘密教义，在此处将它展示开来。

85. 此种秘教无上智，
非静心却难授与；
顺从于[师]无关心，
此种弟子应教导。

释：人分两类，一类为心非平静，躁动不安，难以抵御世俗世界的诱惑之人；另一类为顺从导师，对世间一切均不关心的人，这后一类人是通过修习而得来的。吠陀所讲的一切秘密教义，是无上的智慧或知识，这种知识是不能教授于那些心不静者，而只应该教给后一种人。

86. 教授自我知识者，
难寻不行业之人；
因此渴求知识者，
常应具备弟子质。

释：商羯罗认为，教授阿特曼知识的导师是得到了解脱者，除他们之外是难找到没有业行的人；其他的人是具有业行的。因此，渴求知识的人（也即弟子），应该具备他们自己的性质。① 导师是

① 参照本书散文篇第二章第1、2节。

觉悟者，真正地认识到了梵我同一的道理，所以并无业行。

87.　　自我之外无它物，
认识主体及对象；
知一切具一切力，
敬礼阿特曼知识。

释：阿特曼之外并无它物存在，包括没有认识、认识主体、认识对象。接下来后两句又说：知一切、具一切力，向这种知识的阿特曼敬礼。这样一来，显然阿特曼就成为了三位一体的东西了。它是认识，也是认识主体，同时还是认识对象。作为前两者还比较好理解，因为阿特曼本身就是一种认识，也即对宇宙本质的认识；同时它控制和操纵人的统觉机能，作为心的主宰者，它也是认识主体。而作为认识的对象呢？那是因为一切的对象都是由阿特曼通过摩耶（幻力）所幻现出来的，自己造出了自己认识的对象。

88.　　充满无明生死海，
欲渡全要靠明智；
敬礼知一切诸师，
[引导人们]渡过来。

释：此颂为本章的结束，商羯罗告诉人们，要想从充满着无明的生死大海中解脱出来，只有靠明智，也即知识。于是要向那些传授梵我知识的圣师们敬礼。

第十八章 “汝即那”

1. 自我引起[统觉心]，
各种生灭之变化；
敬礼自我此常解，
心之观念[生灭因]。

释：第十八章是《示教千则》韵文篇中最长的一章，全章共有230颂。本章的标题“汝即那”出自于《歌者奥义》第六篇中，随处可见此句。这是一句精辟的名句，它实际上传达着梵我同一同源的哲学本质。本章商羯罗着重讲认识论的问题，他通过对一些认识论方面的不同哲学观点的批判，来表达自己对梵我的理解，也是对自己在前几章中所表述的思想的更进一步的发挥。

阿特曼引起统觉机能的各种各样的变化，包括产生和消亡。这是一种恒常的理解，要向这种理解、向阿特曼作为统觉机能发生变化的观念的生灭原因敬礼。本颂其实已基本上明白地点出了本章的全部中心思想，就是要讲述清楚阿特曼对人的认识（统觉机能等）的控制，以及人的认识的发生及其过程与阿特曼的关系；摆正了关系就能使人清楚地了解阿特曼作为三位一体的意义。

2. 雷电支持剑之语，
破除圣典数百敌；
保护吠陀如宝物，
敬礼大智者祖师。

释：伟大的智者，借助于像战神因陀罗的武器“雷电”（金刚杵）一样的理论的支持，用剑一般的语言，把数百吠陀的敌人打败，保护了宝物一般的吠陀圣典的精华。于是，向苦行者的王、老师的老师（祖师）敬礼。

因陀罗是印度《梨俱吠陀》中的两大神之一，他是司雷电的雷神，具有不可思议的神奇力量。在吠陀神话中，因陀罗他手持金刚神杵（Vajra 雷电），畅饮苏摩神酒，醉后闪电行雷，劈杀黑魔弗栗多（Vrtra）。他是天、空、地三界的空界大神，他在天上地下纵横腾越，杀敌降魔，制恶护善，所向披靡。商羯罗在这里用因陀罗的武器雷电来形容吠陀理论，意在宣传其理论威力无比，无论有多少敌人都能打败。

最后一句提到向“祖师”敬礼，可以认为这里指的是商羯罗的老师哥宾达的老师乔荼波陀。“guror garīyas”也可以认同于“paramaguru”，就是祖师之意。印度传统上都认为乔氏为商羯罗的祖师。在此处可以认为商羯罗是在赞扬他的祖师。

3. 我常解脱仅为有，
如若不是这样解，
为何圣典像母亲，
如此热心来教授？

释:“我常解脱,仅为有”这是天启圣典的名言,如果不这样来理解的话,那圣典为何要像母亲那样热心地来教授[汝即那]的道理呢?

4. “我”所确立[阿特曼],
理论以及“汝即那”;
否认“汝等”类属性,
犹如绳蛇之观念。

释:此颂语句较为简洁,补充出来如下。由“我”这样的语言表达出来的、仅仅为此而确立的认识主体阿特曼,用理论以及“汝即那”之类的教导,来对“汝等”这类认识的对象即非阿特曼的属性加以否定,就像否定认绳为蛇那样的虚幻观念一样。商羯罗认为,阿特曼是用“我”来加以表达的认识主体,而“汝等”是认识对象,是非阿特曼,应该对两者加以区别。不能像误见绳为蛇那样,误把非阿特曼的属性认为是归属于阿特曼的,对这些观念要加以否认。

5. 达摩存在[与我在],
圣典根基来知悉;
毒要瞑想来消除,
恶靠[圣典]去掉它。

释:达摩(dharma,法)的存在,是通过圣典的根基而得知的;阿特曼的存在也是通过同样途径得知的。毒的消除要通过曼陀罗瞑想来达到，而恶的消除则要通过圣典的根基来完成。商羯罗在此颂中用了两个比喻，一是法的存在与阿特曼的存在，另一是消除毒与消除恶。其目的是强调圣典的重要性。圣典是一切事物的最重要的根基，它涵盖了一切的知识。在这里当是指吠陀圣典。达摩在这里指的是律法，而不是佛教所说的存在现象。佛教认为法就是存在，可分为心法（精神现象）和色法（物质现象）。恶是针对现实社会的，那是人在心灵上的缺陷，为了追求完美，必须学习圣典理论。

6. 我为梵有与业行，
二者以我为旁观；
舍弃无明由来因，
如此思来更合理。

释：颂主提出来两个相互矛盾的观念：“我为梵有”和“我做业行”，这两个观念都以阿特曼作为它们的目击者。“我为梵有”这一观念表明了我是存在不动的梵，是不会造业的。而我如果有行动，那这个我就不是本体的我，而只是现象世界中的虚幻之物，根本不同于阿特曼。真正的阿特曼是不会参与进来的，它只是一个旁观者，这表明就连“我为梵有”这一观念也是外在于阿特曼的。只要是人的观念，那就不是属于阿特曼本身的；观念本身是属于现象世界的，只是它的含义是合理的。于是这两个观念就是相互矛盾的。商羯罗更进一步认为，为何这两个观念会相互矛盾，是因为其中一个存在着无明，所以必须要舍弃产生无明的原因，这样考虑才会更合理一些。

7. “我在”来自正确知，
它者则是误识生；
感觉之类由误来，
类似方向应否认。

释：“我在”（即我为有）这种观念，是由天启圣典这种正确的知识所产生的，其它的错误观念则是由错误的知识根基所产生的。更进一步讲，对于直接知觉（也即感性知觉）这一类的由错误的知识根基所产生的观念，应该像对待类似于方向问题这样的谬误那样加以否认。在商羯罗看来，直接知觉即感性认识是非常不可靠的，因为它的认识主体是人，认识对象是虚幻不实的现象世界，而只有梵知才是正确的知识。商羯罗认为直接知觉是虚幻的认识，相对于梵知来说是下智。真正的认识是来自于天启圣典的，那是一种神秘的直觉，它是由修行者在出神状态下直接领悟到或亲证的一种认识。所以，因为认识产生的根基不一样，认识也就不一样。直接知觉的根基是虚假的现象世界，于是它便是虚假的。梵知的根基是正确真实的天启圣典，所以它是真的。同时还应该认识到，商羯罗承认知识根基的意义，并且他还很强调天启圣典这种知识根基的唯一性和重要性。

8. 圣典言说业主时，
顺从世间之理解；

“我在”观念出圣典，
别的观念由此否。

释：天启圣典在言说“我为行为主体”和“我为经验主体”时，这是顺应着世间对阿特曼的一般的理解，也是开方便之门。其实是不能这样来理解的。因为阿特曼并不是这些，不能说它是这样或那样的主体，它只是一种“有”或“存在”；因为这才是天启圣典讲的。这个观念之外的任何观念都是应该否认的。或者说，由这个观念来否定其它的一切观念。阿特曼从哲学本体的意义上讲，它与梵是同样的，都是存在，是有，一种纯粹的精神。甚至它就是世界产生的一种质料因，商羯罗认为它就是世界的种子，是本质相异的未展开名色的展开者。行为的主体或经验的主体，只是为了解释现象世界为何存在而作的权宜之计，可以说人是这些的主体，而阿特曼是人的控制者，于是顺理成章地便成了主体了。商羯罗认为有这些看法都是无知识的表现，是无明所造成的。

9. ［反诘］：
“汝为真有”言说时，
虽固自我难解脱；
因此理论与冥想，
二者都应考虑到。

释：由此颂开始至第18颂为止，论主用一种反诘的形式来解答一些令世人疑惑的问题。商羯罗在这一颂里提出一种反对意见，他认为这种反论是由弥曼差派和吠檀多派中的持“知行合并论”的人所提出的。这种理论认为：为了达到解脱的目的，知识和行为（主要指祭祀礼仪）二者都是必要的。他们认为，尽管说“汝确实为有”，但人们却并不能通过对阿特曼的确定来达到解脱的目的。其意为，仅仅具有这种观念是不可能就达到解脱的，必须要有行为才行。于是他们提出，理论和婆那商羯莎冥想（prasaṃcakṣā）二者都应该被考虑。婆那商羯莎冥想是被商羯罗所排斥的，而他所推崇的是在本书散文篇第三章所讲的巴利商羯耶那冥想。这两种冥想具体有些什么区别不甚明了。但据商羯罗的弟子苏雷什瓦拉（Sureśvana）说，婆那商羯莎冥想主要是要在思想上转变对圣典诸如“汝即那”之类圣句的看法，要用相对的观点来看它。[①] 这种冥想实际上是一种叛逆的观点，因此商羯罗要否定它而提倡巴利商羯那冥想。

10. 知道句子意思者，
一次也难把握它；
因此需要有它物，
实为如述之二者。

释：不管是谁，哪怕是懂得“汝即那”这一句子意思的人，也不

① 苏雷什瓦拉（约720～770）是商羯罗的直系弟子，他与商羯罗的另一个弟子波陀摩帕陀（Padmapāda）同为对吠檀多不二论派的发展起到了重要作用的思想家。苏雷什瓦拉的一本有名的著作为《业力解脱悉地》（*Naiṣkarmyasiddhi*）。这段话就出自此书中，转引自前田教授的英译本。

能说他一次就把握住了它。因此,人还是需要一些别的东西的,就像上述所讲的,实际上就是那两者(指理论和婆那商羯莎冥想)。此颂意为:“汝即那”是很难真正懂得的,因此还是需要理论和行动二者的。

11. 因为[直接]理解难,
吠陀应有行为令;
同样虽然难理解,
它与[知识]不矛盾。

释:这是反对派对实行“知行合并论”的辩解。他们说,如果对圣句进行直接理解的话,那是不可能的,因此吠陀圣典应该有进行祭祀行为的命令。同样,对实行婆那商羯莎冥想的命令尽管在理解上难以确认,但它与知识却并不矛盾。

12. 得到[自我]如意般,
实践便会无意义;
当是瞑想来实行,
直到对我加直观。

释:当然,如果就像心意那样地得到阿特曼的话,那实践就会变得毫无意义。此句含义为:如果把阿特曼看作如同心那样的话,那要得到它是很容易的,于是祭祀行为等实践行动便会变得毫无意义。所以,要实行婆那商羯莎冥想,直到直观到阿特曼为止。商羯罗对这些看法是持反对意见的。他认为对阿特曼的认识是通过一种高级的领悟,这种领悟是建立在知识的基础上,也是心灵上的直觉。祭祀行为当然是无意义的,因为那是经验世界的活动,是虚假的。

13. 感性所生强印象,
确能否定圣典识;
因为具有多缺点,
于是吸引外在物。

释:由感性认识所产生的强固的印象,可以对天启圣典所说的"我为有"的认识加以否定。只是因为有诸如贪欲、憎恶等多种缺点,所以才引发出外在事物。就前两句来说,他们是用经验世界的虚假现象来对我的宇宙本体地位加以否定,承认假象的存在,而看不到梵我的本体存在。商羯罗认为这是无明所造成的。后两句的观点正好与商羯罗的观点相反,商羯罗认为是外在虚假现象引发人们产生各种各样的缺点。

14. 因为感性所生识,
是以特殊为对象;
圣典推论说普遍,
所生观念遭排斥。

释:此颂是对上一颂的补充说明。因为感性认识所产生的观念，是以个别或特殊作为认识对象的，而圣典或推论的观念是以必然的、普遍的事物作为对象的，而后者是早已被前者否定掉了。这种说法当然商羯罗是不喜欢的了。因为只有必然的、普遍的存在才是永恒的存在，而个别、特殊的存在只是虚假的现象，会很快消亡的。至于为何讲后者早已被排斥，这不得而知。

15. 16. 即便了解圣句意，
也难弃苦得解脱；
如若有谁解其意，
然能去苦得自由，
定是前身行冥想。
[若要否认冥想功]，
正行并非出圣典；
非此别无它所望。

释.即便是有谁对圣句“我是有”的意义很了解，也不能就认为他就能从苦海中解脱出来了。如果说看见了谁仅仅是因为了解圣句便能从苦海中得到自由的话，那可以推测他一定是在前世实行了婆那商羯莎冥想。如果对冥想的意义加以否定的话，就不能说我们的正确行为是由于圣典而得来的。如要说是这样的话，那就没有什么希望得到的事情了。此两颂意思一致，故放在一起解说。

17. “汝为有”即最终果，
即应命令其手段；

冥想之外非它物，
此念目的已明确。

释："汝为有"这一命题如前早已讲述，这是你们的最终结果；而要达到这一结果的手段的实行是应该加以命令的。这一手段不是别的，只能是婆那商羯莎冥想。在此考虑它的目的，应该是已经得到确立之物即阿特曼。他们的最终目的与商羯罗的其实也并无二致，但是其手段和方法却是不同的。

18. 由此为了直观[它]，
舍弃二者矛盾物；
保持内心之平静，
冥想应当努力行。

释：因此，为了能够直观到（或领悟到）阿特曼，应该把那些与其手段和目的相矛盾的东西都舍弃掉，保持内心的平静，从而努力地去实行婆那商羯莎冥想。到此为止，反诘完结。

19. [回答]：
非也请听圣密教：
非此非彼为终结；
行为目的前已知，
解脱非此已确立。

释：商羯罗由此颂开始对前面的“知行合并论”进行批驳。他认为那些看法是不正确的，因为奥义书的秘密教义“非此也，非彼也”就是最后的终结，它包含了一切，也代表了一切。而行为所应实现的目的，在奥义书的秘密教义之前，即吠陀圣典有关祭祀的那部分里已经看到了。而解脱呢？它并不是行为所应达到的目的，它是已经被确立的东西。商羯罗主要是提倡知识，反对行为。

吠陀在此是指吠陀本集，共有四部：《梨俱吠陀》、《夜柔吠陀》、《裟摩吠陀》、《阿闼婆吠陀》。吠陀主要是关于神的颂歌和祷文的文集。《梨俱吠陀》主要是对自然诸神的赞歌和祭祈祷文。《裟摩吠陀》是把《梨俱吠陀》的大部分赞歌配上曲调的歌曲集或旋律集，是在进行祭事祈祷时用来歌唱的。《夜柔吠陀》则是说明在祭事祈祷时如何应用这些诗歌和如何进行祭祀的集子。《阿闼婆吠陀》与前三者有所区别，它是巫术、咒语的汇集，主要是记录如何驱逐病魔、恶神，避免自然灾害、兽害，以及打败外族、事业发展、家庭幸福、健康长寿等的巫术和咒法。吠陀所讲的行为的结果也就是这些，还没有达到宇宙本体、个体灵魂的地步。它所包含的哲学还处于萌芽的阶段。而这些行为的目的还不是为了达到解脱。

20. 无苦之父附子苦，
似此“我”念之主体，
自身之我并无苦，
然却附托于自我。

释：就像本身无痛苦的父亲，却将儿子的痛苦附托于自身那样;“我”观念的主体(指统觉机能),其实其阿特曼本来是没有苦的,然而他却把自身的苦附托在其阿特曼之上。“附托”(adhyāsa)概念是商羯罗理论的一大特点,这是他对奥义书哲学的补充和发展,也是他自己的创造。他运用这一概念解决了虚假的现象世界与真实的梵我之间的矛盾,为说明现实存在的经验世界开了方便之门。因为在后边(散文篇)要大量地谈到它,所以在此就先不赘述了。

21. 恰如非此非彼句,
[自我]所获任何物,
此种附托遭否定;
基于此者皆无立。

释:恰如圣句“非此也,非彼也”或阿特曼所获得的任何事物一样,这种附托是要被否定的。也就是说,除了圣句或阿特曼,所有它们之外的事物都是要被否定的,因为它们没有存在的依据,是无本之物。于是,基于这种附托而产生的不管什么命令都是决不会成立的。因为附托仅仅是一种假象,它是不能作依靠的。

22. 阿特曼被加附托,
于是对它行否定;
好似无知也否认,
虚空被附以尘埃。

释：在现世之中，往往对阿特曼加以附托，因而要加以否定。就像无知的人对虚空附托以地上的尘埃，所以要加以否定。

23. 如若得到又失去，
解脱便成无常物；
此为未得之否定，
就像空中所见火。

释：如果说实际已经得到的又被否定掉的话，那么解脱就会成为无常之物了。因为解脱被获得以后，怎么又会失去呢？获得了又失去的话，当然就成为无常之物了。因此，对附托的否定，实际上是对并未获得的东西的否定，因为附托只是一种假象，就像在现实生活中对实际上并未有的空中之火的否定一样。

24. 言语观念被运用，
只有对象为可能；
不能是因众自我，
“我”念主体也同此。

释：言语和观念，对于它们的对象而言，其被运用是可能的。言语和观念如果也是对象的话，那就是不可能的。而言语和观念却不可能为非对象的阿特曼所运用，因为阿特曼是它们的自我，同时也是“我”观念的主体（即统觉机能）的阿特曼。此颂商羯罗是想说：言语和观念是被“我”观念的主体所运用的，是用来说明物体对象的，即用于对象的；而阿特曼不是对象，阿特曼是这一切的自我，所以不能用于它。

25.　　纯粹精神阿特曼，
"我"念附托主体性；
非此非彼之圣句，
将此一切全否定。

释：纯粹精神的阿特曼，由于"我"的观念，被附托于行为主体性。也即："我"的观念中的我，被认为是行为主体的承担者和统觉机能的运用者；同时又将阿特曼等同于此，于是"我"的观念中的我便成为了阿特曼。这样一来，附托就使阿特曼变了样，阿特曼成了一切对象，包括主观和客观两个方面，既是"我"的主体，又是"我"的对象。天启圣典"非此也，非彼也"对这一切包括"我"的观念一起否定。因为阿特曼既非此又非彼，它没有任何属性或规定性，你不能说它是什么或不是什么。

26.　　自辉知觉是见者，
无为内在直接识；
内部观察目击者，
永远不二无属性。

释：阿特曼是自己光辉的知觉，是见，内在的有，没有行为。它直接认识，是一切事物内部的观察者、目击者，永远的不二，无任何属性。

“知觉”(upalabdhi)一词和“知识”(jñāna)一词在印度哲学流派的正理-胜论派中与“buddhi”和“pratyaya”是同义词。它们承认知识是自我实体的本质,佛教和弥曼差派则赋予知识一种活动性。商羯罗反对他们的见解,他认为知识或知觉就只能是阿特曼自身或它的性质。因此他说阿特曼是自己光辉的知觉,因为它潜藏于一切事物之中,所以它直接对所有事物进行内部的观察,但它只是一个旁观者,目击者,并不参与其活动,当然就不是什么的主体了。

27. 因在近处生误念,
主体被当阿特曼;
于是由我与我的,
生出自己的二念。

释:因为[关于阿特曼的]错误观念的主体(统觉机能)经常靠近阿特曼,于是会把他误认为是阿特曼。由此而来的是,直接由“我”和“我的”所表示的“自己”和“自己的”这两个观念也就产生出来了。

28. 因有类别与行为,
繁多语言表主体;
然而自我无这些,
任何语言难表示。

释:因为"我"的观念的主体具有类别和行为[的区别],所以会有各种各样的语言来表示它;而阿特曼不具有任何的类别和行为,因此无论什么语言都无法表示自己的阿特曼。"我"的主体是以不同的类别和行为来标志自我,或者说是用不同的类别和行为来区分不同的"我"主体,这是对特殊性的认识。而阿特曼不具有这些特殊性,于是就不能用任何语言来对它加以描述。

29. 住于[我体]中映象,
语言把它来表示;
间接表示内在见,
因为直接不可能。

释:住在叫做"我"的观念主体(统觉机能)中的[阿特曼]的映象,用语言是可以表示的;但对于内在见(阿特曼本身)却只能间接地表示。直接表示是不可能的。阿特曼是住在统觉机能之中的,它通过统觉机能会反映出自己的映象,这种映象用语言可以直接表示。而对于阿特曼本身是不能用语言直接表示的,只能是通过对其映象的表示来达到间接的表示。"映象"(ābhāsa)一词在《示教千则》中常常有三种意思:(1)谬误;(2)假象;(3)映象。第一是指无明,因为不具有知识,所以会产生谬误。第二是对真实的阿特曼不认识,而把虚假的现象世界误以为真,就像把绳误认为是蛇那样。第三是说上梵和下梵的关系,上梵(真梵)会反映在人的统觉机能中,形成映象,即为下梵。下梵实际上是不存在的,它只不过是上梵的映象而已。

30.

因为非属类之物，
所以语言难表示；
自我映象宿我体，
故此言称自我者。

释：接上一颂加以解释。因为阿特曼并不属于具有类别或行为的某一事物，所以语言是无法对它加以描述的。然而叫做“我”的观念主体，因为阿特曼的映象宿于其中，显得像是阿特曼；于是叫做“我”的观念主体就被意味着阿特曼的语言所表示出来。这就是人们往往把“我”误认为阿特曼的原因。

31.

言火间接说松明，
因为意味它别物；
镜中所显脸面象，
真脸相比不一样。

释：此颂到第 33 颂是说明阿特曼与其映象的区别。说到火这个字，那只是间接地提及松明，两者其实并不意味着是一样的东西。在镜中映出的脸面的映象，因为镜子的原因，它与真脸是不同的。

32.

脸面[异]于其映象，
因为不和镜子故；
我念之中我映象，
如同[镜中]脸面象。

释:脸面是与其映象不一样的,这是因为脸面与镜子不和的原因,也即脸面与镜子非一致,与镜中映象非一致。叫作“我”的观念的主体中的阿特曼的映象,就像镜中的脸面的映象一样。

33. 自我像脸映象别,
似它却难辨明白;
我念主体之映象,
有人[主张]在轮回。

释:阿特曼就像脸一样,与它的映象是有区别的,然而,却很难明白地把它们(阿特曼与其映象)加以识别。另外有人主张说,叫作“我”的观念的主体的映象就是轮回的主体。商羯罗不赞成这一观点,因为这种映象是非真实的;如果说是阿特曼的映象作为轮回的主体的话,那就更不可能了。这种观点实际上是佛教的看法,商羯罗认为阿特曼本身是无缚的和不变的,它并无解脱与否的问题。如果要认为它是轮回主体的话,那是因为无明。实际上是没有轮回主体的,因为轮回本身的存在是非真实的。

34. 古传说影为实在,
因其影下感荫凉;
主体部分或变形,
拟或自我映象体。

释:古传书(《摩奴法典》)说,影子是实在的。理由是:因为在树荫下可以感觉到荫凉。《摩奴法典》原句为:“不要故意踏过神像、父亲或教师、国王、家长、导师、红发或铜色皮肤的人和行过祭祀的人的影子。”①

此颂后两句原句较为含糊,试补足解释如下:有一些人主张,轮回主体是认识主体的一部分;或者是认识主体的变形。别的一些人又说,轮回主体是叫作“我”的观念主体,也即阿特曼的映象所在地。把轮回主体作为认识主体的一部分的,为《薄伽梵歌》所代表的一种观点,原句说:

“自我永恒之一分,
有情界中化有生,
心与五根得蕴育,
六根均在原质中。”②

认为轮回主体是认识主体的变形,即认为个体阿特曼是最高梵的变形,这种观点属于早期吠檀多哲学的观点。《梵经》认为,命我是主宰的部分。商羯罗做注解时说,二者的关系就像火花与火、主人与仆人的关系。③ 最后一种观点则是商羯罗一直批评的观点,它认为轮回的主体是叫作“我”的观念的主体,也即阿特曼的映象的所在处,这是佛教的观点,它有将阿特曼误认为也轮回的嫌疑,本

① 《摩奴法典》Ⅳ,130;转引自〔法〕迭朗善译、马香雪转译《摩奴法典》,商务印书馆,1982年,第101页。

② 《薄伽梵歌》ⅩⅤ,7。

③ 参见《梵经》Ⅱ,3,43。

章第45、47、48颂将会对之进行批判。

35. 轮回主体为独立，
我念主体非他者；
同是我念之连续，
而非别的连续物，
（佛教信徒如是说。）

释：有人认为，轮回主体是独立的，就是叫作“我”的观念的主体，而不是别的什么。同时，轮回主体还是叫作“我”的观念的连续，而不是别的什么东西的连续，上述为佛教徒的说法。最后括号中的一句本应是在下一颂中出现的，但由于意思上的联系，也是为了叙述方便放在了这一颂中。佛教徒认为，轮回就是个体灵魂的轮回，因此它的主体是独立的；同时轮回又把此世的我与来世的我连续了起来，所以轮回的主体又是连续的。

36. 汝等这些[主张]中，
应用正知来考察；
有关轮回主体事，
现作问题来讨论。

释：对于佛教徒的种种主张，应该用正确的理论来加以考察。但就有关轮回主体的问题，现在这里把它作为映象本质的问题加以讨论（后面本章第44颂还有作答）。

37. 镜中脸面的映象，
并非二者之属性；
如归其一则离它，
仅为一方而存在。

释:镜子中的脸面的映象,它非属于镜子或脸面二者的任何一方;映象就是映象,既非镜子又非脸面。如果是二者中任何一方的属性的话,比如说是脸面的,那么它必然就脱离开了另一方(如镜子),而仅仅是作为脸面的映象而存在。

38. 如说因为脸面故，
回答此为不正确。
源于镜子脸面在，
否则其实并没有。

释:如果持反对意见的人们再说,脸面的映象是因为有了脸才有这个名称,所以是脸的属性,那么回答是:这是不正确的。因为脸面的映象是既要通过镜子又要有脸面本身在,如果只有脸面而没有镜子的话,那它就是不存在的。商羯罗的反映论强调了两点:反映的对象和反映的手段,这些都是反映论所要求的基本条件,但关键在于商羯罗认为反映的内容是非实在的,这一点应该注意。

39. 如归二者也不对，
存在然则看不见；

那夫不见却实在，
太阳月亮中见他。

释：反对派如果认为，镜子中所见的映象是镜子和脸面二者的属性的话，这种看法也是不正确的。为什么呢？因为两者尽管同时都存在，但如果没有适当地放在一起的话，那脸面的映象也是看不见的。但如果反对派又说，就像引起日食和月食的那夫一样，尽管人们看不见他，但他确实是实在的，并且当出现日食和月食时可以在月亮和太阳中看见他。[①] 因此，脸面的映象在条件不具备时尽管看不见，但它却是实在的。下一颂接着回答。

40. 那夫实在是前事，
圣典正知皆承认；
如从影子立场讲，
依照前说不实在。

释：有关那夫实在的事情，即使是在月亮和太阳中看见他之前，也是无可非议的，圣典和正确的知识都是承认这一点的。然而有关脸面的映象实在一事却不同于此。如果从影子的立场出发来看的话，或根据前面所讲（指本章第37～39颂）的理论，那夫是非实在的。

① 有关那夫，请参见本书韵文篇第十七章第33颂的释。

41. 古传禁踏影之事，
并非证明其实在；
因为尽管说此在，
然却未讲彼也有。

释：本章第34颂提及《摩奴法典》说严禁踏越教师或家长们的影子，但这并没有证明影子本身是实在的。为什么这样说呢？因为在同一个句子中，尽管讲到此的事，但并不意味着就表现出了彼的意思。尽管说不能踏越影子，但这并不意味着就说影子是实在的。

42. 凉爽[感觉]的结果，
来自暑热而非影；
并未认为[影属性]，
尽管经验水[之凉]。

释：这一颂与本章前面的第34颂有关。前面提到，当人在树荫下时会感觉到凉爽；此颂说，产生凉爽是因为热，而非因为影子。因此，并未感觉到凉爽是影子的属性，也就不能这样认为；尽管经验到了凉是水的属性。商羯罗想说的是，树荫下产生的凉爽感，并不是因为影子是实在之物，所以才产生这种感觉，而是因为这种凉爽的结果是对应于暑热而产生出来的。那么，是正在感觉的人所产生的，所以它并非影子的属性，尽管人们在接触水时有那种凉爽是水的属性的感觉。

43. 自我映象及住处，
可与脸面相对比；
因此映象非实在，
圣典理论来理解。

释：因此商羯罗认为，阿特曼、其映象及其住处（统觉机能），可以对应于人的脸面、其映象和住处（镜子）。通过圣典及其理论，就可以理解到映象是非实在的。理由如前述的两点：(1)映象既非脸面又非镜子一方的属性，同时也不是双方共同的属性；(2)因此可以断定，映象是非实在的，它仅仅是相对于某一事物而产生的对应的一面（例如凉爽是对应于暑热），其本身非实在，所以就无法把它作为事物的属性来经验。商羯罗的镜子反映论实际上是否认这种反映的内容的客观实在性，仅仅是承认反映的基础是实在的。

44. [反论]：
见为不变不[轮回]，
映象非实[也同此]；
我念主体非精神，
什么来作轮回体？

释：反对派以他们的逻辑推理提出了疑问：见（阿特曼）是不变的，那么它就不会是轮回的主体。而其映象呢，也因为是非实在之物，当然也就不是轮回的主体了。叫作"我"的观念的主体，是非精神性的东西，也不是轮回的主体。那么，到底什么才是轮回的主体呢？

45. ［回答］：

轮回因缺识别智，
应是无明所带来；
然因自我常［在］故，
可见轮回在它中。

释：轮回的产生是因为缺乏识别智，这是无明所带来的。因为阿特曼是不变的，所以看上去轮回是常存在于阿特曼之中。为什么这样讲，请看下一颂商羯罗以绳蛇的譬喻来解说。

46. 蛇在识别其之前，
因绳故它也存在；
虽说轮回非实在，
但因我在故［见它］。

释：因为绳是存在的，误识的蛇在对其（绳蛇）进行识别之前，可以认为它是存在的。同此，虽说轮回是不实在的，但因为不变的阿特曼是存在的，所以就认为轮回也是存在的。

47. 有人认为阿特曼，
即是映象之住处；
依己观念来变化，
经验苦乐永轮回。

释:有的人认为,阿特曼就是它自己的映象的住处(统觉机能),反过来讲就是统觉机能成为了阿特曼。它根据自己的观念意愿来变化,是经验着苦乐的永远的轮回主体。

48. 无视天启圣典者,
难以充分去认识;
迷于自我与映象,
认为"我"即阿特曼。

释:无视天启圣典的人,对于阿特曼和它的映象,并没有充分地去认识,因此非常迷惑,把叫作"我"的观念的主体当作了阿特曼。

49. 对他轮回为实在,
二主体性是特征;
不具识别入轮回,
自我及它无知故。

释:持上述第48颂那些观点的人,对他们来说轮回是实在的,轮回是以行为的主体性和经验的主体性二者作为特征的;因为轮回就是通过业行的发生,从而产生后果,来加以经验的。由于轮回是不具有识别智的,所以对阿特曼、其映象及住所是无知的,于是只有轮回。

50. 纯知之相若宿心，
并为自我之本性；
吠陀圣典言教示，
知识即为阿特曼。

释：如果在统觉机能（心）中宿有纯粹精神的映象，而阿特曼的本性就是这纯粹精神的话，那吠陀圣典所教示的阿特曼即为知识（jñāna）的说法就是合适的。

51. [反论]：
词根语尾其意味，
尽管二者互为异；
例如“他做”与“他走”，
同一基体得承认。

释：词根和语尾，二者的意味尽管相互不同，但在“他做”（karoti）和“他走”（gacchati）的情况下，一般都认为它们具有同一的基体，是“他”在走或做。

52. 要说二者基体异，
世间古传并未见；
为何“他知”的情况，
有二基体请说明。

释:前一颂的“他做”和“他走”为一个基体,有二个相异的基体的情况,在世间的日常生活经验中,或在古传书(如文法书)中都未见过。然而,为何“他知”这一句的意味,却有两个不同的基体,请予以说明。

53. [回答]:
语尾表示我映象,
词根意味心活动;
因为不具识别智,
误说二者皆为“知”。

释:就印度梵文语法来说,动词的词根是表动作的,而动词的语尾则意味动词的词根所表动作的主体。仅就“他知”(jānāti)的情况,词根 jñā-是表“知”这个动作的,而-ti 这个动词的语尾则是表“知”这个动作的主体,即“他”的。一般的人因为不具备对阿特曼和阿特曼的映象进行区别的识别智,所以就会认为“他”即意味着认识主体的阿特曼;实际上,这仅意味着宿于统觉机能的阿特曼的映象。因为不具有识别智,就会认为统觉机能和阿特曼二者都是“知”的。

54. 心智并不会认识,
阿特曼也无行动;
因此二者无论谁,
“知”字并不相适用。

释：根据上一颂的解释，统觉机能不会认识，阿特曼也不会行动，所以，对二者无论哪一个来说，“知”这个词都不适用。

55.　认识动作二言词，
因此并不适合[它]；
自我恒常有教导，
阿特曼非变化物。

释：因此（接上一颂），认识或动作的言词，其实都是不适合于阿特曼的。因为阿特曼是恒常之物，这一教导早已有之；阿特曼还非变化之物，阿特曼如果有这二者则就不是它了。

56.　菩提所表仅为心，
无主手段实并无；
既在被知场合下，
也难意指为手段。

释：此颂意思说：“菩提”（buddhi）即为统觉机能，也即心，在此它就是意味着一种手段；称作统觉机能的言词所表述的，就是它本身，而并非阿特曼。这是商羯罗在进一步强调他所表达的意思，不能把心或统觉机能与阿特曼混为一谈。为什么呢？如果用意味着手段的菩提的言词来表述阿特曼的话，阿特曼自身便变成了手段。不管在哪里，行为主体如果没有的话，那不具行为主体的手段也是没有的。同样，即使阿特曼是在“他被知”（jñāyate）的场合下，也不能用意味着是行为对象的言词来加以表达。

57. 唯一无苦无变化，
如此理解自我者，
决不用词来表述，
也不这样去认识。

释：阿特曼是唯一的，无痛苦的，无变化的，这样来理解阿特曼的人，也就不会用言词来表述它，或者这样去认识它。

58. 我念主体如为它，
则成言词第一义；
犹如饥饿等原因，
圣典认为非是我。

释：如果叫作"我"的观念的主体是阿特曼的话，那么在这种情况下，阿特曼就不是什么言词的譬喻的意味，而成为言词的第一意义了。商羯罗在这里说是第一的意义，是强调它在言词中的重要性。他认为一个词具有两种功能：一是首要的，即指明事物本体的，另一是次要的，即表明事物的属性的。在这里说阿特曼成为第一的意义，那么就意味着阿特曼就成为了"我"(统觉机能)。然而，商羯罗接着举例说，就像说"我肚子空了"，那叫作"我"的观念的主体就是感到了饥饿的意思，而在天启圣典之中谈到这件事时，却并没有说阿特曼(饿了)。《广森林奥义》中说,阿特曼是超乎于饥饿的。[①]

59. [反论]:
那样就非第一义,
譬喻意味决非有;
然而在此应说明,
"他知"言词之功能。

释:反对派说,在前述的情况下,言词的第一意义是没有的,同时譬喻的意味也是肯定没有的。但是,在此应该说明"他知"(jānāti)等言词的功能。

60. 如说言词有虚伪,
吠陀便非正知源;
上述之事难接受,
应按世间一般行。

释:再者,如果说言词(或语言)是虚伪的话,那么,吠陀圣典是由语言所构成,那圣典也就不是正确的知识来源了。看来这样说是难以接受而得不到承认的。于是,言词的意义就应该按世间一般承认的那样来理解。

① 参见《广森林奥义》Ⅲ,5,1。

61. ［回答］：
如依愚昧世人见，
自我最终不存在，
附随顺世论观点。
并非期望之所在。

释：商羯罗反对世俗的一般看法，认为世俗相信虚无缥缈的东西，被假象所迷惑。如果依了世俗的一般见解的话，那结果就是阿特曼并不存在。这种学说是印度早期唯物论派别顺世论的观点。顺世论是印度早期沙门思潮之一，曾在人民大众中广为流传。该派承认世界的基础是物质的，根据感觉经验认为世界的基本元素是地、水、火、风四种。意识也是由这四种元素在人体中形成的。那么，从这种哲学基础出发，顺世论还认为感觉经验是认识的唯一来源，承认感觉内容和对象的客观实在性。心和身是统一的，其实并没有灵魂存在，身体死亡之后，一切便消亡了。当然它就更不承认超自然的实体或神的存在了。商羯罗是坚决反对这种观点的，他在很多地方对顺世论加以严厉的攻击和批判。

62. 若依学者一般解，
如前所述［有缺陷］，
难以充分去识别。
吠陀并不言无用。

释：如若附和专家学者们一般所承认的见解的话，那么就会像前面所讲过的那样（本章第51～58颂），对阿特曼和统觉机能二者并非充分地识别的缺陷就会附随而来。但是，否定专家学者的意见，这并不意味着就可以说作为知识根据的吠陀圣典，它所讲的东西是无意义的或无用的。

63.　人见自脸如此思，
实与镜中所见同；
因为所见之映象，
带着本身脸面形。

释：此颂意思比较简单明确。

64.　然因映象宿于[心]，
两者于是难识别；
所有世人自然会，
说出“他知”的动词。

释：然而，由于在统觉机能中宿着阿特曼的映象，所以阿特曼与统觉机能二者是难以识别开来的，于是世人们自然就会说出“他知”这样的动词来。

65.　附托心之业主性，
即说主体是为知；

同样附托纯知性，
心为识主世间说。

释：此颂是对上一颂的进一步说明。把统觉机能的行为主体性附托于阿特曼，那阿特曼（认识主体）就可以说“知”。因为这样一来阿特曼由于具有了统觉机能的“认知”的行为，它便成为了认识主体，当然就可以说它“知”了。同样，反过来说，如果把统觉机能附托于纯粹精神性，那统觉机能便成为了认识主体。世间的人们就是这样认为的。

66. 认识即为我本性，
圣典说它永恒光；
无论是心或自我，
还是它物决难造。

释：认识是阿特曼的本性；天启圣典《广森林奥义》（Ⅳ，4，16）说它是永远的光明。所以，阿特曼、统觉机能或者别的什么事物都不可能造出认识来的。

67. 世俗之人识身体，
“我”之观念相关起；
统觉机能与自我，
二者随此成认识。

释:世人们的看法是很浅薄的:由于“我”的观念的产生是与身体相关的,即“我”的观念是由于有了身体才造出来的。于是,就如认为身体也即是“我”那样,会认为统觉机能或者阿特曼都是造出认识的主体。

68. 论辩学者如是说:
心之观念所迷惑,
看似造作之纯知,
于是知识为造作。

释:论辩学者(即逻辑学者)认为:就像上一颂所讲的那样,一般的世俗人们会把“我”的观念与身体混为一谈;在这里,被统觉机能所造作出来的各种观念所迷惑,使它看上去也像纯粹精神一样,实际上知识也是被造作出来的。

69. 因此“他知”之言语,
随其观念和记忆,
源起缺乏识别智,
即对识主心与相。

释:因此,“他知”等的言语,以及其观念、其记忆,是由于缺乏对认识主体、其映象和统觉机能进行识别的智力。

70. 镜中映象之性质,
是由脸面所附托;

心中识主之映象，
性质也是它附托。

释：在镜中看见的脸面的映象的性质，是由脸面本身所附托的。也就是说其性质是由其所反映的事物本身来决定的。同样，在统觉机能的属性中，所见到的认识主体（阿特曼）的映象的性质，也是由认识主体所附托的。由这一点看，商羯罗的反映论是合理的。因为他认为事物的映象的性质，是决定于所反映事物本身的内容。

71. 心中各种之观念，
自我映象来发光，
看似认识之主体；
就像看似松明燃。

释：此颂是在对上一颂加以补充说明。根据上一颂所认为的，那么统觉机能的各种观念，因为阿特曼的映象而发出光辉，所以看上去就好像是认识主体似的。举例说，就好像看上去是松明在燃烧，但实际上是松明内在的火在燃烧。统觉机能是沾了阿特曼的光，实际上的认识主体并不是它。

72. 佛教徒们加否定，
心体显现为识主；
只能如此来认识，
[心外]识主不存在。

释：佛教徒（在此当是指佛教唯识宗）认为：统觉机能的各种观念完全是自我显现的，自我就是认识的主体；而统觉机能的各种观念之外别无认识主体存在。因为唯识宗认为，心识是一切的根源，所谓“万法唯识”，“三界唯心”。阿赖耶识是识之最高，它既是能识的认识主体，又是所识的认识客体；在识之外，别无认识主体。商羯罗不承认这一点。

73. 如果这些[观念等]，
不为他者所看见，
请问如何批佛教？
他者不识有与无。

释：如果像上面所讲，这些统觉机能的各种观念不为他者所见的话，也即不可认识的话，那么又如何来对佛教徒们加以批判呢？比如说吧，对于佛教徒们的统觉机能的各种观念，它们是有或无，其他人是无法对此认识的，即自身之外无法对统觉机能加以认识。此颂话还未说完，接下一颂。

74. 它载连续认识体。
它们等同[其观念]，
因为其他认识体，
与其皆为非精神。

释：第一句是接上一颂的，讲佛教徒的统觉机能的各种观念，是连续的认识主体。这个认识主体大概可以认为是阿赖耶识。佛教(唯识宗)不认为阿赖耶识等于阿特曼,它是识的流传,它也被称为“执持识”或“心”,“执持识”是无始以来各种生类轮回转生的生命的主宰和维持者,也就是轮回果报的精神主体。佛教认为人的肉体是会消亡的,但是这个识却是连续不断的,是永生的。

接下来是商羯罗对佛教徒的回答。他认为,那个东西(识)与他们的统觉机能的各种观念是等同的,为什么这样讲呢?因为这个连续的认识主体,它与统觉机能的各种观念一样,都同样为非精神性之物。所以与阿特曼是不同质的。

75. 见者近旁能确立,
此种考虑非正确;
近于外物有缺陷,
因为观者并无助。

释:此颂原意亦为晦涩,总的说来是讲,统觉机能的各种观念虽然在阿特曼的近旁,但其也是无法得到确立的。第一、二句讲,认为统觉机能的各种观念在见者阿特曼的近旁,它们就能确立,这种考虑是不正确的。接下来的两句是对此的回答。好比说,统觉机能的各种观念,就像木头或粘土那些事物在观察者之外的近旁,但也得到确立,然而却会附随着出现缺陷。反过来讲,观察者(阿特曼)虽然在它们的近旁,但为了它们的确立,它却不会做出任何的帮助的(可以参考后面本章第 112 颂)。

76. 经历痛苦求解脱，
听者是否即见者？
如说见者是这样，
你非产生如此思。

释：正经历着痛苦而欲求解脱的听者，你是见者或是别的什么吗？要说见者在经历痛苦而欲求解脱，这不会是你的思想。

77. 我为业主与存在，
此非正确之理解；
圣典言说汝为有，
说此有误不合理。

释：如果要说“我是行为主体，我是监视者，我是有（存在）”，这种说法从来就是不正确的。那么，对天启圣典的陈述“汝为有”要说是有错误的，这也是不合理的。为什么呢？下一颂接着解释。

78. 二者圣典如无别，
即能如此作理解；
然而我却有区别，
如果说到了汝时。

释：圣典如果说过二者，即“我”（阿特曼）与“汝等”（非阿特曼）是无区别的，也就可以照此（上一颂）那样来理解。但是，天启圣典在讲到“汝为有”时,“我”与“汝等”是有区别的。

79. 80. [汝]为连续观念时，
上述缺陷附随起；
“汝”如表为监视者，
“我”念之间何关系，
“汝”应间接来表[他]。
如为能识与所识，
观者不作活动时，
为何如此[之关系]?

释:于是,如果“汝”(你)表示各种观念的连续的话,那么在第76、77颂已经提到的缺陷就会附随而起。如果你说“汝”为监视者的话,那叫作“我”的观念与监视者之间是什么样的一种关系呢?“汝”就应该能够间接地表示为监视者。如果说在叫作“我”的观念与监视者之间,存在的是一种认识主体与认识对象的关系的话,在监视者并不活动的情况下,叫作“我”的观念与监视者之间为什么是认识主体和认识对象的关系呢?其实监视者本身是不动的,而叫作“我”的观念的主体却是活动的,不动者才是监视者,它是认识主体;动者是被监视者,是认识的对象。如果把“汝”当作了监视者,那“汝”即与叫作“我”的观念成为同一的,这样一来阿特曼又被摆在什么位置上呢?监视者总不能成为认识对象吧!

81. 尽管观者不活动，
说它与[“我”]为同一；

观者即为“我的”质，
别样理解实并无。

释：如果说监视者尽管不活动，但它却与叫作“我”的观念同一，那我们的回答如下：除非不把监视者理解为是“我的”本质，那么对于这种关系，即对“我”的观念与监视者之间的同一性的关系是无法理解的。这个“同一”（tādātmya），从梵语上讲，它是可以分解为“tad”（那个）和“atman”（即本质之物）的合成的抽象名词，它说 A 和 B 的同一，即是意味着 B 以 A 作为自己的本质或是说 A 是 B 的本质。基于上述解说，那么不知道 A 是 B 的本质的人，当然就不能说 A 与 B 是同一的了。

82. 上述理解圣典出，
此种说法不正确；
因为前述有三欠，
理解观者为我物。

释：认为上一颂所讲的那种对关系的理解是出自圣典的说法是不正确的。因为在上述的场合下，将会出现前面几颂（第 74～80 颂）所讲的三种缺陷：(1)统觉机能的各种观念具有阿特曼之外的另外的一个连续不断的认识主体，也即阿特曼之外有另一个认识主体存在；(2)统觉机能的各种观念只要在阿特曼的近旁，就能得到确立，因此，阿特曼与非阿特曼之间难以区别，二者变得混淆起来；(3)因此，“汝”成为了对阿特曼（监视者）的间接表现，两者是认识主体与认识对象的关系;"汝"为认识主体,监视者成为认识的对象。由此本颂认为:鉴于前述三种缺陷,因此便会把监视者作为"我的物"来理解,或者理解不了它们之间的同一性。

83.

统觉机能并非见,
但以见形显现时,
各种观念一同显。
恰如灼铁溅火花。

释:统觉机能虽说并不是见(阿特曼),但常在以见的形态显现出来时,统觉机能的各种观念也随之显现出来。就好像锤炼灼热的铁溅出火花那样。

84.

虚幻显现与消灭,
究极之见合理说;
别无它设于此故,
理解[自身]是为[见]。

释:对于世俗之人来讲,统觉机能有虚幻的显现,即在觉醒状态和梦眠状态之时以见之形而显现;有消亡之时,即在梦眠状态下消亡,此为事实。而仅是推定的究极之见对此事实能够合理地加以说明,不然的话就无法说明。于此原因,统觉机能把自己理解为见。

85. ［反论］：

犹如火入铁块中，

见也入于［心］中吗？

［回答］：

此似脸面镜中像，

要说前已加否定。

释：反论问到：见是不是像火花在铁之中那样，也在统觉机能之中呢？回答是：这样说，就好像讲到的脸面与镜子中的映象那样，在前面（指第 33、43 颂）已经否定过了。脸面与映象是不同质的，见与统觉机能也是不同质的。

86. 黑铁显现出赤色，

此事可谓是实例；

然则实例虽言明，

却难概括一切点

释：黑色的铁却以火红显现（取得了火之形），此事可以作为统觉机能以见之形而显现的实例。但是，实例虽然可以说明一件事，它却不能概括所有的点。也即，实例只能说明特殊例子，它却并不具有普遍性，只能个案处理。

87. 同样纯知映象宿，

心如纯知来显现；

然其映象同镜中，
虚妄不实已得述。

释：同上述道理，心（统觉机能）宿于纯粹精神的映象之中，心就恰似纯粹精神那样地显现出来。然而那个映象，就像镜子中脸面的映象一样，是虚妄不实的，这是已经讲过的了。

88. 要说心为精神物，
圣典推论不支持；
如是身体与眼同，
种种缺陷附随起。

释：要说心（统觉机能）是精神性的东西的话，圣典以及推论对这种说法都是不支持的。如果说统觉机能是精神之物，那么身体、眼睛也就同样为精神性的东西，就会出现理论上的缺陷。

89. 如若让其如此说，
非正反成斫婆迦；
如心并无映象宿，
我见观念不存在。

释：商羯罗认为，如果按上一颂的观点的话，那就会变成唯物论的斫婆迦（顺世论）派的观点了，而这是不正确的。顺世论否认“我”（个体灵魂）的存在，认为心身是统一的；我们所感知到的世界即是物质元素的世界，也是唯一的世界。他们根本不承认有超自然的实体或神的存在，认识是来自于感觉经验，意识的基础是物质。这是一种反婆罗门的思想潮流。商羯罗接着说，如果心（统觉机能）中并无映象留宿的话，“我是见”这一观念就不会产生。他在这里似是说：阿特曼是通过反映到统觉机能中的外界事物的映象来认识的，阿特曼是见，它来认识映象。如果心中并无映象存在的话，那阿特曼就没有可看的，于是也就不是见了。

90. 如无我见之观念，
“汝即那”也无意义；
圣句言说我与你，
知其区别有意义。

释：如果没有“我是有”（“我是存在”）这一观念的话，那天启圣典所说的“汝即那”（《歌者奥义》Ⅵ，8，7）也就没有意义了。“我是有”是说阿特曼就代表着存在，“汝即那”是讲一切众生最终归于阿特曼；“我”和“汝”是有区别的，“汝等”是代表非阿特曼，“我们”是代表阿特曼的，商羯罗认为这样区别开来就变得有意义了。

91. “我的”与“这”两观念，
无疑应知表“汝等”；
我念思为表我们，
我即此是表两者。

释：商羯罗现在对观念作一分类或排队。“我的”与“这个”两个观念无疑是表示“汝等”（非阿特曼）。叫作“我”的观念可以考虑为是表示“我们”（阿特曼）的。另外，“我即此”的观念是表示“我”与“汝”两者的。

92. 上述相互有关联，
主要从属间关系；
限定者与被限定，
合理关系能接受。

释：上面所讲的这些种种观念，它们相互之间都是有关联的；它们有主要的和从属的关系。同时，它们还有限定者与被限定者的关系。这些是合理的可以被接受。

93. “我的”和“这”共同对，
前述［“我念”］加限定；
财产与牛限定人，
身体限定“我念”者。

释：“我的”、“这个”两观念，共同对前面（第91颂）中提到的“我”的观念加以限定。就像财产和牛，对拥有财产和拥有牛的人加限定那样，身体也对“我”的观念的主体加以限定。

94. 心物我念之主体，
就此［限定］目击者；

由此识主虽无触，
常将一切物来显。

释：统觉机能之内的一切事物，以及叫作"我"的观念的主体（统觉机能），对目击者（阿特曼）加以限定。由此说来，认识主体（阿特曼）虽然并不触及任何事物，但常将一切事物显现出来。

95. 世俗所解此一切，
恰与真实正相反；
妄作识别一切在，
具识别智去一切。

释：这个"一切"是什么呢？是指前面已经讲过的对阿特曼所加的一切限定，即把阿特曼限定为"我的"或"这个"等，或者是把统觉机能中的一切观念，以及叫作"我"的观念的主体等。这些限定都是世俗一般的理解，是与真实相反的。对阿特曼与非阿特曼妄加识别的人们，认为这一切都是存在的；而对于具有识别智的人们来说，这一切都是不存在的。

96. "这个"与"我"之［含义］，
决定来自逻辑法；
单词一致与矛盾，
其意一致与矛盾。

释："这个"与"我"观念的含义，决定于逻辑方法；而其方法为：单词含义的一致（Anvaya）与矛盾（Vyatireka）以及单词的一致与矛盾。商羯罗的逻辑方法其意是：一个句子的含义，是由构成此句子中的一个一个的单词含义所提示而出来的。他这个间接理解法的观点类似弥曼差派中的跋多（童中师）派的理论。跋多认为，在理解句子的意思时，构成句子的单词的含义的提示必不可少；这种提示的方法就是，单词含义的一致与矛盾和单词的一致与矛盾。然而对商羯罗来讲，他却并没有对这种逻辑方法作充分的说明。就圣句"汝即那"（tat tvam asi）来讲此方法很适用，商羯罗有分析，前田教授有一个综合，试录如下。[①] 此句之中的"tat"（那）与"asi"（即为），其意已知的是如此；[②]而进一步讲，"那"即为"有，存在"（sat），就是"梵"，于是"那"与"汝"之间有一个共同的出处。另一方面，两者在语法上讲是同格的，于是意味着此句子是同一判断。然而，因为"汝"这个词的意味不甚明了，所以对这个句子的理解比较困难。在此的三者即"那"、"汝"与"即为"是由表示同一判断的单词结合而成，由于"汝"和"那"表示的都是同一对象，那么"汝"即为"无痛苦者"，也即指"内在的阿特曼"；在"汝"所具有的种种意味中，其中的"内我"是相对应于梵的。这是一致的方法。但是一般意义上的"汝"却并不意味着"内我"，而仅是指生活在现实世界中的具有种种烦恼的人。所以从这个意义上讲，这个"汝"是不与那个"无痛苦者"的"那"相对应的，而是矛盾的。这是矛盾的方法。

---

① 参见前田专学：《吠檀多哲学》，日本平乐寺书店出版，1980年，第199～204页。

② 参见本章第193颂。

以上即为商羯罗的一致与矛盾的方法。这也是商羯罗对天启圣典进行解释时用的方法。商羯罗的这种方法是否可以称作“对立与统一”的方法呢？他并不完全是从事物内部的本质上作分析，而着重从逻辑语法上来看，似与对立统一法有区别。

97. 思量我在熟睡中，
确实什么也不见；
此非否定人自见，
而是指向其观念。

释：人在经过熟睡之后，对他在熟睡中什么也没看见一事进行思考时，人其实并没有对自己的见(即意识)加以否定，而是对作为见的对象的观念加以否定。因为在熟睡中意识并未失去，而只不过是见的对象的观念未进入人的意识之中或被否定而已。

98 自有之光见不灭，
圣典自述纯精神；
存在不变与可灭，
观念理解两区别。

释：第一句是引用天启圣典的句子。《广森林奥义》说：

“人之入睡也，自此含容万类之世界，取其资料，自加离析而自加造作之，因其自有之明，自有之光；——彼如是而入睡也，此神我自为其光明也。”[1]

此段奥义书讲，在熟睡状态中人即进入自知状态，也即与阿特曼结合在一起了。这说明自我是存在的，可在熟睡状态下与人结合。

接下另一段同为《广森林奥义》：

“盖见者无见之间止，非灭性故。”[2]

此段意为见者的见是不会被消灭的。商羯罗在此引用是想说明天启圣典自己讲述了纯粹精神的存在性和不灭性，同时也讲述了观念的可灭性，以及观念与理解（阿特曼）之间的区别。

99. 根据圣典及世俗，
句子含义理解时；
为除世人之迷妄，
圣典讲述“汝即那”。

释：如上所述，根据圣典与一般世俗所承认的那样来对句子的含义进行理解时，为了除去世人在听闻了上述而产生的迷妄，圣典讲述“汝即那”的圣句。

100. 梵天仅用宣告言，
除去十车王子迷；

① 《广森林奥义》Ⅳ，3，9；汉译引自徐梵澄译《五十奥义书》第610页。
② 《广森林奥义》Ⅳ，3，23；汉译引自徐梵澄译《五十奥义书》第614页。

让其知了毗湿奴，
无须再用别努力。

释：正像印度大史诗《罗摩衍那》（Ⅵ，120）[①]中所描述的那样，梵天为了去除十车王的儿子罗摩的无明，仅仅是向他宣告，“你就是那罗延天神”。同时并没有作更多的别的努力，就让他知道他就是毗湿奴。商羯罗引用《罗摩衍那》的例子是想说明他引用圣句“汝即那”也是要达到这一效果，仅用宣言，无须多说。

101. 光明内我［阿特曼］；
［间接］由“我”词来表；
也即所说“汝即有”。
如此结果为解脱。

释：“我”这一言词，它间接地表示光明的内在之我（即内在阿特曼），如何间接地表示的呢？也就是通过说“汝即有”。这样讲的结果就是达到解脱。为什么这样说呢？因为如果认识到了“汝即有”的真理，懂得了最终将归于阿特曼的道理，也就是证悟了梵我同一，自然便会得到解脱。

---

① 《罗摩衍那》是成书于公元前三、四世纪至公元二世纪之间的印度大史诗，意为“罗摩传”，传说作者是蚁蛭。全书共分7篇，以罗摩和悉多的悲欢离合为故事主线，描写印度古代宫廷内部和列国之间的斗争。十车王是阿逾陀城的国王，罗摩是太子。

102. 仅是听闻无生果，
生果义务但确实；
言词表现自我前，
承认自身是实在。

释：如果认为仅仅听闻“汝即有”的圣句，并不能产生出结果来，那我们的回答是：在这种情况下，产生结果的义务却确实存在，即有义务要使结果产生。另外，应该承认阿特曼在用言词（动词）表现它之前，它自身是实在的。对于梵，绝无用动词表现它之事，仅用有限的形容词如绝对来表现它。

103. 听后即生正确识，
摆脱饥饿得自由；
“汝即那”却连三世，
对此不应有疑问。

释：在听闻了“汝即有”之后，即会产生正确的认识，从而摆脱饥饿得到自由。此两句结合上一颂来看，商羯罗是承认仅听闻也能产生结果的。因为听闻之后会产生正确的认识，精神上就不会感到饥饿了，这就是结果。后两句说，“汝即那”这一圣句是涵盖着过去、现在和未来三世的，任何时候都离不开，从时间上讲是遍在的，对此不应有疑问。

104. 自我认识阿特曼，
因其本性无障害，

听闻无疑生正识，
有关自身阿特曼。

释：作为自我认识的阿特曼，从本性上讲是无障害的；那么，当听到此天启圣句时，无疑地会产生出对自身的阿特曼的正确的认识。

105. “我即那有”作理解，
拟或解我为别物？
如若“那有”[得理解]，
“我”第一义应识“有”。

释：上述的天启圣句在听闻之时，要理解为“我即那个有”，或是“我为别物”吗？如果理解“[我]即那个有”的话，那“我”的言词的第一义就应该承认是“有”。

106. 如若理解为它物，
“我即有”则相不同；
因照第一义所解，
无碍[“我即有”]之解。

释：如果理解为“我为它物”的话，那就会与理解为“我即有”完全不同。因此，如果理解“我”的第一义的话，那么在听闻圣句“汝即那”时，并不妨碍对“我即有”的理解。这两句圣句并不矛盾。

107. 宿相观念与主体，
因为自我而存在；
两者都非精神物，
设定结果为精神。

释：观念的主体（统觉机能）与宿有阿特曼映象的观念，由于阿特曼的原因而存在。另外，这两者都是非精神之物，但其结果（解脱）却可以设定是纯粹精神的。商羯罗把非精神之物的结果设定为纯粹精神，这是符合于他的哲学一元论原则的，并不矛盾。商羯罗他认为非精神之物只不过是由梵的幻力（摩耶）所幻现出来的虚幻之物，并非真正的实在。这一切的现象都要在实在面前消亡，最终归于实在，于是，最终的结果即解脱就是走向纯粹精神的梵我之中，别非其它。印度别的哲学流派则不相同，例如数论哲学，这是二元论的哲学派别，它有两个哲学本体：一个是精神性的“神我”，一个是物质性的“自性”，那么，最终的解脱归于哪一个呢？数论哲学从它的社会伦理观出发，认为人生奋斗的目的就是要解除自身的苦难，而解决这些苦难的途径就是领悟其二十五谛真义，[1]证悟自性与神我的区别性，从而使人摆脱自性，亦即从现实世界中解脱出来达到自在的境地。对于数论哲学的这一番解说，我们其实也可以得出一个明确的结论：二元论最终还是要陷入一元论，因为它

---

① “谛”意为范畴，数论哲学认为现象世界是由各种因素组成，原初物质（自性）在与神我的结合之中，演化出多种现象，共有二十四种，包括精神的物质的，以及生理和心理的。这些加上神我，一共有二十五个，便称二十五谛。

在最终解脱这个问题上不可避免地要走向纯粹精神的境界。

108. 结果当归不变者，
犹如胜利归属王；
结果非因业本性，
也非观念本性故。

释：阿特曼尽管是不变的（也即无行为的），但结果（解脱）归属于阿特曼是适当的。就像王尽管并不亲自参加战斗，但胜利归属于王却是适当的。[①] 因此，这个结果的原因，既非行为的本性，也非统觉机能的观念。那么到底什么是原因呢？一是对圣句“我即有”或“汝即那”的领悟，另外就是阿特曼的本性。

109. 脸面似显镜内像，
此即为脸同意思；
观念之镜宿映象，
此意味“我”即[自我]。

释：宿有脸面的映象、好似脸面原样地显现之镜，它就是脸。同样的意思，宿有阿特曼的映象、好似阿特曼原样地显现之统觉机能的观念之镜，就是阿特曼。在此意味上来讲，“我”就是阿特曼，但这却不是真实的意味。这最后一句把中心意思点了出来，那些

① 参照《梵经注》Ⅰ.1.4。

看上去都特别地像,但却不是。商羯罗的反映论把映象与反映主体割裂开来了,他虽然承认映象是对主体的反映,但认为它却是虚幻不实的,不可靠的,不能作为认识的根据。

110. “我即有”解这般起,
但非如此则难解;
“汝即那”句之教诲,
因无媒介则无义。

释:如依上一颂之说,就会产生对“我即有”的理解;如果不这样的话,也就是说如果没有映象这样的媒介的话,那这样的理解也不会产生了。像“汝即那”这种教诲,如果没有媒介也是无意义的。

111. 要使教诲有意义,
必须要有聆听者。
听众若非监视者,
有谁来听此教导?

释:监视者是指阿特曼,阿特曼是内心的监视者,它是实际的聆听者。

112. 心在监者之近旁,
其时[聆听]如是思;

监者实际并无助，
就如思量木材般。

释：如果认为统觉机能在监视者的近旁时它就是聆听者，那我们的回答如下：尽管监视者在统觉机能的近旁，但监视者并不会对于聆听一事有什么帮助，犹如木材那样。阿特曼是不会对它近旁的任何事物作出什么帮助的，它是不动的，无变的；既不会有所作为，也不为它物所动。①

113.　监者对心若有助，
莫非成为变化物？
映象[设定]有欠缺，
拟或圣典相支持？

释：如果监视者对统觉机能有什么帮助的话，那监视者不就成为了有变化之物了吗？尽管阿特曼设定了映象，但或许有什么欠缺之处；或者说是因为大启圣典相支持的原因？关于阿特曼的映象这一理论的推定，在奥义书中未见，看来是商羯罗受了一些数论哲学和佛教唯识宗的影响，但这确实是他自己的理论。

114.　如据映象说变化，
非也如认蛇为绳；

① 参见本章第75、154颂。

又如镜中所见脸，
我们已经作解说。

释：如果认为承认阿特曼的映象，就是承认了它的变化，我们的回答是：这是不正确的。就好像认蛇为绳那样(通常情况下是说认绳为蛇，但这里看来从语法上讲这样翻译有些困难)，或者说是看见了镜中的脸，其实都是不真实的，我们已在前(第109颂)讲过了。

115. [反论]：
自我一般得显现，
离其认识不确立，
此时成为循环论；
[回答]：
脸面与[象]相别异。

释：反论说：统觉机能宿有阿特曼的映象，如果它像阿特曼那样地显现出来，不能离开阿特曼的认识的话，在这种情况下，便会发生循环的事情，也即：统觉机能像阿特曼那样地显现出来，但它需要阿特曼的认识；而阿特曼的认识却又需要统觉机能像阿特曼那样地显现，后者是需要前者的。回答：脸面等是与镜中映象的脸相不同的。

116. [反论]：
如若监者不同立，

映象则将随其属：
因为映象属监者，
它与监者则不同。

释：反论说，如果监视者不同于其映象而确立，那么映象就是属于监视者的；如反过来推，如果映象属于监视者，那么这也是因为监视者与映象不同的原因。这一推论显然是违反逻辑规律的，因为映象只是监视者的必要条件，而不是唯一条件；反过来讲，映象属于监视者，这是必然的，这一命题的成立，并不取决于两者是否相异。商羯罗在下一颂的回答中却并未从逻辑上入手。

117. [回答]：
非也观念与见别，
梦中二者确不同；
犹如战车并不在，
观念自我来认识。

释：回答是：上述说法是不正确的。因为在梦眠状态中，统觉机能的观念与见（监视者）是各自不同的。就好像在梦中见到的外在之物如战车，实际上却是不存在的。在觉醒状态下所见的战车的观念是由阿特曼来认识的。果然商羯罗对上一颂的批判不是从逻辑的角度出发的，而他是从自己的哲学立场出发，首先否认统觉机能中所形成的观念的客观基础，然后再肯定阿特曼的认识的唯一权威性，将统觉机能的观念与所谓的认识主体（见）割裂开来，作为两种完全不同质的认识因素。

118. 由于理解之原因，
观念取得对象形；
思量观念生出时，
对象给其以形相。

释：商羯罗顺着上一颂的思路继续讲，由于纯粹精神阿特曼的缘故，统觉机能的观念取得了外在的感性对象的形式。这一程序可以考虑为：在观念产生时，是外在对象给予了观念以形式。

119. 欲望生起业对象，
欲求者则演行为；
赋形相于[心观念]，
在此即称为手段。

释：因为有欲望，外界的对象成了行为的对象。那些有欲求者则会被要求实行业行。于是，具有外界对象之形相的统觉机能的观念，在此便被称为手段。

120. 映象使得[观念]满，
[自我]被称认识体；
知自我者识别三，
是为知其谁为我。

释:统觉机能的观念,通过阿特曼的映象得以遍满,此阿特曼被称为认识主体。懂得阿特曼的人,能够识别三者(外界对象、手段、认识主体),也即:他们是能够知道这其中谁是阿特曼的人。商羯罗认可这三者为认识的因素,外界对象即行为的对象,手段就是带有外界对象形相的统觉机能的观念,认识主体就是阿特曼。

121. 各种观念易变化,
正确疑虑虚假因;
其中理解为唯一,
区别是由观念生。

释:统觉机能的各种观念是很容易起变化的,这是因为它们被叫作“正确”、“可疑”、“虚假”的原因。在这些观念之中,只有理解(纯粹精神阿特曼)是唯一的,其区别是观念所生起的。

122. 犹如宝石之区别,
限定属性由来般;
理解不净与变化,
则由[心]之观念附。

释:就犹如宝石的颜色等的区别,是由其限定属性的区别而来的;理解(纯粹精神阿特曼)的不净和变化,是由统觉机能的观念所来。阿特曼本身并没有这些,都是观念所附加在它身上的。

123. 现世观念之显现，

认识确立基于它；

因似灯火直接识，

此为所述之推论。

释：有关现世的各种观念，它们的显现、认识和确立，都是基于它物的。观念之外的它物是什么呢？只有阿特曼了。为什么呢？因为阿特曼就像灯火一样，它是直接地认识。这是（在后第151颂）所要说的推论。

124. 无知之人解[自我]，

依据何种知识基？

又于无基来否定，

任何其它能留否？

释：有人让无知之人来理解阿特曼，那应该依据什么样的知识根基呢？或者说，在没有知识根基的情况下，对非阿特曼进行否定，别的东西（阿特曼）就能留下吗？

125. 通过圣典之根基，

来对[非我]加否定；

由于监者未确立，

空之欠点附随起。

释：照上一颂所讲的情况，应该采取通过圣典这一知识根基来对非阿特曼加以否定的方法；这么做的时候，由于监视者未得确立，会出现像佛教中观派那样有欠缺的看法，阿特曼就成为了“空”。阿特曼不是空，这是商羯罗强调的观点。中观派的“空”是他们哲学的核心范畴，这个空并不是普通意义上的无，也不是数学意义上的零，它是一个哲学概念，意味着“不可描述的”哲学本体或实在。这是中观派论主龙树所创立的哲学体系，它由来于佛教的缘起理论。龙树认为世界上的一切事物或思想认识，都是处于相对的互相依存的关系之中（因缘），也都只是假借的名相或概念，它们本身并没有一种实在性或者叫无自性。佛教叫作“因缘和合而成”，即所谓“众因缘生法，我说即是空，亦为是假名，亦是中道义”。[①] 那么说到底，这个空到底是个什么东西呢？至少我们有几点可以肯定：（1）空不是有，它是非实在，因为龙树是依据因缘说来创立的空的思想，他当然反对那种恒常不变的实体。（2）空并无任何规定性，龙树自己概括为非有、非无、非亦有亦无、非非有非无，[②]没有任何的性质或规定的内容，这让人很难把握。但龙树的这种否定中却包含着肯定，他的中道就是为了从否定达到肯定，这个空就是他要达到的哲学目标。商羯罗的阿特曼尽管也用了无任何规定性的言词来加以描写，但他同龙树的根本区别在于，阿特曼是有，是实在，只不过看不见摸不着而已。但是，商羯罗的阿特曼的理论从体系上讲，从其哲学立场上来看，与龙树却是非常地接

---

① 龙树：《中论》观四谛品第二十四之18，鸠摩罗什译。

② 参见龙树：《中论》观涅槃品第二十五，鸠摩罗什译。

近，龙树的空是唯一的哲学本体，商羯罗的梵也是同样，只不过一个采取了说“空”的方法，一个采取了说“有”的方法；两人的目的都是要灭却现象世界。实际上，商羯罗的哲学理论明显地受到了大乘佛教的影响，难怪商羯罗被他同时代的人称为“假面的佛教徒”。

126. 精神何以要身体？
如欲否定难确立；
识物别异得存在，
于是弃它而[确立]。

释：本颂原句比较简洁，故解释时补充稍多。如果要问，“汝为精神之物，却为何要身体呢？”我们的回答是：这是不正确的。因为，精神之物虽与身体相异，但仅仅是通过对身体的否定就要想确立精神之物却是不行的。如果精神之物与它物相异一事得到确认的话，那么，监视者就会像这样通过舍弃它物而得到确立。本颂总的说，精神之物的存在，不是通过否定非精神之物来得到确立的，而是通过对两者别异的辨认从而舍弃来达到的。

127. [反论]：
自我存在监视者，
因为精神直接识；
[回答]：
如是无知者理解，
等同否定存在者。

释：反论认为：监视者是自我存在的，这是因为精神性的东西是直接认识的。回答：如果这样认识，那无知者（无明）对阿特曼的理解，也就等同于对阿特曼的存在加以否定的理解。

128. ［反论］：

基于世人之记忆，
如若言说“我知这”；
手段对象业主体，
可说同时得确立。

释：在现世基于一般世人的记忆，从而言说“我知这”的话，那么，行为之手段、对象和行为之主体，就可以说同时得到了确立。此颂中应该注意的词是“记忆”（smṛti）以及“同时”。“记忆”是说它是知识的依据，正因为基于记忆，才说的“我知这”。[①] 而“同时”是说三者（认识手段、认识对象、认识主体）是同时产生的，不分先后次序。

129. ［回答］：

尽如记忆正知源，
时速缘故同时现；
认识在前顺次起，
记忆之后也同样。

---

① 在印度哲学流派中，除了耆那教哲学、顺世论、吠檀多不二论外，所有的派别都明确地反对把记忆作为知识的可靠依据来源。

释:针对上一颂作出如下回答:(仅是为了讨论的缘故才这样说的),即便说记忆是正确的知识依据,但因为时间快速的原因,也仅仅只能看见行为手段、行为对象、行为主体这三者是同时产生的。在记忆之前,行为的手段、对象和主体的认识是依次而生的;在记忆之后也是同样顺次而生。

130.　　我知[对象]也知己,
设想[区别]确实有;
设想区别情况下,
同时性却不存在。

释:关于"我知这(对象)"与"我知我(主体)"这两句话,可以设想其区别确实是存在的,在设想区别存在的情况下,它们就不具有同时性了。

131.　　三者生起在那时,
[其一]本质被认识;
主体本质为[认识],
手段对象无关系。

释:当行为手段、行为对象、行为主体这三者之一的本质被认识时,三者就会产生。但是这会出现无限循环的缺点。与其本质相关连的认识的主体,它与手段、对象的本质的认识是没有关系的。商羯罗在本颂中讲述三者的关系。他首先讲的是区分三者在本质上的关系，如果要把三者的本质作为相互关联，即一个牵动另两个，那么可能出现无限循环的问题。三者可能无限地互相牵扯下去。同时他还认为与自身的本质认识相关联的主体，它与手段和对象的本质的认识却是没有关系的。既然没有关系，那肯定三者的本质是不同的。本质都不相同，三者又怎么互相关联呢？但尽管本质不同，却又不能否认它们之间的关系，且看下一颂是如何说的。

132. 主体行为欲达处，
已述此即为对象；
因而对象依主体，
并不依赖其它物。

释：行为主体的行为所要达到的目的，也即讲述过的行为的对象。由此可见，行为对象依赖于行为主体，而不是依赖于其它物。这就是它们之间的关联。

133. 无知[自我]的人们，
不识圣典与推论；
此外根基来确立，
非此则不得认可。

释：不懂得阿特曼的人们，做一切事情都不依靠天启圣典或推论，而是用另外的东西作知识的根基，否则就认为不能得到确立。

134. [反论]：
监者也依知根立，
拟或非依它而在？
[回答]：
自身非依也得立。
然而愚者却不足。

释:反论问:监视者也需要依据知识来得到确立吗？拟或是不需要就能确立呢？回答说:监视者自身即使没有知识依据也能确立,然而对于无知的人来说,这却是不足的。

135. 如若监者为无知，
欲知却需别知根；
他人若为无知者，
欲知[别知]确实需。

释:如果监视者是无知之人的话,为了了解监视者,它之外的知识依据是必要的。如果监视者之外者为无知之人的话,为了了解它,它之外的知识依据倒确实是需要的。

136. 确立意味着被知，
拟或出生与其它？
如若[意味]被知状，
应思前述二主张。

释:确立(Siddhi)到底是什么呢?是意味着被知(被认识)的状态吗?抑或意味着产生什么,还是别的什么?如果确立意味着被知状态的话,那就应该思量前述(上一颂)的两个主张。

137.　　如若确立为出生,
为此努力无意义;
因为事物自因生,
人们都知此道理。

释:如果把确立作为出生的话,为了出生,那种考虑知识依据是否适用的努力就是无意义的。为什么说知识依据的努力是无用的呢?因为对于一切事物来说,都是因为其自身的原因而出生,这是大家都明白的道理(因中有果论)。所以知识依据是无助于事的。

138.　　认识以及对象说,
确立是为被知状;
监者与相之确立,
属于被知非出生。

释:对于承认认识和认识对象的学说来说,确立就是被知状态;也就是说,当你被认知以后,就可以说是得到确立了。监视者和应该监视对象的确立,就是应该被知的对象,而非出生。

139. 确立性即明白性，
对象主体于设定；
明与不明属相异，
而非各自属本身。

释：如果认为确立性就等于对象、主体等的明白性的话，我们的回答是：对象、主体等的明白性与不明白性，都属于与其相异的监视者，而不是属于它们各自自身。在这里商羯罗的确立性或明白性，实际上就是对事物存在与否的确认，他认为它们都是归于监视者的（阿特曼）。

140. 失去视觉之盲人，
对瓶却难看明白；
明白性若属主体，
监者即为视觉体。

释：商羯罗举例说，失去视觉的盲人，对瓶是看不明白的。那么，如果明白性属于不带视觉的主体、对象的话，那视觉就是以监视者作为主体的。这个例子就很明白了。

141. ［反论］：
知觉如果依它物，
于汝到底有何利？
如依主体得承认，
即为知觉非他属。

释:本颂的反论是佛教唯识宗直接对商羯罗的反驳。唯识宗认为,如果说知觉依存于其它之物(指阿特曼)的话,那么你(指商羯罗)到底又能得到什么利益呢?如果你又说,知觉依存于知觉主体一事是得到了承认的,我们的回答是:根据唯识宗理论,知觉主体并非知觉之外的什么东西。

142. 认识本质终无别,
由于人们误见解,
对象主体自意识,
认为三者区别在。

释:此颂商羯罗引自法称的《量评释论》(*Pramāṇavārttika*, Ⅱ,354)。[1] 认识从本质上讲,最终是没有区别的;但是带着错误见解的人们却认为,认识对象(相分,grāhya)、认识主体(见分,grāhaka)和自意识(自证分,saṃvitti),这三者是存在着区别的。对于唯识宗来说,认识最终都是归于阿赖耶识的,当然是没有区别存在的,因为阿赖耶识既是一切认识的前提,又是一切认识的归宿;它甚至也是认识对象,如第七识末那识就对它认识。

143. {[主张]认识之人说,
作用原因两皆有。}

---

① 此书为法称的主要著作,无汉译,但存梵、藏文本。此颂很著名,经常被引用。但是各种典籍在引用时却稍有不同,难辨何者为原句。在此根据商羯罗原引按译者本人的理解而译出。

[回答]:
知觉实在与可灭,
应认知觉有主体;
如若并无何属性,
[自己]主张得舍弃。

释:{}中的部分,按说应该是放在上一颂中,与上一颂是一体的。[1] 意为:主张认识存在的人们说,它就是作用,也是作用的原因。回答为:如果唯识宗说在知觉中有实在性和可灭性的话,那么就应该承认在知觉中有知觉主体存在。如果唯识宗不承认知觉有什么属性的话,那么他们就应该把自己所说的知觉中有实在性和可灭性的主张舍弃掉。商羯罗确实找到了唯识宗学说中的漏洞。

144. [反论]:
实在性等诸属性,
非实在性能除否?
[回答]:
其时知觉不可灭,
因它独具自相故。

释:唯识宗反问:实在性等诸种属性的存在,是否意味着对非

① 前田教授考证认为,{}中这两句是否原来就有,这是一个问题。但是在各种哲学文献中却能看见,也许商羯罗是从法称那里引用而来的。

实在性的排除呢？回答：其时的知觉是不具有可灭性的，因为你们（指佛教徒）自己认为，知觉也有自己的特质（自相）。佛教认为诸法皆有自己的真实体相，又叫作“诸法实相”。诸法实相为万有的本性，故又称“法性”。由于此法性真常不变，所以又叫作“真如”。知觉虽为人之认识功能，但也独有自身实相，它也是不灭的。佛教各派对实相的解释不同，小乘以“我空”之涅槃为实相，大乘则以“我空”、“法空”之涅槃为实相。

145. 消灭及至自特质。
消灭排除非消灭。
牛为非牛之非在，
但此并非牛定义。

释：第一句是不二一元论的观点：消灭这是达到了独自的特质。如何理解呢？这就是说，吠檀多不二一元论是与佛教的观点截然不同的。不二论认为，现象世界的一切最终都是要消灭的，因为它们都是虚幻不实的，都是过眼云烟；只有阿特曼是永恒的，它之外的一切都是要消灭的。第二句是佛教的观点：消灭就意味着对非消灭的排除。佛教不承认事物有一个永恒不灭的主体的存在，而只是认为一切都是由因缘和合而成，因缘散了，事物就消灭了。于是他们说消灭，就意味着不承认有不灭之物。

第三、四句是在举例说明。说牛就意味着它是非牛的非存在，换句话说，说牛就意味它作为牛而存在，从而排除了它不是牛的存在。然而，这可并不是对牛的定义。因为这样定义的话，就成了循环定义了。

146. “刹那”所表之意味，
其外事物非存在。
[反论]：
非存在间无区别，
承认区别起于名。

释：商羯罗说：根据你们的看法，“刹那”一词所包含的意味，是指“刹那”之外的事物是非存在。“刹那”（kṣaṇa）是佛教用来形容最短的时间单位，有一种说法认为，它只相当于七十五分之一秒。而在这么短的时间里万物却生而灭、灭而生地连续不断，这就被称为“刹那生灭”（kṣaṇabhaṅga）。根据佛教的缘起理论，世间一切事物，都是此生彼生，此灭彼灭的相互相存关系，并没有永恒的实体存在。所以任何事物都是无常的，表现为刹那生灭的。佛教常讲的“刹那无常”，是说在刹那之间，一切事物都会经历生、住、异、灭的变化过程。尽管佛教认为事物是刹那生灭的，但又主张在刹那之间，事物还会经历生、住、异、灭的过程，于是实际上还是承认事物在刹那间是存在的；而商羯罗在这里指出在刹那之外的就是非存在了。这些非存在意味着什么呢？意味的是无常的现象世界。商羯罗说的存在不是指一般意义上事物的在，而是说那种永恒的存在物。佛教提出刹那理论实际上是针对婆罗门教的阿特曼永恒不变理论。接下来唯识宗说：尽管说非存在之间并不存在区别，但也要承认它们在名义上是有区别的。佛教认为，事物都是由各种因素(因缘)组合而成,本身它们之间是没有区别的,而区别只是名称上的。

147. [回答]:
名称不同之缘故,
一要怎样成为多?
排除如与牛无关,
怎样才能意味牛?

释:回答:根据你们的意见,由于名称的不同,一要怎样才能成为多呢?也就是说,终极实在的一,通过名称的不同,生产出了多样的世界,这一过程是怎样一回事呢?另外,如果前述的排除(即消灭是对非消灭的排除)是与牛无关(即与牛之外的它物有关)的话,那么这个排除怎样才能意味着牛呢?这句话如何理解呢?先看看有关“排除”(apoha)这个词。这一理论最先是在佛教因明学家陈那的著作《集量论》中出现。在印度哲学中有三种主要的有关“类”(jāti)或“普遍”(sāmānya)的观点:(1)实在论的观点;(2)概念论的观点;(3)唯名论的观点。持第一种观点的是正理-胜论,例如胜论认为世界上一切事物的本质自身就是实体,普遍性就是真实的实体,它是从众多的个体(特殊性)而来的。耆那教哲学与后期的吠檀多不二论接受第二种观点,他们拒绝把普遍概念当作一种真实独立的、超越于个体之上的客观的实体;他们认为它是由个体的基本的共同属性所组成,不仅存在于人的意识之中,还存在于特别的经验对象之中。佛教持第三种观点,也对任何独立的普遍实在的存在持否定态度。佛教认为，普遍性依附于名称，并非客观的存在。只有在刹那间，才是终极真实。在两个个体之间并没有完全相同性，例如两头牛。然而如果忽视它们之间的特殊的差异的话，或者与马比较的话，它们就是同一的。用这种方法牛就可以说是“非马”，牛的同一性直接就排除了所有的“非牛”。排除法就是通过类或普遍的不是来证实，但必须要对其特殊性加以分析，这是印度哲学经常使用的方法。

148. 自证分无特殊性，
故而[难分]名与类；
无论否定或特殊，
肯定难以区别[牛]。

释：此颂也是接上一颂的回答。如你们所说，自证分（自意识）不带特殊性，所以对名称或类难以进行区别那样，不管什么样的否定（非存在），什么样的特殊性，肯定都很难对牛（与非牛）作出区别来。此颂意为：因为自证分是自己对自己的体认，是在内部的认识，所以它是不带有特殊性的，那么对于带有普遍性的东西，也即类属或名称等是无法进行区别的。于是，类似于此，不管什么非存在（否定），或是什么特殊性，都无法对牛与非牛之间作出区别来。

有关“自证分”，这是唯识宗对人的认识作用所作的区分。唯识宗认为，前六识（眼、耳、鼻、舌、身、意）都有“四分”（四种作用的分限），即“相分”（客体或被认识的形相）、“见分”（主体亦即认识的能力或作用）、“自证分”（自己证知、鉴定认识能力或作用）、“证自证分”(自己再证知、鉴定“自证分”的能力或作用)。“相分”是客观世界在人的认识中的反映,或者说是客观反映在主观中的表象;“见分”即为主观认识的能力,也就是对表象认识的能力。那么“自证分”呢?就是证知或鉴定自己对表象的认识能力与分别能力,也就是对“相分”、“见分”的自觉作用,可以叫做“自之证”。而“证自证分”则是对“自证分”的再证,即“自证之证”。唯识宗曾用以尺量布的譬喻来说明它们的关系。“相分”好比布,“见分”好比尺,“自证分”好比根据尺所量而知布的大小,“证自证分”则是对所量布的大小的证实。自证分说白了就是自己体认自己。

149. 如若汝依常识说,
接受现量或比量;
必然承认[此二者],
基于作用与因生。

释:如果你根据日常经验接受现量(直接知觉)和比量(推论)的话,那么必然地就应该承认二者是基于行为(作用)和其主体(作用的原因)之间的差别所生起的。商羯罗认为这二者是不可靠的知识根据。

150. 青黄等色与瓶罐,
应是意识之属性;
于是感知[此等者],
理应承认这类事。

释:根据上一颂的意思,如果感性认识得到承认,那么,感官所见青黄等颜色或瓶罐等,都是意识的属性。于是对它们的知觉,就应加以到承认。也就是承认直接知觉的可靠性。

151. 色形等为识对象,
知觉主体别于此;
知觉主体异观念,
灯火一般照着它。

释:因为色形以及别的外界事物都只是感觉的对象,所以它们是区别于其知觉主体的。与此同理,统觉机能的观念的知觉主体,它与统觉机能的观念是不同的,因为知觉主体是观念的照明者或启发者,就像灯火一样。

152. 知觉主体监视者,
被看即为视对象;
两者实为此关系,
除此之外别无它。

释:监视者是知觉,被知觉的即是对象;两者之间即是知觉主体与知觉对象的关系。两者只能是这种关系而不是其它。[1]

---

① 此颂可以参考本章第 79、80 颂的解说。

153. 见具监视之作用，
对象之中得遍满；
恒常见者对心灵，
到底具有何帮助？

释：此颂的问题很直接了当。说见具有监视者的作用，并且遍满于它的一切对象之中；那么说到底，恒常不变的见对于统觉机能到底能有什么作用或有什么帮助呢？

154. 帮助如前已叙述，
见者一般得显现；
心为能照遍满光，
遍满瓶罐等[对象]。

释：有关监视者的帮助问题，前面已经有叙述。[1] 就是说，统觉机能因为自身其中有监视者的映象的缘故，所以它就像监视者那样地显现了出来。于是，由于统觉机能成为了可照射之物，它就会像光遍满于它的对象那样，也遍满于瓶罐等外界对象。

155. 犹如瓶成光中物，
瓶也存在于心中；

① 参见本章第 75、87、112～114、153 等颂。

遍满意味着存在，
心则依序来遍满。

释：当光对物遍满之时，瓶子也就成为了光中之物；同此道理，当统觉机能进行遍满之时，瓶子就存在于统觉机能之中了。统觉机能的遍满，就意味着存在于它之中；统觉机能不是同时而是依照顺序来遍满于对象的。

156. 先者观念行遍满，
其次自我作帮助；
并非所有照此行，
例如时间与空间。

释：商羯罗开始讲遍满的顺序，先是统觉机能的观念遍满于对象，然后阿特曼进行帮助。但是这个顺序并不适合于一切事物，例如时间和空间。

157. 如心依靠行为因，
未识对象得遗留；
要对对象认识者，
实为变化之主体。

释：如心（统觉机能）一类，需要依靠一些行为的因素来对事物进行认识；同时又会留下一些事物不加认识，而对对象加以认识者，就是有变化之物。

158. 如识我为监视者，
此为心识非属我；
因为监者无区别，
并无超越于它者。

释：“我是监视者”这种想法，只属于统觉机能的认识，而不属于监视者（真我）的。因为监视者本身是无区别之物，在它之外并无别的监视者。

159. ［我念］主体如为“我”，
［自得］解脱可直观；
我念摆脱苦与乐，
如此思量不合理。

释：如果认为叫作“我”的观念的主体（即统觉机能）就等同于“我是监视者”，并且能够直观到自我的解脱，由此叫作“我”的观念的主体也就能摆脱苦与乐，这种想法是不合理的。

160. 161. “我［苦］”观念确能生，
身体即“我”误会起；
好似“［我］具听闻”念。
依据“我为内我”说，

肯定具备识别智；
逆向观念里中见，
[事物]最终非存在。
因为正知变相反。

释：此两颂实为一体，故合在一起。“我是苦的”这一观念，是由于把身体等误认为是“我”，才确实地产生出来。就好像“我具听闻”这个观念一样。根据“我即是内我”的观念，也即根据我们所主张的识别智，对不具识别智的观点加以否定。相反的见解认为，一切事物最终都是不存在的，这是因为正确的知识变成不正确的缘故。

此两颂列举了两种相反的观点：一种把身体等同于我（阿特曼），其根据是“我（身体）具有听的能力”，是身体在进行认识活动，于是就得出结论是身体控制一切。另一种相反的观点（即商羯罗的观点）认为，“我”即是指的内在的我，指的阿特曼；阿特曼本身具备识别智，对那种认为不具识别智的观点加以否定。最后商羯罗指出，那种错误的观点认为，一切的事物最终都将不存在，这就把梵我的存在也否定了，这是不能同意的；产生这种观点的原因是把正确的知识变成不正确的了。

162. 自我如遭烧杀坏，
遇苦却说无痛苦；
因为虽然烧此身，
彼却决不感觉苦。

释：如果自我被火烧、被刀杀、被破坏等等，一定会感觉到痛苦；但阿特曼没有苦的感觉，所以阿特曼就没有受到痛苦。因为，好比尽管A被火烧了，但B却决不会感觉痛苦那样。

163. 因为触身两皆无，
我便决非被烧灼；
犹如子死似已逝，
[自我]误解所生起。

释：接着上一颂解释：因为我（阿特曼）既无身体又无触觉，所以它决不会被烧灼。同此，就好像自己的儿子死时，觉得自己也死了的想法那样，认为我会受苦的观念会产生对阿特曼的错误的理解。

164. “我具听闻”之[观念]，
实为识别智否定。
同样“我苦”的观念，
会被“我是绝对”否。

释：“我具听闻”的观念，实际上会被具有识别智的人所否定。同样道理，认为“我受苦”的观念，也会被“我是绝对”的观念所否定。“我具听闻”与“我受苦”这两个观念同样都是世俗之见，只看到了事物的表面，没有看到事物的实质。不懂得真正的阿特曼，把个我（肉体之我）当成了真我（超验之我）。

165. 受苦之事若得立，
承认我具受苦力；
受苦之念误中来，
于此对象有生灭。

释：如果阿特曼会受苦一事得到确立的话，那么，它接受痛苦的能力也应该得到承认。但是商羯罗认为事实上不是这样的。因此，“我受苦”这一观念是来自于错误的理解，从而还会出现对象（也即苦）亦生亦灭之事。

166. [自我]本无触与动，
[人却识我]有触动；
无识别者如是见，
意所属苦归于我。

释：阿特曼本身是没有触觉和运动的，但是人们却觉得阿特曼有触觉和运动。同样，不具有识别智的人们，把属于意（统觉机能）的苦看作归阿特曼所有。商羯罗认为苦这一类是现象世界的事情，是由人在现实中所体会到的，当然就归于统觉机能。

167. 自我正知即识别，
除去痛苦与运动；
本性并不具识别，
并无意愿也运动。

释:识别智是什么呢?商羯罗解释就是对阿特曼的正确的认识,根据这种观念,就能够去除痛苦和运动。如果在本性上不具有识别智的话,那意(统觉机能)在没有意愿的情况下也会运动。这句话如何理解呢?这可能是指的人的大脑的本能活动。

168. 其时经验痛苦事,
意非动时不感苦。
因此苦若属内我,
此种说法不合理。

释:人的大脑在无意愿的情况下发生了活动,其时就会经验痛苦;但是在统觉机能真正不动时,也就不会经验痛苦了。这里的意思是,只要统觉机能在活动,那就属于现象世界,当然会经验痛苦;但若是不活动了,就只剩下阿特曼在其中,也就感觉不到痛苦了。阿特曼对现象世界的一切都是无感觉的。因此,要把痛苦归于内在的我显然是不合理的。

169. “汝”“有”意表同对象,
“马为黑色”义相似;
“汝”与无苦“有”[同格],
因此“汝”也不带苦。

释:天启圣典中说的“汝即有”这一圣句,其中“汝”和“有”表示的是同一对象,这在前边我们已经解释过了。这就类似于“马是黑色”的句子一样，“马”与“黑色”是指的同一对象。那么，“汝”这个词因为与无苦的“有”（即指梵）是同格的，所以“汝”也表示是无苦的。商羯罗的这个逻辑推理是否有点问题？在我们看来，前后两者尽管在逻辑语法上同格，但在实质上是有区别的。逻辑上同格之物是否在实质上也为同质呢？

170. 同样“那”即表内我，
因为与[“汝”]为同格；
[前述]“汝为第十位”，
此句意味为内我。

释：同样的，圣句“汝即那”中的“那”，与表示内我的“汝”具有同格的关系，因此，“那”也就表示内我。另外，也如在前边第十二章第3颂所讲过的，过了河点人数把自己忘掉了的少年，别人说：“你就是第十个呀！”这个“你”（即汝），也即“汝即那”，所意味的就是内我（内在的阿特曼）。

171. [二词]不弃多种义，
表示[相互]作限定；
最终理解为内我。
并无别样之意味。

释：“汝”和“那”这两个词并没有舍弃其本身的多种含义，并且表示双方相互作为对方的限定，但最终表示的是对内我的理解。

除了对内我的理解之外，并无其它别的或相矛盾的意味。

172. 心中只有九人念，
自为第十无所算；
一心欲知[谁为十]，
人对自我也这般。

释：心中想的是，我就是现在数的九人中的一人，那么自然就不会注意到自己自身就是第十个人，而一心只想知道谁是第十个人。商羯罗认为同此道理，人们自己不知内在的阿特曼就在自己之中，而还想知道内在的我是怎么回事。

173. 无明束缚人眼故，
心常被囚欲望中；
故难明白见自身，
犹如第十人少年。

释：因为无明将人们的眼目束缚，于是人们在心中常常囚于难以满足的欲望，就不会明白地考虑见（认识）自身。犹如第十个少年那样，认识不到自己就是第十人，无法把自己计算在内。

174. 犹如“汝即十”一般，
人据“汝即那”圣句，

知此自身阿特曼，
一切内官目击者。

释：就像说“你就是第十”时，于是少年便知道自己就是第十人那样，人们可以根据“汝即那”的圣句，知道自身的阿特曼，就是一切内官（统觉机能）的目击者。

175. 吠陀圣典之圣句，
单词谁先谁在后，
其实并无此规则，
关系基于其意味。

释：商羯罗认为，在吠陀圣句如“汝即那”中，并没有规定哪个单词是在先的，哪个单词是在后的，并没有这个规则。单词之间的关系是基于它们本身的意味的。

176. 句中单词各含义，
在其听闻之时刻，
运用一致矛盾法，
即能理解其意味。

释：对于句中各单词的含义，在听闻时要运用一致与矛盾的方法，这样一来就能理解句子的意味。在本章的第96颂的释里已经详细地解说了有关一致与矛盾（对立统一）的问题，在此不再重述，请参见前面。

177. 永恒圣句单词意，
传达知识意味故，
[借助方法]得明确，
此时并未答疑问。

释：永恒的圣句指的是“汝即那”，此圣句中单词的含义，为了将这些知识的意味加以传达(对弟子)，要用一致与矛盾的方法来明确。但是，商羯罗又认为，在讲“汝即那”的圣句时，却并没有对“我为什么是梵”的疑问作出回答。或者说，“汝即那”的句子并不对应于“我为什么是梵”的句子，两个句子讲的内容并不是完全一致的。“我为什么是梵”的句子并不囊括在“汝即那”的句子之中。

178. 此两方法得叙述，
欲知单词含义故；
谁人不知单词意，
理解圣句难以成。

释：一致与矛盾的方法为何能得以叙述呢？这是为了理解单词含义的缘故。因为一个人在并不理解单词含义的情况下，他是难以理解句子的意思的。

179. “汝即那”等圣句中，
如若不解“汝”之意，

定难理解如下句：
“我常解脱”之意味。

释：在“汝即那”等等圣句中，如果不能对“汝”这个单词的意思加以识别的话，那对于“我常得解脱”一句的意思就不会明白。

180. 识别其意之目的，
运用二法而非它；
“汝”之意味识别时，
犹如掌中维瓦果。

释：为了识别“汝”这个单词的意思，使用一致与矛盾的方法，而不是其它的方法。因为识别了“汝”的单词的意思时，就像把维瓦果握在了手中。维瓦果（Vilva）是印度的一种植物结的果，在它未成熟时可入药。商羯罗在这里用此譬喻是想说明，懂得了“汝”这个单词的含义之后，对这一圣句也就了如指掌了。

181. 句子意思得明白。
如此意味绝对者，
“我”之含义排除苦，
确定其为内在我。

释：第一句是接上一颂的，如果能够识别“汝”之含义的话，那明白句子的意思就像把维瓦果握在手中似的。照此看来，句子的意思是指的绝对者（阿特曼）。“汝即那”中的“那”就是指的阿特曼。后两句作出了解释：因为“我”这个单词的意思，就排除了受苦之物（经验之我），于是可以确定为内我。

182. 此解含义为可能。
单词句子双解者，
圣典所述即舍弃，
未述作解不合理。

释：根据上一颂后两句的解释，那样的含义是可能的。但如照此来进行推断，那些对单词和句子的含义都精通的人，把天启圣典中已经明白讲述出来的意思都舍弃掉，而对其中未讲述的含义加以理解，这样也是不合理的。

183. [反论]：
直接知觉加否定，
犹如金片做加工；
[回答]：
为何现量所生误，
能够否定圣句识？

释：[反论]认为：在印度古代有些祭式上需要使用金片，这些金片有必要通过加工进行净化；而金片虽经加工但并未发生变化，对于视觉这样的直接知觉来说，这些金片是否经过加工而得净化并不知道。在天启圣典的圣句中说明了金片等的加工，由此所产生的知识，能被直接知觉等的知识手段加以否定；同此道理，直接知觉等的知识手段也可以否定圣句“汝即那”的知识。

[回答]是反诘：为什么说由直接知觉等知识手段所产生的错误的知识，反而能够否定由天启圣典的句子所产生的正确的知识呢？

Kṛṣṇala(guñjā or raktikā)是一种植物的黑色浆果(Abrus precatorius)，通常被用来作为重量单位，相当于一片金片的重量，等于0.122克。此处就是用来指金片。

184. [反论]：
只要“我受苦”念在，
同时伴有现量知，
“[我]无苦”念则不生。
[回答]：
非也因为有例外。

释：[反论]认为：只要“我受苦”的知识存在，同时直接知觉等知识手段所生的错误认识也存在，那么天启圣典的圣句就不可能产生出“我是无苦”的观念来。[回答]是相反的，因为有例外存在。接下来的两颂进行解说。

185. 梦眠之中被烧割，
今日我于此受苦，

［苦被圣句已消灭］。
此时如苦未被灭，

释：在梦眠状态中，因为我被火烧被刀割，所以今天我经受了痛苦；但是，圣句却将痛苦消灭。如果那时圣句并未将痛苦消灭的话，（接下一颂）。

186.　此时完后开始前，
应知痛苦已泯灭；
痛苦错乱连续事，
何处都未经验过。

释：（接上一颂），其时也即痛苦在结束之后和开始之前，也就是此痛苦结束之后，下一个痛苦开始之前，应该认为痛苦是被泯灭了。因为，痛苦以及错乱的连续之事，无论什么地方都还未经验过。也即二者并不会连续发生。

187.　知道己为九之十，
由此否定受苦念；
得知内我为最高，
二者并无何矛盾。

释：商羯罗又以少年数人为例来说明阿特曼与最高我的关系。犹如否定少年把自己含在九人之中将自己确认为第十人的观念那样，将“我受苦”的观念加以否定的话，就会明白内我即为最高的阿特曼。这两者是没有矛盾的。

188. 最终解脱之知识，
圣句所生而非它；
构成单词和圣句，
由它意味来理解。

释：有关最终解脱的知识，是由天启圣典的圣句所产生的，而非其它任何别的东西所生。对这种解脱知识的理解，是在句子的含义，以及构成句子的单词的意味的基础上形成的。

189. 通过一致与矛盾，
确实得到单词意；
如此人们即能解，
自己非苦无业行。

释：通过运用一致与矛盾的方法，就能够确实地得到单词（前述构成解脱知识的句子的单词）的含义。这样一来，人们也就能够理解为什么说自己不是受苦之物，也并无业行了。因为天启圣典的句子已经讲得很清楚，我是恒常解脱的。关于一致与矛盾的方法，请参见前面本章第96颂的注释。

190. “汝即第十”句子出，
如此[正知即得]般；

[圣句]“汝即有”一出，
内我正知变明晰。

释:前面举例所说少年数人,旁人一说“你就是第十人”,于是少年便会明白自己就是第十人。换句话说,关于自己就是第十人的知识就变得清晰起来。同样,由“汝即有”等的圣句,就能使有关内我的正确知识变得明晰起来。

191. 梦眠之中所受苦，
觉醒即能得消除；
自身受苦之观念，
内我即梵常消除。

释:在梦眠之中所受的苦,一旦醒来自然就会消除掉;同样,有关自身受苦的观念,也会由内我即是最高的阿特曼(梵)的观念常消除掉。

192. 金片正知难得生，
别有所指不变柔；
对此圣句不适合，
因为于此无矛盾。

释:前面(第183颂)所说的金片的例子,在那种情况下(即运用直接知觉)是无法得到正确的知识的。因为对金片加以处理,那是有别的目的(净化的目的),并不能使其变柔软。然而对这件事,天启圣典的圣句"汝即那"也是不相适合的。因为就这一句子来说,看见金片经过处理但并未变柔软这样的矛盾并不存在。

193. "汝即那"之那与即,
二者意思已得知;
汝之含义未想起,
于是此句难正知。

释:天启圣典中的圣句"汝即那"(tat tvam asi),其中:"那 tat"与"即 asi"这两个单词的意思已经明白了。但是,因为没有帮助对"汝 tvam"这个单词含义的理解,于是这个句子就不能给出正确的知识。

194. "即"中"这个"与"汝"字,
同一对象来意味;
"这个"单词含内我,
"汝"中带有"这个"意。

释:此颂把在前面(参见第 169 颂)已经用过的论证方法又拿了出来。圣句"汝即为这个"中,"即为"这个词所包含的"这个"与"汝",都是表示的同一对象;"这个"的单词就意味着内我,而"汝"的单词则带有"这个"单词的意味。于是,商羯罗在这里这样一解释,逻辑关系就很清楚了。

195. “受苦之物”“非内我”，
二者去除此观念；
非此非彼[圣句意]，
如此二者相互表。

释：此处的两个错误观念：“汝”为“受苦之物”与“这个”为“非内我”，都会被“这个”与“汝”这两个单词消除掉。如此一来，这两个单词便会相互地表达出圣句“非此也，非彼也”的意味。

196. “汝即那”句之结果，
当其如此理解时；
为何说它非手段，
又说依存于行为？

释：“汝即那”的圣句的结果，当照着如此来理解时，为什么说它不是正确的知识手段，又说它依存于行为呢？此处可以参照本章第 9～18 颂。

197. 无论何时初中尾，
行为[命令]有矛盾；
难以认可未曾述，
应弃因为无意味。

释：此颂是针对上一颂而讲的，颂主认为行为是不正确的，无论是在初时、中间或结尾，行为的命令都是与圣句相矛盾的。所谓初时、中间和结尾，这是指事物发展的全过程，行为的命令都是与圣句的含义相矛盾的。因此，不能对此加以认可。另外，此事在圣典中未曾讲述，而在圣典中已讲述的事情则应舍弃，因为是无意义之事。①

198. ［反论］：

进餐即能得满足，
句子却难体验此；
如对句子加分析，
犹如牛粪煮乳糜。

释：反问：只有吃了饭人才能有满足感，读句子是不会有此体验的。对句子进行分析，就像用牛粪煮乳糜一样。这样说是形容其作用是间接的，产生的效果是相反的。

199. ［回答］：

确实生出间接识，
出自非我事物句；
然而内我得实知，
犹如获得［少年］数。

① 此处请参见本章第182颂的释。

释:论主回答:确实像你所说那样,从有关非阿特曼的事物的句子中,能够生出间接的认识来。但是,有关内我的句子却确实能够生出直接的认识(也即对最高阿特曼的认识),就好像在前面(第十二章第3颂和本章第187颂)所讲的少年数人,从“你即第十人”的句子就能够得出正确的“十”的数字来一样。

200. 应知内我为自识,
也为自体识手段;
己见自我之直观,
我念止息时确立。

释:对于内我,应该认它是“自身认识”(自己对自身的认识),另一句同义语是:“自体作为认识手段”。以自己(商羯罗)的见解来看,自己对自身阿特曼的直观,是在有关“我”的观念被消除之时得到确立的。这个“我”的观念,是俗世的,也是虚假不实的。那么什么时候能够将它消除呢?也就是在领悟到自身的阿特曼之时。

201. 痛苦作为心对象,
内我对象应是心,
思量也即见对象。
与苦有关因何在?

释:痛苦是统觉机能的对象。这些痛苦的统觉机能,又是内我所见的对象(此处请参见本书散文篇第一章第33~35节)。那么,这个见与苦有什么关系？如果要说有关系，那理由是什么呢？

202. 见者自体来直观，
因为直观是本性；
心入见之映象中，
生起直观得描述。

释：见（内我）其自身是自我意识的（即直观自身的内在），因为它的本性就是自我意识。这种直观，就是统觉机能进入见的映象中时才得以被描述。这句话可以这样来理解：内在自我的直观，是借助于统觉机能来完成的；因为直观是发生在统觉机能进入见的映象后，然后才对自身进行直观的。

203. 汝等现今无饥饿，
[于此]确立得解脱。
汝等讲述[它]能听，
如此矛盾为何述？

释：你们现今没有了饥饿，仅以此确立得到了解脱。尽管如此，你们又讲阿特曼为能听等等，为何这么矛盾的事情还在天启圣典中叙述呢？此处所说圣典，是指《广森林奥义》，原文为：

"唯然！是性灵，乃当见，当闻，当念，当思者！诚然！弥勒薏！以性灵之见，闻，念，思，而此世界一切皆知矣！"①

① 《广森林奥义》Ⅱ，4，5；汉译引自徐梵澄译《五十奥义书》第560页。

此颂似为诘问，下一颂作答。

204. 也许[解脱]将来成，
听闻之事应实行；
如此解脱成无常，
否则言语变矛盾。

释：如果你说最终的解脱将会得到，这是可能的事；但听闻之事却是必要的，应该实践的，对于达成最终解脱来说。但是如此一来，解脱就成了无常之事了。不然就与圣典的言语（所讲）相矛盾。在商羯罗看来，解脱之事是通过对梵我的最高领会来达成的，是以心灵的虔诚和精神的净化来完成的，并不仅仅是靠听闻阿特曼的实践。如果不是这样来理解的话，那就与圣典的精神不一致了。

205. 听者对象如有别，
听闻则为必要行；
那与意旨相矛盾，
圣言则无一贯性。

释：如果听者与被听的对象（＝阿特曼，或最终的解脱）之间的区别被承认的话，那么这种听以及其它就被认为是必要的。但实际上不是这样的，商羯罗不承认事物之间在实质上有什么区别存在，那么听闻这类业行并不会有助于最终的解脱。如果说听闻是必要的，那么，在那种情况下，就会与天启圣典中有关梵我同一的意旨相矛盾了。而天启圣典的圣句也就会成为缺乏一贯性的了。

206. “我确解脱”如是思，
欲作业行知自身；
此人本性为愚痴，
天启圣典来背叛。

释：如果有谁认为［仅此］便可以“确实地得到解脱”，并且这样来认识自己，同时欲施业行，那么这个人在本性上就是愚痴的，是对天启圣典的背叛。

207. 得确立者无义务，
行义务者难确立；
两种见解执持者，
实在就是自欺自。

释：因为，［仅此也即已得解脱的观念］而得到确立者没有应尽的义务，而应尽义务者却［仅此］难得确立。然而这两种见解都持有者则是自欺自。如何理解此颂的意思呢？首先，认为“仅此”（某一行为）即能自我确立，这是一种错误的见解；这种人是没有什么义务要实行的。这里说的义务，是指对梵我同一的理解。其次，有应尽义务者，仅仅是“仅此”也是不可能得到确立的。最后，那些持这两种见解的人，也就只能是自己欺骗自己了。

208. ［反论］：

说汝确已得解脱，
以此教导实在事；
然知实在如此相，
听者应该怎样做？

释：从此颂到第210颂都是提出的反论。说“你［仅此］确立解脱”，即对这个实在的事实加以教导。但是，当知道它就是如此之物时，听者应该做些什么呢？

209. 我为业主承受苦，
直接知觉来认识；
因此应该作努力，
非为业主无受苦。

释：通过直接知觉认识到，“我是行为的主体，承受着痛苦”。因此，应该努力去做到的是，［认识到］“我不是行为的主体，也不承受痛苦”。

210. 圣典反复讲主体，
同时对此作论证；
皆为经验确立事，
欲知无苦非业主。

释:天启圣典对行为主体进行反复强调,并且进行了论证,这一切都是为了了解“我不是行为主体,不承受痛苦”,并且直接认识到[自身仅此]即得到确立之事。

211. [回答]:

人已理解得解脱,
无欲无苦无业行;
如此矛盾之意味,
为何还会来接受?

释:如果一个人他已经懂得了“我是无痛苦的,无业行无欲念的,[仅此]我已得到了解脱”,那么,他为何还会接受与此意味相矛盾的东西呢?(意指反论的诘问)

212. [反论]:

我有欲求与行为,
[仅此]却难得确立;
[我]所经验然却非,
你应对此作说明。

释:反论提出诘问:我具有下述经验——我有欲求,有行为,并且仅此却难得自我确立;然而你却说我并非如此,与这些恰恰相反;那么,你应该对我解释这是怎么一回事呢?

213. [回答]：

如仅质问事应当，
认识解脱则[不妥]；
如与知识相矛盾，
在此就应加质问。

释：仅就提出质问一事来讲，这是应该的，合适的。但是，如果是对解脱的认识而加以质问就并非如此了。如果有与知识手段相矛盾的事情，在此那是值得进行质问的。

214. “我得解脱”“汝即有”，
别的知识手段生；
受苦之念现量生，
对此值得去质问。

释：“我得到了解脱”这一认识，与“你是有（存在）”这一认识，是由区别于直接知觉（感觉）的不同的知识手段而生的。然而，“我是受苦的”这一认识，是由直接知觉这种错误的知识手段而得出的，所以对这种认识是应该质问的。

215. 应答所问与所欲，
欲求免除痛苦事；
我应怎样来消除，
[精神之中]的痛苦？

释：对其所质问的与所欲求的，都应该作出回答。所要求的就是消除掉痛苦。那么，要怎样去做才能够完全消除掉精神上的痛苦呢？

216. 以上质问已作答，
应作叙述除苦事；
圣典是为正知识，
无疑自身阿特曼。

释：对于上面的质问已作出了回答，应该叙述的就是如何去除痛苦。因为天启圣典是正确的知识根基，所以对自身的阿特曼是不应该有任何怀疑的。

217. 因此圣句使其解，
[自身]自我得解脱；
它与何物无矛盾，
应说[圣句]意味此。

释：天启圣典的圣句会使其理解到自己的阿特曼是得到了解脱的。它与其它任何事物并不矛盾，应该说它就是具有这样的意思。也即圣句不言而喻它包含着阿特曼本身是得解脱的意思的。

218. 无论其它何认识，
相对自我无所立；

因为圣句说识主，
认识之人无所识。

释：此颂引用了天启圣典的圣句来说明除了有关阿特曼的认识之外，别无它在。第1、2句说：相对于有关阿特曼的认识来说，其它的任何认识都是不存在的。接下来，引了《由谁奥义》的一段话：

“‘此’非所思得，是有‘此’思人。
思‘此’而有得，其人不知‘此’。
识者不知‘此’，不识乃识‘此’。”①

此圣句意味：认为在认识“此”(阿特曼)的人，却并未认识到；而认为并未认识到“此”的人，正在认识它。接下来的圣句是《广森林奥义》：

“由彼而知此一切矣，则当由谁而知彼耶？”②

此句则说对于认识主体，应该由谁来对它加以认识呢？

219. 为识“汝”字之意味，
舍弃业行作手段；
“心境平静制感官”，
如是教导[奥义书]。

① 《由谁奥义》Ⅱ，3；汉译引自徐梵澄译《五十奥义书》第257页。
② 《广森林奥义》Ⅱ，4，14；汉译引自徐梵澄译《五十奥义书》第562页。

释：为了对“汝”这个单词的含义进行识别，要把舍弃一切行为作为手段。因为《广森林奥义》说：

“是故有如是知者，则归于安静，柔和，敛退，坚忍，定一，唯于自我而见性灵。”①

此中说，要想认识阿特曼，则必须要使心得到平静，制御感官，使精神得到统一等等，要用自我去认识自我。“性灵”就是指的阿特曼。

220. 应在我中见自我，
也即“汝”谓之内我；
此时万有成自我，
圣句意味绝对者。

释：在自身之中，应该见到阿特曼，它就是“汝”字所指的内我。此时，可见到一切万有即为阿特曼，也就是天启圣典的圣句所意味的绝对者（梵）。

221. 万有即我圣句义，
持正知者知此时；
其它手段非真实，
怎能命人去实行？

① 《广森林奥义》Ⅳ，4，23；汉译引自徐梵澄译《五十奥义书》第626页。

释:一切万有为阿特曼,这一句子的意思为那些具有正确知识手段的人们所知悉;其它的知识手段都不是真实的,但为什么却又要人去实践(行为)呢?

222. 因此得知圣句意,
行为命令不可行;
我即梵与我作业,
矛盾观念难两立。

释:因此,在你懂得了圣句的含义之后,便不会实行行为的命令。这是因为“我是梵”与“我是行为主体”这两个观念是相互矛盾的,不可能共同存在(两立)的。

223. 我是梵念之明智,
难被下述观念否:
业主欲念与束缚。
此乃错误知根生。

释:“我是梵”这一观念的明智,并不会被下述认识所否定:“我是行为主体”、“我具有欲求、被束缚着的”。因为这些认识是由错误的知识根基所产生的。

224. 我即大梵非它者,
圣典强固此见解;

此时身体即我念，
[错误]观念欠妥当。

释："我即是大梵，而非其它"这一理解，在圣典的基础上得到了加强。而在此时，诸如"身体即是阿特曼"的观念，因为是错误的，所以是不妥当的。

225. 恐怖之中得解脱，
为此目的作努力；
如是形单影孤时，
祈求不再有恐怖。

释：由恐怖状态到摆脱恐怖，要达到这个目的就得努力；如果当人在独自一人时，他会祈求别再回到恐怖状态之中。商羯罗举这个例子来说明，已经得到解脱的人是不会想再回到解脱前的状态的。

226. 无知单词得醒悟，
寻求理解圣句义；
尽管已命作放弃，
为何仍随欲意行？

释：从对单词意义不明到领悟单词的含义，并且追求对圣句含义的理解；已经达到这一步的人，为何在有放弃[行为]的命令的情况下，仍然还会随自己欲望而行呢？

227. 因此在前已述事，
在此可以得确立。

释：前面所讲的道理在这里便可以得到确立了。本颂仅此一句。

228. 无欲念者无求行，
确实追求解脱者，
已对三界无关心，
为何还会作努力？

释：对一切已经失去了兴趣的人，也就不会有什么企求的行为了。确实是这样的，欲求解脱的人，对三界已经没有兴趣的人，他为什么还会作努力呢？

229. 尽管忍受饥饿苦，
但却不会食毒药；
腹空却不吃美食，
除非此人太愚蠢。

释：商羯罗举例说明对真知应该具有的态度。好比一个人尽管很饿，但他却决不会去吃毒药。没有人会放着美食不吃去吃毒药，除非他是愚蠢的人。

230. 我们意欲致敬礼，
蜜蜂一般有德师；
采得奥义书上花，
知识就是甘露蜜。

释：有德的圣师就像蜜蜂一样，在奥义书上的圣句中采得最上等的甘露蜜，我们要向他们致敬。

第十九章　消除热病

1. 寻根欲念要消除，
知识禁欲药来治；
由此热病生虚弱；
不与身体多结合。

释：要消除那种寻求根源的热病，以知识和禁欲作为治病的药，因为叫做欲望的热病会引起虚弱；消除了热病，就不会再与身体作一系列的[由轮回引起的]结合了。

本章内容主要讲述对个人行为欲念的消除，商羯罗是通过对个人行为、行为的动因、认识主体与认识对象等的分析，来达到消除业行的根源。本章是《示教千则》韵文篇的最后一章，因为是在结尾，是在作全篇的总结，所以本章较短。

2. 汝为我念作无谓，
应知他者不同汝；
无所识力我不欲，
寂静之外最合意。

释：此颂意思较为晦涩。第1、2句为："汝"是指统觉机能，它会为了"我是(什么)"或"我之物"等这种观念上的无意义东西而努力；一般的人会作这种考虑的。而别的一些人(指数论派哲学)的"汝"的努力是为了布鲁夏(原人)的原因。第3、4句为："汝"其实并不具有认识对象的能力，而我虽然具有认识对象的能力，但我却不想去做。因此，说汝是寂静的是合理的，也就是指"意"(统觉机能)。本颂意在说明统觉机能只是为非观念之物(如数论哲学的神我[①])而存在的，统觉机能并无任何主动的认识能力，本性是寂静的，无为的。

3. 我即最高非它物，
已得满足无所求；
解脱不企获利益，
意为寂静而努力。

释：于是，我是最高的、永远的[梵]，除此之外别非它物；因为已经得到满足了，所以也就再没有什么欲求了。已经得到解脱，[我]也就不会再企求得到什么利益。为"汝"的寂静而努力的只是意(统觉机能)。

4. 吾等穿越六苦波，
世界等同皆为我；

① 在颂中用的"para"一词，前田教授认为是指的数论哲学的"puruṣa"(神我)，在此故采用前田教授的说法。

我持知识能知此，
汝为徒劳思考者。

释：根据天启圣典，穿越了一连串的六苦之波[①]的我们，与这个世界一样，都是阿特曼。因此我们对这件事的了解也可以是从天启圣典之外的知识根据得知的。因此，汝（统觉机能）不管作什么努力都是徒劳的，只不过是思考器官而已。

5.　入静即无差别观，
摩耶使人陷迷混；
认识源于摩耶因，
除去谁也无幻觉。

释：当你进入寂静状态时，即当人的一切感觉或认识均不存在时，也可以说进入了熟睡状态中时，差别观便不存在了；对有种种差别的现象世界的认识就寂灭了。正因为具有这种差别观，所以幻力（摩耶）使世俗之人的思想意识陷入迷混状态。因为这种有差别的认识是摩耶产生的原因，一旦去除掉这种有差别的认识，对谁来说摩耶也就不存在了。

6.　借汝努力吾不迷，
本性自悟无转变；

① 例如饥渴，参见第十四章第12颂，第十八章第103、203颂。

在前于后皆无别，
努力无功对于意。

释：借助你的努力我便不会产生迷混之事，因为我在本性上是自悟的，无束缚的，不变的。实际上我们的本性无论在前世或后世（来世）都是无差别的。这样，对于意（manas）来说，一切的努力都是无意义的。

7. 我为常住别它物，
若有变化成无常；
永辉我即为不二，
误识非在得确定。

释：同时，因为我是常住的，所以我与别的物是不同的；因为别的物都不是常住不变的，它们是变化之物。因此如果我成为了变化之物的话，那么我也成为了无常之物了。我是永远光辉的，所以我实际上是不二的。于是那些误识的东西是非存在的，所谓"误识"就是类似于识绳为蛇的幻觉，把不实在的现象世界误识为实在的。以上所说的事都是确定之事。

8. 意在世上本性无，
究竟理论非存在；
生灭二非无不生，
有二因此汝非在。

释：对意而言，在此世上其本性是无。这其实就是对现象世界而言的。从理论上来探究，汝（指意）是没有存在性的，因此，也就并无生或灭之事，或者无不能生有。就像《薄伽梵歌》所说，“无中非生有；有中毋生无”。[①] 于是，因为汝（意）是具有二者（生与灭）的，所以就不能认为你具有存在性。因为凡有生灭之物皆为现象之物，是无常的，所以是不具有存在性的。此颂中体现了商羯罗的一个重要思想：有与无的思想。什么是有，什么是无；什么东西的本质是有，什么东西的本质是无，这一定要分清楚。对于商羯罗来说，意这一类的属于个我的心识现象，它和个我本身一样，都是现象之物，其本质是无，因为所有的现象都只不过是过眼云烟，虚幻不实；只不过是幻力的原因，使人感觉到它们是有，但一旦去除幻觉，一切便会烟消云散。只有阿特曼才是真正的有，才是永恒的在，其余的只不过是虚幻的存在。

9.　认识与相及主体，
全为错误之想定；
应知相识并无异，
梦与醒时[自我]同。

释：此颂与上一颂讲的是同样的意思，商羯罗认为，认识主体、认识对象、认识，这三者都是误想之物，即都是由世俗之人错误地想定之物；从胜义谛的立场来看都是虚幻不实的，属于现象世界肉

① 《薄伽梵歌》Ⅱ，16。

身之人的幻觉活动。第三句说，实际上认识对象和认识是不能认为它们是相异的；商羯罗的意思就是说，因为前述原因，于是，不管是认识对象也好，还是认识本身也好，都只不过是现象而已，其本质并非为有。因此，商羯罗的认识论是不承认认识这种人类的心智活动，而是把它与认识对象归为一类了。但在最后一句商羯罗提出，在梦境和在醒境中的阿特曼都是一样，这说明不管是什么情况，阿特曼是永恒不变的。

10. 因此误想为二元，
旋火轮般非实在；
天启圣典说不二，
自我之力非有别。

释：因此，错误的想定（指对现象世界的幻觉）必定是二元性的，即有一个上梵的世界，这是精神性的永恒世界；另一个是下梵的世界，这是变化的现象世界。现象世界是虚幻不实的，就像燃烧的松明火把在空中挥舞出火圈那样，这个火圈其实是非实在的。[①] 天启圣典确定阿特曼是不二的，因此，阿特曼不像人的身体，它是没有力的（如视力、听力等的）区别；同样，尽管人们的身体各异，但他们的阿特曼是没有区别的。因为阿特曼是唯一的。

① alātacakra 一词即是松明火把在空中挥舞画出火圈，佛教经典中它被用来比喻现象世界的虚幻不实。商羯罗的前辈乔荼波陀的哲学著作《圣教论》第四章即为"炭火章"（Alātasanti），此章的思想非常重要，代表着吠檀多不二论哲学对现象世界的主要看法。

11. 诸念若为各别异，
限定之物得消毁；
经验也知确如此，
全得解脱灭世界。

释：如果认为具有各种意识的阿特曼它们相互之间是有区别的话，那么它们也就是应消亡的；因为它们都成限定之物了。同时根据经验，具有区别之物确实会被消毁破坏的。因此进一步说，如果所有的人都得到了解脱的话，那世界也就消毁了。因为一旦所有的人都得到解脱的话，虚幻的认识自然也就消除了，那虚幻的世界当然就不存在了。

12. 无谁属我我不属，
我为不二误想无；
我非误想前已在，
误想即为二元故。

释：没有任何人归属于我，我也不归属于任何人；这是讲阿特曼的唯一不二性，也是说现象世界是虚幻的，它在本质上与阿特曼是根本不同的。接下来讲，我是不二的，而那些误想之物因为是虚幻的，所以是不存在的。因此，我并非误想之物，而是在误想之前便已经存在了。我是先天存在的，而误想之物都是后天由摩耶所生起的，误想就是二元的。

13. 存在与非两俱无，
别异之事不存在；
误想引起之[原因]，
前已确立非误依。

释：对于不生之物（阿特曼），说它“存在”或“非存在”都属于误想，这种别异的想法是不存在的。所以，阿特曼既非存在，又非非存在。不生之物就不会有死，阿特曼不生不死；所以它是超越存在和非存在的。如果说引起误想的原因是阿特曼，那它在误想之前就已经确立，它并非是误想所附托之物。

14. 汝为二元非存在，
未见并非不存在；
有与非有细明查，
不二实在来引起。

释：世俗之人不管怎么讲都是二元的，应该认为二元是非存在的。你看不见阿特曼这件事，并不意味着阿特曼就不存在。根据细查的结果，所谓存在与非存在的事，这些都是误想，其产生的原因应该是不二的实在的阿特曼。

15. 细查承认其存在，
非在便得放弃查；

如若不想作[放弃],
就应承认其存在。

释:此颂是对阿特曼的在与非在的究理。如果你要研究阿特曼,实际上就要承认阿特曼的存在;它本身就是存在的。如果它是非存在的,那你就要放弃你的研究,就此而停止。如果不想放弃这种细查(研究),那么就应该承认阿特曼的存在。

16. [反论]:
存在等同非存在,
因为无用同骡角。
[回答]:
无用难喻非存在,
反之难为别样事。

释:这个反论是代表佛教徒的观点。佛教认为:实际功效(anarthavattva)的有与无这是事物是否存在的标准,例如陈那和法称在确立他们的"三支论式"时就是以这样的标准来确认的。而吠檀多不二论认为,阿特曼是不动的(akriya)、不变的与永恒的(kūṭasthanitya)。但佛教却认为阿特曼是不存在的,因为它没有实际的功效。于是,在此说它是存在的,这也等同于说它是非存在的,就像骡子的角一样,那是无实际功效的。商羯罗反对说:没有实际的功效这不能作为事物存在与否的标准,因为事物的存在并不是建立在它的实际功效上。相反,如果某一事物具有实际功效,它也只能作为一个存在，而不能作为别的事物的证据。

17. 然而原因难确立，
存在是为细查因；
二元出自幻力来，
圣典确立才合理。

释：接上颂进一步说，那个存在，以及无实际功效的主张，其原因都是不能确立的。因为那个存在是你细查的真正原因，而那个存在是一种非本质的存在，只是虚幻的存在。二元的主张是来自于摩耶，也属于那个存在。然而真正的存在，是由天启圣典、古传书以及吠檀多理论确立的。如果不这样做，那就是不合理的。

18. 不二误想本质异，
误想之前圣典立；
圣句对此加否认，
剩下之事得确定。

释：不二的阿特曼与误想之事（现象世界）在本质上是根本相异的，因为天启圣典早已证明，在误想出现之前就被确定了的。同样，天启圣典所讲的“非此非彼”的圣句（《广森林奥义》Ⅱ，3，6）对误想之物加以了否定，而剩下的未加否定之物（阿特曼）则被确立。

19. [自我]并非误想物，
不生不二与不灭；
心起生老与病死，
误想存在与非在。

释：阿特曼并非误想所生之物，它本身是不生、不二和不灭的。而世俗之人联想到人或者动物都是有生老与病死的，于是也就对阿特曼的存在与非存在产生了误想，这些都是由自己的心(统觉机能)的摩耶所生出的。

20. 生者不生恐无限，
由此及彼全无生；
存在变非非成有，
行为无主全不生。

释：如果要认为某一生的事物它自身又是不生的，这就会涉及无限循环的问题；换句话说就是，此生起包含着彼生起，这个生又包含着那个生，一环扣一环。其实所有的都是不生的，因为如果已经存在的东西是生的话，那存在的东西就会变成非存在；如果非存在是生的话，那非存在就会变为存在。就是说，叫作生的行为是没有行为主体的。因此，所有的东西都是不生的。[①]

① 此颂可以参见吠檀多不二一元论哲学家乔荼波陀的思想，乔氏的著作《圣教论》第三章和第四章其中心思想就是关于"不生"(ajāti)。

21.　　主体无业也非它，
确信[生起]有主体；
存在被灭即为非，
枰杆两端决定难。

释：此颂含义比较晦涩难懂。如果认为行为的主体是无行为之物，仅此而已并非它物的话，那生起的主体确实是存在的。但实际上行为的主体是完全不存在的。因为行为主体如果存在的话，它就会去创造一切；因为此存在是不具有特殊性的。另外，如果行为主体是非存在的话，那时它也会创造一切。因为如果把非存在考虑为是存在灭亡的话，这种非存在也是不带有特殊性的。于是，现在摆在面前的问题是，其因果关系犹如枰杆上下摆动难求平衡那样，这是一个决定起来两难的问题。

22.　　存在逆变难接受，
决断之时何生起？
二者[相互]来分开，
无物生起只是意。

释：读了此颂好像对上一颂的理解深了一些。如果对存在变为非存在这样的逆向转变不加接受的话，存在与非存在之间作明确决断之时，生起是怎样发生的呢？这二者是相互区别的。因此，就意[统觉机能]而言，没有什么东西生起。

23.　依汝承认你之生，
仍说努力无意义；
无损无得[对于我]，
因为非有不生起。

释：根据你们的意愿，即使我（阿特曼）承认你的生起，我也会宣称你的努力是无意义的。对于我来说既无损失又无获得。因为非存在既不从自身也不从他人而生起。非存在本身就是无，所以就没有生起。那么，即便有损或得，你的努力也是无意义的。

24.　恒常不与无常结，
二者相互并不合；
结果附它却无理，
真理非能释言语。

释：恒常之物（如阿特曼）不会与无常之物（如现象世界）结合，这两者之间也不会相互结合。因此，一物要想把自己的结果加于它物之上，这是不合理的。或者说，一物属于它物的事也是不能接受的。真理自身并不在语言的词源解释的领域之中。

25.　贤者执持圣典说，
一切平等永光辉；
细查远离误想者，
灭灯直赴解脱境。

释:贤者执持圣典理论,认为阿特曼对一切事物来讲都是平等的,永远光辉的;对脱离二元的阿特曼加以细查,阿特曼是与那种存在或否的误想没有关系的。最后贤者就像吹灯灭火那样,直赴最后的解脱(涅槃)而去。

26. [梵我]不异难能知,
论者说异却容易;
不持属性来细查,
无属唯一不迷混。

释:知道梵我不异的人对梵也是难以知晓,而对于那些不好的逻辑论者(指佛教徒)来说,他们是会很容易地认为二者是有异的。对于并不执著于梵之属性的人,他们认为梵是无属性的、唯一的,于是他们就不会陷于迷混之中。这是因为他们已经不执著于梵具有属性这一点了。

27. 灭除执著难认可,
是为迷混观念因;
犹如火本不带薪,
无因执著赴寂静。

释:采用不同的方法,对于执著于梵之属性的缺点,要消灭它也是难以得到认可的。就执著于梵有属性这样的缺点本身来说,它就是产生迷混的观念上的原因。就像火本身并不带着柴那样,执著于梵之属性的缺点也不带原因，奔向最后的寂静。

28. 神搅大海甘露出，
如此伟人于吠陀，
取出最高之知识；
在此敬礼诸圣师。

释：就像神仙搅动大海，从大海中把甘露（长生不老的仙丹妙药）取出来那样，伟大的圣贤也搅动吠陀圣典的大海，从吠陀圣典中把他们认为是最高的知识也取出来。在此向这些传播吠陀真理的圣贤们敬礼。

散　文　篇

第一章　弟子悟之道

1. 现在，为那些渴求获得解脱而寻求解脱手段的弟子点明解脱之道。

2. 解脱的手段就是[有关梵的]知识。[此知识以外的]手段所获得的一切无常事物皆不可用。要舍弃三界[人、祖、天][①]的欲望，成为云游仙人；进而静心、制感、怜悯。要具备圣典所说的弟子的素质，[②]作（内外皆）清净的婆罗门；要遵从圣典的要求而近师，对其种姓、职业、品行，（有关吠陀的）知识、家族进行检验。要对

---

① “界”一词用的是 lokaiṣaṇa，“三界”的提法主要出现在《广森林奥义》（Ⅰ，5，16）中，即：人界（mamuṣyaloka）、祖界（pitṛloka）和天界（devaloka）。根据商羯罗在本书中的论述（参见韵文篇第十八章第 228 颂；散文篇第一章第 44 节），人界仅仅对应着是否生儿子，祖界对应着业行（karman），而天界则对应着下智。这三界均归属于无常之物，最终解脱时要被抛弃的。

② 颂中说：“要具备圣典所说的弟子的素质，作（内外皆）清静的婆罗门”，但商羯罗对弟子应该具备什么样的素质却并无明确的说法。在《薄伽梵歌》（Ⅻ，7）中提出了做弟子的素质要求：谦逊（amānitva）、诚实（adambhitva）、不杀生（ahiṃsā）、忍耐（kṣānti）、正直（ārjava）、尊师（ācāryopāsana）、纯洁（śauca）、刚直（sthairya）、克己（ātmavinigraha）等。在《摩奴法典》（Ⅱ，109；112）里也有对弟子素质的规定。参阅本书韵文篇第十六章第 72 颂；第十七章第 52 颂和第 87 颂。

这些弟子反复讲解这种知识,使其充分理解。①

3. 天启圣典说:

"梵学人谛观,

(修业所得界,

必不动其意。

① 商羯罗认为,只有梵的知识,才能使人获得最终的解脱,除此之外,别无它法。他在《梵经注》(I,1,1,*Brahmasūtra-bhāṣya*, Ānandāśrama-Saṃskṛta-Granthāvaliḥ, Granthāṇkaḥ 21,1900,pp. 23-24.)的开篇便认为,要学习吠檀多哲学必须要具备下述四个条件:(1)要懂得区分(vastu-viveka)永恒之物与无常之物(nityānityavastuviveka);(2)要舍弃享受(artha-bhoga)现世和来世利益的欲念(ihāmutrārthābhogavirāga);(3)要制御(dama)感官的躁动(śama)达到心境平静(śamadamādisādhanasanpad);(4)要一心追求解脱(mumukṣutva)。

此颂中所说"一切无常之物皆不可用",即为对应(1)。

颂中所说"要舍弃三界",这是对应(2)。在《广森林奥义》中,只要作儿子就能入人界,造业(行为)就能进祖界,低级知识就能进神界;商羯罗认为,只有把梵作为人格神来加以崇拜、瞑念,才能进入梵界。

婆罗门教徒将其一生分为四个生活期(āśrama):(1)学生期(brahmacārin);(2)家住期(gṛhastha);(3)林栖期(vanastha);(4)云游期(saṃnyāsin)。云游期也分为四类,kuṭīcaka、bahūdaka、haṃsa、paramahaṃsa。其中第四位为最高位,颂中指的即为此位。云游者或栖于树下,或侧伴墓穴,乞食于各种姓人等。视一切物为阿特曼。对于生活期印度有三种看法:(1)排斥;(2)循序;(3)选择。第一种看法是只承认生活期,而排斥其它三种。第二种看法认为就应该四种生活期都经历,循序渐进。第三种看法认为,学生期之后再进行选择。商羯罗主张第三种说法,据说他就是在学生期之后选择了云游。在诸法典中,并未对是否只能由婆罗门成为云游者或前三种姓成为云游者进行规定,但对于商羯罗来说,只有婆罗门才能成为云游者。这是因为商羯罗要想复兴正统的婆罗门传统,但是他的弟子苏雷斯瓦那反对老师的观点。

颂中说:"要遵从圣典的要求而近师,对其种姓、职业、品行、(有关吠陀的)知识、家族进行检验。"至于圣典中有什么要求,或者商羯罗本人有什么规则,商羯罗却没有具体讲。但规则却是本来就有的,例如对老师要用尊称而不能直呼其名。见师时要重复念叨自己的名字,口说"向师敬礼",让师摸自己的耳朵,用手紧握师的脚等等。

故当往寻师，
多闻敬梵者，
捧薪求教义。
心思既安定，
念虑静以沏，
缘彼求道人，
如礼就明哲。）
乃以大梵明，
如实为彼说。
（由知彼神我，
至真非变灭。”）（《秃顶奥义》Ⅰ，2，12～13）[①]

因此，如果确实把握住了[有关梵的]知识的话，就能够使自己得到至福[解脱]以及不断承续[梵的知识]。另外，[梵的]知识的承续就像舟于欲渡河之人一样，对人是有用的。圣典又说：

“（为父者，可以此大梵道传其长子，或传一忠信门徒。）纵或奉此海水周环之地上，财富充斥其中，当思此道有多于是者矣，有多于是者矣。”（《歌者奥义》Ⅲ，11，5～6）

根据下述天启圣典和古传书，[师承]之外的方法是无法获得[有关梵的]知识的。

① 在散文篇中所引奥义书语句，皆转引自徐梵澄所译《五十奥义书》（社科出版社），不另注明。所引《薄伽梵歌》皆引自 Bombay：Nirnaya-Sagar Press，1934，由笔者自己译出。以下再次出现时，不再说明。句中（）中的部分为原句，非商羯罗引用，但为了保持原颂的完整，故保留。以下同此，不另说明。

“(正尔!)斯世有人而得其师,自知……”(《歌者奥义》Ⅳ,14,2)

“从师所学之明,最能导人指归也。”(《歌者奥义》Ⅳ,9,3)

“师为舵手,其正知为船舟。”(《摩诃婆罗多》Ⅻ,313,23)

4. [导师]根据种种证据认为,弟子不能把握这种知识是因为下述诸原因:(1)恶业;(2)世欲的放逸;(3)对于辨别常与无常[此为吠檀多哲学的入门条件]缺乏充分的学习;(4)顾忌他人的看法;(5)对种姓制的误解——天启圣典和古传书的命令,与上述原因相对抗的手段即——(1)制怒;(2)以不杀生为首的制戒,包括与知识不相矛盾的内制——这样就能将其除去。[①]

5. 这样,[导师认为]获得知识的手段如谦虚的美德,弟子应该正确地加以体会。

6. 作为导师,能够听取正反两方面的意见,具有[卓越的]理解力和记忆力;同时具有静心、制感、怜悯和慈悲心等等。还要精通传统学说,不执著[今生]所体会的快乐和[来世]无法体会的快乐;伺时要舍弃一切的祭式及其手段,知梵信梵,过无可指责的生活。摈弃虚言、我执、自私等缺点,仅仅为了他人的目的而使用知识。[②]

首先,[导师]应该教导弟子下述天启圣典中有关阿特曼的唯

① 此颂中有两个词:制戒(yama)和内制(niyama)。制戒为瑜伽八种实践修法之第一项目,根据《瑜伽经》(二、30)所说,此瑜伽实修法还包括不杀生、实语、不盗、不淫、无欲等,佛教的五戒也有此项目。内制为瑜伽实修法的第二种项目,此法还包括清静、满足、苦行、学习、虔信神灵等。

② 对导师(ācārya)和弟子的资格要求在本质上是同样的,区别只是在于:弟子是求解脱者(mumukṣu),导师是已得解脱者(mukta)。参阅本书韵文篇第十七章第50～52颂。

一性[的教导]。

"吾儿！太初唯'有'，独一而无二者也。"(《歌者奥义》Ⅵ，2，1)

"其处也，舍此他无所见，(他无所闻，他无所知，)此'至大'也。"(《歌者奥义》Ⅶ，24，1)

"自我，唯此万有也。"(《歌者奥义》Ⅶ，25，2)

"大梵，唯此万有也。"(《广森林奥义》Ⅱ，5)

"太初，此世界唯独'自我'也。"(《他氏奥义》Ⅰ，1，1)

"凡此，皆大梵也。"(《歌者奥义》Ⅲ，14，1)

7. 听了[上述天启圣典的]教导，再根据下述圣句来理解梵的特征。

"彼'自我'者，罪恶弗撄，……"(《歌者奥义》Ⅷ，7，1)

"彼当体无隐之大梵……"(《广森林奥义》Ⅲ，4，1；5，1)

"彼超乎饥渴……"(《广森林奥义》Ⅲ，5，1)

"非此也，非彼也。"(《广森林奥义》Ⅱ，3，6)

"非粗，非细……"(《广森林奥义》Ⅲ，8，8)

"彼自我者，'非此也，非彼也'，……"(《广森林奥义》Ⅲ，9，26；Ⅳ，2，4；4，22；5，15)

"此不变灭者，为见者而不可见也，……"(《广森林奥义》Ⅲ，8，11)

"大梵是智识，亦是阿难陀，……"(《广森林奥义》Ⅲ，9，28)

"大梵为真，为智，为无极，……"(《鹧鸪氏奥义》Ⅱ，1)

"盖此不可见者，无体者，不可说者，……"(《鹧鸪氏奥义》Ⅱ，7)

"诚然！(彼为伟大无生之性灵……)。"(《广森林奥义》Ⅳ，4，22)

"(神我固无形，

在外亦内是,)

不生,无气息,

光明,越心思;

……"(《秃顶奥义》Ⅱ,1,2)

"神我固无形,

在外亦内是,

无生,……"(同上)

"(此一大存在者,)……唯智之聚积。"(《广森林奥义》Ⅱ,4,12)

"(彼大梵也,)……无内,无外者。……"(《广森林奥义》Ⅱ,5,19)

"唯异所知者,又超所未知,……"(《由谁奥义》Ⅰ,3)

"名为'空'者,(展布名与色)。"(《歌者奥义》Ⅷ,14,1)

8. 下面[导师]要教导的与天启圣典有关梵的特征并不相矛盾,古传书中有关最高我并不轮回的圣句,以及最高我不异于一切万有的圣句,[这样也能够理解梵的特征]。

"不生不死任何时,

不生即无消失日。"(《薄伽梵歌》Ⅱ,20;《石氏奥义》Ⅱ,18)

"谁之罪过皆无受,……"(《薄伽梵歌》Ⅴ,15)

"诸所遍在之大风,

犹如常在大虚空;

一切众生我中在,

理应铭记[在心中]。"(《薄伽梵歌》Ⅸ,6)

"知田者当是我也。"(《薄伽梵歌》Ⅻ,2)

"汝即最高之梵我,

称为非有与非无。"(《薄伽梵歌》XIII,13)

"永不泯灭无上我,

既无诸德又无始。"(《薄伽梵歌》XIII,31)

"无上自在之大神,

平等住于众生中。"(《薄伽梵歌》XIII,27)

"至高无上布鲁夏,

别称即为无上我。"(《薄伽梵歌》XV,17)

9. 照此,对理解了天启圣典和古传书有关最高我的特征的弟子,如果希望渡过轮回大海的话,导师应该问道:

"弟子啊! 你是谁?"

10. 如果弟子回答道:

"我是这样那样的婆罗门家族的后代。我原是一位学生——家住期时,现在是一位出家云游者。我希望能够从出没生死鳄鱼的轮回苦海中脱出。"

11. 导师要这样回答:

"弟子啊,在你死去的时候,你的身体或遭鸟食或入土。如果这样,你究竟想怎样从轮回苦海中脱出呢? 因为如果你在此岸已经成灰,就无法渡向彼岸了吧!"

12. 如果弟子再说:

"我和我的身体是不一样的。身体有生也有死,被鸟吃掉,被土埋掉,或者受剑与火的伤害,以及患病。而我根据自己所作善或恶业,犹如鸟入巢一般,进入了这个躯壳。此身体在多次消亡之时,因为善或恶业的原因,又会进入别的躯壳之中。就犹如鸟儿在老巢坏灭时又入别巢那样。我也如此这般地在无始的轮回之中。

由于自身业的原因，就在神、兽、人、饿鬼的世界里，其躯壳反复舍弃又获得新的身体。由于自身业的原因，犹如轳辘井一样，在生死不断的轮子中顺次轮回，进入现世的躯壳。现在我在这种轮回中感觉太累，请求导师许可我停止这种轮回。因此，我是常的，而躯壳则不一样。身体就像人穿的衣服那样换来换去。”①

13. 导师就得这样回答：

“你说得对，观察得也对。[但是，]为什么你又要说‘我是这样那样的婆罗门家族的后代，我原是一位学生——家住期时，现在是一位出家云游者’这样的错误的话呢？”

14. 如果弟子问：

“导师，为什么说我的话是错误的呢？”

15. 导师就应该答：

“因为你说的‘我是这样那样的婆罗门家族的后代’，据此看来，尽管阿特曼并不具有种姓、家族或入门式一类的通过仪礼，但你认识到具有种姓、家族和通过仪礼的身体中却有阿特曼。”

16. 弟子再问：

“为什么身体具有种姓、家族和通过仪礼呢？而我[阿特曼]却不具有这些呢？”

17. 导师又答：

“弟子啊，听着，为什么这个躯壳与你[阿特曼]不同，他具有种种的种姓、家族和通过仪礼；另外，为什么你又不具有这些的呢？”

---

① 颂中所讲“身体就像人穿的衣服那样换来换去。”一句参照《薄伽梵歌》Ⅱ，22。

导师对弟子说：

“弟子，根据圣句‘吾儿！太初唯有，独一而无二者也。’（《歌者奥义》Ⅵ，2，1）你已经知道了万有的阿特曼具有最高阿特曼的特征。同时还从天启圣典和古传书中了解到最高阿特曼的特征。”

18. 当[弟子]忆起了最高阿特曼的特征后，[导师针对他的第一问作出]下述的回答：

“这个[最高的阿特曼]被称为虚空（参照《歌者奥义》Ⅷ，14，1。以及《梵经》Ⅰ，3，41），它与‘名色’相异。[1] 不具有躯壳（参照《歌者奥义》Ⅷ，12，1），非粗大（参照《广森林奥义》Ⅲ，8，8；本书Ⅱ，1，7），离恶（《歌者奥义》Ⅷ，7，1；本书Ⅱ，1，7），以及一切轮回的性质都不具备。

‘彼当体无隐之大梵，居万事万物中为其自我者，君其有以语我来！’（《广森林奥义》Ⅲ，4，1）

‘彼见而不可见也，闻而不可闻也，思而不可思也，识而不可识也。’（《广森林奥义》Ⅲ，7，23）

这[最高阿特曼]把常住的识作为自己的本性：

‘无内，无外者。’（《广森林奥义》Ⅱ，5，19）

‘唯智之聚积。’（《广森林奥义》Ⅱ，4，12）它如虚空般遍满，具无限之力，是一切万有的自我，超乎饥渴（参照《广森林奥义》Ⅲ，5，

① 商羯罗在本书中对“非变异名色”（未开展的名称与形态，nāmarūpa）一词，实际上是以“宇宙的质料因”的意义来使用的。这种用法是商羯罗个人所特有的，他的直传弟子就不这样用。后代的不二一元论派的哲学家们是把“无明”（avidyā）和“摩耶”（māyā）作为宇宙的质料因。

1),同时它还不会同现同灭(参照《歌者奥义》Ⅶ,26,1)。然而因为它具有神奇的力量,仅仅由于其存在而展开非变异名色。非变异名色与自己的阿特曼在本质上相异,它作为世界的种子,住于自己的阿特曼之中;这样既不能说它是此[阿特曼],也不能说它非此,要在自身中来认识自己。”①

19. 这个名色②[原本]是未展开的,由这个阿特曼将它展开,成为虚空。于是被称为虚空的这个元素,照着这个方法即犹如清水生出污泡那样,从最高阿特曼那里产生出来(参照《梵经》Ⅱ,3,1～7;《鹧鸪氏奥义》Ⅱ,1,1)。泡既与水同一,又与水相异。因为泡如离开水便无法存在;但水又是至清的,与本性为污秽的泡是不同的。因此,最高的阿特曼与类似于泡的名色是不同的,其本性是清净的。名色本身是未开展的,[由最高阿特曼]将其展开,成为类似于泡的虚空。③

20. 名色一旦展开,便顺序出现了粗大之物:由虚空生[风],

① 商羯罗说的“既不能说它是此,也不能说它非此”(tattvānyatvābhyāmanirvacanīya-)这句话,是在表明他对“非变异名色”这一宇宙的质料因,到底是由何而来一事是非确定的。它既不表现为此物,也不表现为彼物;它只能是处于那种未分化的、混沌的原初状态。在《梨俱吠陀》的“无有赞歌”的描写中,宇宙的初始就是如此:“太初宇宙,混沌幽冥,茫茫洪水,渺无物迹。”(巫白慧译),商羯罗是延续了天启圣典的思想。

② 这里的“名色”指的是已经展开的名色,那么也就是现象世界。

③ 商羯罗在这里用清水与由它产生的污泡的关系的比喻,来形容梵与非变异名色、已变异名色之间的关系。持“污浊是[清水的]本性”的观点,实际上是由“无明”所产生的看法,或者说是“由无明所产生的附托”。商羯罗在此所阐述的宇宙观并不是他所坚持的“幻现说”的宇宙观,因为他承认了世界是产生的;但这也不是早期的“开展说”,毕竟商羯罗是不承认世界的物质基础。那么,这只能把他的这一观点看作是初期的幻现说。从这一点也可以看出商羯罗哲学的不彻底性。

由风生[火],由火生[水],由水生[地]。按此顺序,由前一元素进入后一元素,至地为止五大元素皆次生起。① 于是,地便具有五大元素的特征。由地生出粮食,五大元素生起植物。吃了这些植物,就生起了与男女身体有关的血液以及精子。这两者经由无明②所驱使的爱欲棒的搅拌之后,由圣颂加以净化之后,在适当的时机便受胎入住子宫。在羊水的浸染下成长发育成为胎儿,十月怀胎一朝分娩。

21. 此胎儿诞生之时,得其名色,经过诞生式等[通过仪礼]以及圣颂得其净化。再经过入门式的仪礼又获得了学生的名称。③ 还是同一躯体,经过结婚典礼娶妻之后又得到家住者的名称。之后,还是同一躯体又经过成为林住者的通过仪礼,又得到了苦行者的名称。还是同一躯体,经过停止祭事行为的通过仪礼,最后得到了出家云游者的名称。因此,这个躯体与你是不同的,它具有种种的种姓、家族和通过仪礼。

22. 有关意以及诸种感官,天启圣典认为是把名色作为本

---

① 从超感觉的微细元素向粗大的元素的转变,在印度哲学中一般持两种说法:三分说与五分说。三分说认为:由细微的三元素火、水、食物组成粗大的元素,在这三种元素中有某一种元素占优势,由此形成事物之间的差别。五分说认为:虚空、空、火、水、地这五种微细的元素,最初一个元素的一半,加上其它四种元素的各自的八分之一,由此组成一个粗大元素。

② 此处的无明与佛教在十二因缘中使用的无明意义相近,属于烦恼的一种。

③ 有关入门式(upanayana),这是印度古代的学生要在教师的许可下,开始学习吠陀的一个仪式。婆罗门的孩子从 8 岁开始,刹帝利的孩子从 11 岁开始,吠舍的孩子从 12 岁开始学习。但是有关这个开始的年龄还有多种说法。入门式对于印度教徒来说具有非常重要的意义,这相当于他们的第二次诞生;从此他们便成为了"再生族",与那些只能有一次诞生经验的"一生族"(指最低层次的首陀罗与贱民)完全有别。在举行入门式的过程中会给他们加戴"圣纽"。

质的：

‘诚哉！吾儿！心思食成，（气息水成，语言光焰成也）。’（《歌者奥义》Ⅵ，5，4；6，5；7，6）

23. [你在前述第16节中所说第二问]‘为何我却又不具备种种的种姓、家族和通过仪礼呢？’其理由如下：名色与本性是相异的。名色的展开者[即最高阿特曼]展开名色，造其躯壳，自己并不承担通过仪礼的义务，而人于名色之中。他是非他见而自见，非[他]闻而[自]闻，非[他]思而自思，非[他]识而[自]识（参照《广森林奥义》Ⅲ，7，23）。

‘识一切色，造其形，谓之坐贤者。’（《鹧鸪氏森林书》Ⅲ，12，7）

诸如此类的圣句有数千之多，又如：

‘创造之已，乃自入其中。’（《鹧鸪氏奥义》Ⅱ，6，1）

‘内中之众生主宰。’（《鹧鸪氏森林书》Ⅲ，11，1）

‘彼于是入乎此，至于（指甲之尖）。’（《广森林奥义》Ⅰ，4，7）

‘汝之性灵也，（在一切内中）。’（《广森林奥义》Ⅲ，4，1；5，1）

‘彼直启其头顶发分处，由是门而入。’（《他氏奥义》Ⅲ，12）

‘在一切众生，彼是秘密我。’（《石氏奥义》Ⅲ，12）

‘彼神明自思：（我当以情命我）而入乎此三神中（即火、水、食物）。’（《歌者奥义》Ⅵ，3，2）

‘无体居体中。’（《石氏奥义》Ⅱ，22）

24. [与上述意思相近的]古传书还认为：

‘神我是诸神的表现，……’（《摩奴法典》Ⅻ，119）

‘个我……九门城邑得安住。’（《薄伽梵歌》Ⅴ，13）

‘知田者即为知田。’（《薄伽梵歌》XIII，2）

‘至高无上布鲁夏，

别称即为无上我。’（《薄伽梵歌》XIII，27）

‘（此肉体中布鲁夏），

旁观者与许诺者；

维持者与享受者，

（也可称作最高我。）’（《薄伽梵歌》XIII，22）

‘至上原人亦有别，

（理应称为最高我。）’（《薄伽梵歌》XV，17）

由于上述理由，所以证明你并不具有种姓、家族和通过仪礼。

25. 如果弟子还说：

“我[1]与阿特曼是不同的。我是无知的，体验着苦乐，束缚着和轮回着。然而，阿特曼是不轮回的神，它在本性上与我是相异的。我要供物、供牺牲和礼拜，我还要遵从[我的]阶级和生活期的规定而活动，我崇拜这个神，我祈求从轮回苦海中解脱出来。那么，为什么却说我与那个神[2]是同一的呢？”

26. 导师便要答道：

“弟子啊，不应该这样来认识。因为禁止承认这种差异。”

“为什么禁止承认这种差别呢？”弟子又问时，导师便答道：

“（若有敬拜异神道者，）曰：‘彼为异而我异彼。’是不知也。”（《广森林奥义》I，4，10）

“人若知性灵以外何处而有婆罗门者，则婆罗门当弃之矣。”

① 此处的“我”是弟子指的人格化的神，而不是非人格化的梵。

② 此处当指的是绝对精神本体的梵。

(《广森林奥义》Ⅱ,4,6)

"唯以意会彼,

斯世无异多。

若见其多似,

得死如流梭。"(《广森林奥义》Ⅳ,4,19)

27. 这些天启圣典明示着,承认差别就会走入轮回。

28. 然而,天启圣典中有数千的圣句昭示着认可同一性却可以得到解脱。如:

"那是阿特曼,汝是那。"(《歌者奥义》Ⅵ,8,7)

根据[这句圣句],它教导了[阿特曼]与最高的阿特曼[梵][是同一的]。

下面的圣句昭示了解脱[的可能性]:

"正尔!斯世有人而得其师,自知:(若犹未得解脱也),则犹住此,(我将返家也)。"(《歌者奥义》Ⅵ,14,2)

另外,根据非盗人不受[灼斧]烧的例子,天启圣典基于对同一性的直观,讲述了真实的自我不陷于轮回的道理。[反之,]根据盗人受烧灼的例子,表明了基于对差异的直观,虚妄的自我将入于轮回的道理。(参照《歌者奥义》Ⅵ,16,1~3)

29. "世间彼等凡是者,或虎,(或狮,……或蚊子 ……,)皆为其所是者矣。"(《歌者奥义》Ⅵ,9,3)[天启圣典]提出了[这些例子],是基于对同一性的观察,还认为:

"(彼)乃为自主之人。"(《歌者奥义》Ⅶ,25,2)

"而有非如是知者,则是受他主宰之人,而得可灭诸界。"(同上)

[上述圣句]指出,如果持相反的差异观的话,就会陷入轮回之

中。这完全是吠陀支派的说法。因此你所说的“我是这样那样的婆罗门家族的后代，我要轮回，与最高阿特曼本性是相异的”的话是错误的。

30. 因此差异观是被禁止的。执行祭祀是属于差异观的范围，圣纽也是祭祀的手段。[1] 因此，有关执行祭祀和使用祭祀的手段，如果理解到了[阿特曼]与最高阿特曼的同一性的话，就应该知道这些是禁止的。因为诸神祭祀[的执行]和圣纽等祭祀的手段[的使用]，将会导致轮回，而不会使其获得[阿特曼]与最高阿特曼的同一观。因此由于持差异观便会认为[阿特曼]与最高阿特曼是相异的。

31. 如果应该执行祭祀，而不是舍弃的话，根据[天启圣典]明白的圣句：“那是阿特曼，汝是那。”(《歌者奥义》Ⅵ，8，7等)最高的阿特曼与祭祀及其手段，以及作为祭祀要因的阶级、生活期等是没有关系的。只是对其与阿特曼的同一观未加论述吧。而下面[天启圣典]的[圣句]也是未对承认差异加以批评吧！

“永恒伟大性，
属在婆罗门；
(不以业而微，
不以业故尊。)”(《广森林奥义》Ⅳ，4，23)

“福亦不至，祸亦不来，(盖斯时已超出内心之一切尤苦矣)。”

---

① “圣纽”(yajñopavīta)是用三股线拧成的圆圈，从左肩斜挎而下至肚脐。婆罗门的圣纽是用棉纺成，刹帝利的用麻纺成，吠舍的用毛纺成。这些线都由婆罗门的处女来纺，再由婆罗门把线拧圣纽。在举行入门式的仪式上，由老师给学生戴上。同时，还要有老师、年长者和客人在场，并要点燃圣火，在学习吠陀时才能加戴。

(《广森林奥义》Ⅳ,3,22)

“是处也,盗贼非盗贼。”(同上)

32. 如果完全不打算对祭祀及其手段如圣纽等加以舍弃的话,大概是[天启圣典]未对[阿特曼]与祭祀在本性上毫无关系,以及作为祭祀要因的四种姓制也毫无关系之事加以论述吧!因此,要寻求解脱就必须要放弃祭祀及其手段。因为与[阿特曼]等同于最高阿特曼的同一观相矛盾。那么,应该认识到[自己的]阿特曼对天启圣典所说的[梵的]特征都是具有的,就是最高者。

33. 如果弟子说:“导师,我在自己的身体被火烧刀割时会清楚地感觉到痛苦。另外还会清楚地感觉到如由饥饿引起的痛苦等。然而,在天启圣典及古传书中,最高的阿特曼是‘离于罪业,亦无老,死,忧悲,饥渴’(《歌者奥义》Ⅷ,1,5),不具有一切轮回的属性的。尽管我与最高的阿特曼本质相异,具有许多轮回的属性,但却为何要让我把自身理解为最高的阿特曼,即把轮回的我看作最高的阿特曼呢?这就好像把火看作是冰冷之物一样。我处于轮回的状态之中,但对导向解脱的一切手段有保留资格;而作为解脱手段的祭祀以及圣纽等却为什么又要完全地舍弃呢?”

34. 导师答道:

“弟子,你所说的‘我在自己的身体被火烧刀割时会清楚地感觉到痛苦’这句话是不正确的。”

“为什么呢?”(弟子问道。)

“就如同被火烧刀劈的木头一样,身体只是知觉主体的知觉对象而已。作为对象的身体,因为知觉到火烧刀割的痛苦,那么要怎样说呢?”

“当人们被问到‘什么地方痛?’时,他会说‘头痛’、‘胸痛’或‘肚子痛’;被火烧的地方会指出那里痛,但却不会说知觉主体(是痛苦的地方)。当然,如果痛苦即火烧刀割的痛苦是在知觉主体的话,那么[人们]就会像指出[身体是]火烧刀割的地方一样,指出[知觉主体]是痛苦的地方。”

35. 大概[痛苦]这东西跟眼中所见色形一样,是知觉不了吧!这样,因为把痛苦作为与被火烧刀割的地方一样的东西来知觉,于是痛苦与被火烧同样地被作为[知觉]对象了。另外,痛苦还把生成作为本性,就如用米做饭一样是有根据出处的。痛苦的印象与痛苦是来自同一个出处的,因为[痛苦的印象是在痛苦]被想起的同时所知觉到的。与痛苦和痛苦的原因相对应的嫌恶,与正确的印象来自同一出处。如下所述:

“贪欲嫌恶色形相,
三者共同出一心,
知觉畏惧也同此,
唯我清净无畏惧。”(同本书韵文篇第十五章第13颂)

36. “那么,色形等的印象到底又是从哪里产生的呢?”

[导师]答道:

“从有欲望处生出。”

“那么,这个欲望又在哪里呢?”

“根据圣句‘欲望,妄想,疑惑,信,不信,坚定,不坚定,羞恶,智识,畏惧,一凡此皆意也。’(《广森林奥义》Ⅰ,5,3),确实在统觉机能[意]中,色形等的印象也在其处。因为:

‘色安立何处那?心中也。’(《广森林奥义》Ⅲ,9,20)

‘欲望依内心。’(《广森林奥义》Ⅵ,4,7;《石氏奥义》Ⅵ,14)

‘盖斯时已超出内心之一切忧苦矣。’(《广森林奥义》Ⅳ,3,22)

‘此神我无执著故也。’(《广森林奥义》Ⅳ, 3,16)

‘是则诚为彼之(真)相,超出欲想,(弃除罪恶,而无有恐怖者也。)’(《广森林奥义》Ⅳ,3,21)

上述天启圣典之外,古传书还认为不净是为对象的[属性],阿特曼不具有此种属性。如下:

‘他可作为不变者。’(《薄伽梵歌》Ⅱ,25)

‘既无诸德又无始。’(《薄伽梵歌》ⅩⅢ,31)

‘欲望憎恶等属性,

隶属身体而非我。’(《薄伽梵歌》ⅩⅢ,6)”

37. 因此,弟子你要认识到这是与色形这些始初[对象]的印象的不净是没有关系的,与最高的阿特曼在本性上是不相异的。这样,因为与直接知觉的[知识根基]不相矛盾,因此理解‘我就是最高的阿特曼’是正确的。下面的天启圣典还说:

‘彼唯知其自我:我为大梵!’(《广森林奥义》Ⅰ,4,10)

‘唯悟彼为一。’(《广森林奥义》Ⅳ,4,20)

‘彼(至大者)在下,(彼在上)。’(《歌者奥义》Ⅶ,25,1)

‘(是故有如是知者,)唯于自我而见性灵。’(《广森林奥义》Ⅳ,4, 23)

‘然若是处一切皆化为自我矣,(则当由谁而嗅谁,)……’(《广森林奥义》Ⅱ,4,14)

‘ 此万物,即此性灵是也。’(《广森林奥义》Ⅱ,4,6)

‘彼则无分而不朽。’(《疑问奥义》Ⅵ,5)

‘(彼大梵也,)无内无外者。’(《广森林奥义》Ⅱ,5,19)

‘在外亦内是,不生。’(《秃顶奥义》Ⅱ,1,2)

‘大梵永生者,唯是此万有;……’(《秃顶奥义》Ⅱ,2,12)

‘(彼直启其头顶发分处,)由是门而入。’(《他氏奥义》Ⅰ,3,12)

‘(此一切)称睿知也。’(《他氏奥义》Ⅲ,1,2)

‘(大梵)为真,为智,为无极。’(《鹧鸪氏奥义》Ⅱ,1)

‘由彼(自我)而有(空)。’(《鹧鸪氏奥义》Ⅱ,1)

‘创造之已,乃自入其中。’(《鹧鸪氏奥义》Ⅱ,6,1)

‘天神是彼一,

万有中潜形。’(《白骡奥义》Ⅵ,11)

‘无体居体中。’(《石氏奥义》Ⅱ,22)

‘明者非所生,亦复无有死。’(《石氏奥义》Ⅱ,18)

‘(由彼乃双知,)梦尽与醒尽,彼诚伟大主,自我遍在隐,智定者思维,不复生忧悃。’(《石氏奥义》Ⅳ,4)

‘当知彼即我之自我矣!’(《乔尸氏奥义》Ⅲ,9)

‘而见群有(唯在我中,群有中乎我独;

斯人兮,自兹无所畏缩。)’(《伊莎奥义》Ⅵ)

‘彼动作兮彼休。’(《伊莎奥义》Ⅴ)

‘维那见此兮,

(遂知诸多宇宙。)’(《大那罗延那奥义》Ⅱ,3)

‘那实为火也。’(《鹧鸪氏奥义》Ⅹ,1,2)

‘我曾是摩奴兮,

又是太阳。’(《广森林奥义》Ⅰ,4,10)

‘有情的主宰入于(它们)其中。’(《鹧鸪氏奥义》Ⅲ,11,1)

‘吾儿！(太初)唯有。’(《歌者奥义》Ⅵ,2,1)

‘彼为真,彼为自我,……彼为尔矣。’(《歌者奥义》Ⅵ,8,7)

38. 根据下述古传书确认,你是唯一的阿特曼,也即最高阿特曼,一切轮回的性质都不具有。

‘(一切)有情皆是住于心中之物的躯壳。’(《阿跋斯檀婆法经》Ⅰ,8,22,4)[①]

‘阿特曼是诸神的集中体现。’(《摩奴法典》Ⅻ,119)

‘(个我)………九门城邑得安住。’(《薄伽梵歌》Ⅴ,13)

‘平等住于众生中。’(《薄伽梵歌》ⅫⅠ,27)

‘学识礼法婆罗门,

(牛、象、犬狗及贱民;

皆得视为同等物,)’(《薄伽梵歌》Ⅴ,18)

‘差别之中并无别。’(《薄伽梵歌》ⅩⅧ,20)

‘万有皆为婆苏天。’(《薄伽梵歌》Ⅶ,19)。”

39. 如果弟子说:

“导师,阿特曼是

‘非内非外。’(《广森林奥义》Ⅳ,5,13)

‘在外亦内是,不生。’(《秃顶奥义》Ⅱ,1, 2)

就犹如盐块那样,

‘智的积聚。’(《广森林奥义》Ⅳ,5, 13)

如果摆脱了一切种类的形态,就如虚空那样的性质的话,那么如何解释被[实际地]经验着的行为的目的、行为的手段和行为的

① *Āpastamba Dharmasūtra*

主体呢？这种天启圣典、古传书以及世间人们一般所了解的，却与许多哲人的见解不一样。”

40．导师答道：

“被经验的行为目的、行为手段以及行为主体，也即天启圣典所说的那些，都是无明的结果。然而，从胜义谛来看，阿特曼是唯一的；从无明来说，阿特曼又被看作是多数的。就犹如患眼疾的人看月亮那样，把[唯一的]月亮看成了多个，这是非真实的，如下：

‘唯是处若有别一者然，（则此可见彼）。’（《广森林奥义》Ⅳ，3，31）

‘是如有对偶之处，则此见彼。’（《广森林奥义》Ⅱ，4，14）

‘（若见其多似，）

得死如流梭。’（《广森林奥义》Ⅳ，4，19）

‘其处也，而他有所见，他有所闻，他有所知，此（有限而）为小也。……彼有限者，有生死者也。’（《歌者奥义》Ⅶ，24，1）

‘分异在语言之所系，名（而已）。’（《歌者奥义》Ⅵ，1，4）

另外，

‘（若有敬拜异神道者，曰：）彼为异而我异彼。（是不知也。）’（《广森林奥义》Ⅰ，4，10）

二元是无明的结果，应该对这种差别观进行批判。从下面的天启圣典可以看到（有关阿特曼）唯一性的教导。

‘（吾儿！太初唯有，）独一无二者也。’（《歌者奥义》Ⅳ，2，1）

‘然若是处（一切皆化为自我矣，则当由谁而嗅谁。）’（《广森林奥义》Ⅱ，4，14）

‘（万物皆见其一兮，）

何忧曷痴?'(《伊莎奥义》7)"

41. [如果弟子问:]"如果如上所述,那么导师,为什么天启圣典却要讲述行为的目的和手段等的区别,以及[世界的]生起归灭呢?"

42. 导师答道:

"无明之人认为,存在着身体上的差别,阿特曼与欲求之物和非欲求之物相结合。于是,他对采用什么手段来获得欲求之物,而舍弃非欲求之物,又是用什么方法来识别获取欲求之物的手段与舍弃非欲求之物的手段却是不得而知。天启圣典能将与此相关的无知逐渐消除,但却并未确立行为的目的、行为的手段等的差别。因为对于这种差别而言,存在着具有非欲求之物的性质的轮回。根据[天启圣典对世界的]生起归灭为同一物的所述理由,那种差别观,以及轮回的根源无明将被根除。

43. 一旦依照天启圣典。古传书的理论将无明根除之后,阿特曼便成为

'无内亦无外者。'(《广森林奥义》Ⅱ,5,19)

'在外亦内是,不生。'(《秃顶奥义》Ⅱ,1,2)

就犹如盐块那样,

'智的积聚。'(《广森林奥义》Ⅳ,5,13)均为等质的,像虚空那样地遍在。于是,证悟到最高真理者把这阿特曼确立为唯一的智慧;[阿特曼]便会认为行为的目的、行为的手段,以及[世界的]生起归灭等的差别都是不净的。

44. 因此,凡欲悟得最高真理者,就应该舍弃有关[自己的]阶级、生活期,以及由于[是阿特曼所属物的]误解而产生的五种欲

望，即儿子、财富、[三界]等的愿望。由于这种误解与正确的理解相矛盾，所以只有禁止差别观的理论是恰当的。因此，根据天启圣典及其理论，当理解到了唯一的阿特曼是不轮回之时，与此相矛盾的理论也就消除了。因此，既不会知觉到火是冷的，也不会理解到身体不生又不死。于是，证悟到最高真理者，就会认为一切祭祀以及其手段圣纽等都是无明的结果，应该舍弃。”

第二章　理　　解

45. 有一个弟子，对具有生死特征的轮回厌倦了，祈求获得解脱。他遵守规则，向安坐如山信奉大梵的婆罗门求教。

“导师，我要怎样做才能从轮回中解脱出来呢？[我]意识到了身体、感觉器官及其对象，[我]也感觉到了觉醒状态中的苦痛。梦眠状态中的苦痛也能感觉到。虽然处于熟睡状态时会中断掉其苦痛感，但之后却会重新感觉。这究竟是不是我的本性呢？[这些]也会成为别的东西的本性，其原因是怎么回事呢？如果[这些是我的]本性的话，那我获得解脱的希望就没有了，因为自己无法摆脱自己的本性。如果这存在着什么原因的话，我想一旦消除其原因，那就会达到解脱的。”

46. 导师对他说：

“请静听，弟子，那不是你的本性，那是有原因的。”

47. 弟子又照常问道：

“其原因是什么呢？用什么来消除这个原因呢？我的本性到底是什么呢？消除原因之时，产生原因之物就[不再]存在；就好像病人消除了生病的根源[恢复其健康]一样，我想我也会恢复自己的本性。”

48. 导师答道：

“原因就是无明，消除之物就是知识。一旦消除了无明，轮回的原因也就没有了，那么你就可以从具有生死特征的轮回中解脱出来。无论是处于梦眠状态还是觉醒状态，你都不会感觉到苦痛。”

49. 弟子问：

“这个无明是什么呢？它的对象是什么呢？通过知识虽然能够恢复我的自我本性，但知识又是什么呢？”

50. 导师答道：

“你就是最高我，是不轮回的。然而你所说的‘我是轮回的’，其理解正好相反。另外，虽然不是行为主体你却说‘[我是]行为的主体’，虽然不是经验的主体你却说‘[我是]经验的主体’，虽然是常你却说‘[我是]非常的’，[这些都是正相反的理解]——这就是无明。”

51. 弟子又说：

“我是常[永远地存在着]，但却不是最高我。我的本性就是以行为和经验作为特征的轮回。这是从以直接知觉等为认识依据的认识而来的。并且无明并非是原因。因为无明不能把自己的阿特曼作为对象。无明就是把此性质附托在彼身上。就好像把大家熟知的银片附托在熟知的珍珠贝壳之上；把熟知的人体附托于熟知的树干或者把树干附托给人体一样。然而，并不熟知之物对熟知之物，或者熟知之物对并不熟知之物[却不会产生附托]。阿特曼是并不熟知的，所以非阿特曼之物对阿特曼是不会附托的。另外，因为阿特曼是并不熟知的，所以阿特曼是[不会附托给]非阿特曼之物的。[所以无明不会以阿特曼为对象的。]”

52. 导师对弟子答道：

“这话不正确，因为有例外。弟子，并不是仅限于必须是熟知之物对熟知之物附托。对阿特曼的附托现在就经验着。例如当说到‘我是白肤色’或‘我是黑肤色’时，就把身体的性质附托在称为‘我’的观念的对象的阿特曼身上了；当说到‘我是这个’时，就把‘我’这个观念的对象的阿特曼附托给身体了。”

53. 弟子说：

“在那种情况下，阿特曼作为‘我’这个观念的对象，它是熟知的。身体也作为‘这个’[是熟知之物]。因为这样解释，所以与树干和人体。珍珠贝壳和银片的情况一样，说熟知的身体与阿特曼相互附托并不过分。这样，刚才导师说的‘并不是仅限于必须由两者都为熟知之物才能相互附托’这话有特别的理由吗？”

54. 导师答道：

“请静听。确实身体与阿特曼都是熟知的，但它同树干与人体的情况却不一样，对所有的人来说，并不太熟知他们是完全区别开的观念的对象。”

“那么，怎样才能[使人们熟知]呢？”

“一般说来，作为完全无区别的观念的对象[是知道的]。因为不管是谁，就像说‘这是身体，这是阿特曼’那样，将其作为完全区别开的观念的对象，并没有把握住身体和阿特曼。也就是说，人们会认为‘阿特曼是这样的东西’和‘阿特曼不是那样的东西’，就把阿特曼和非阿特曼之物搞得非常混乱。因为有这样的特别的理由所以我不能那么肯定地说。”

55.“弟子,我现在再讲一下相反看法。”

“由于无明,[彼被]附托于此,此却并非是实的,这种事情不是被经验着吗?就好比是[被附托给珍珠贝壳的]银,珍珠贝壳[是不实在的]。[被附托给绳的]蛇,绳[并非实在]。[被附托给虚空的]地上的尘埃,虚空[并非实在]。同理,如果身体和阿特曼作为完全无区别的观念而相互附托的话,身体对阿特曼,或者阿特曼对身体就可以说是并非实在的吧!珍珠贝壳等与由于无明而被附托的银等,都并非实在;相反也同此理。身体与阿特曼,由于无明而相互附托并非是错误的[看法]。这样,我想就会产生一个身体与阿特曼二者都是不实在的结论。然而那是虚无论者[指佛教徒][①]的主张,不会得到认可。并非相互附托,而是由于无明[仅仅是]身体被附托于阿特曼的话,那么就会产生阿特曼虽是实在的,[但附托于阿特曼的]身体认为是非实在的结论。因此,由于上述观点与直接知识的[知识根源]相矛盾所以得不到认可。结论是,身体和阿特曼由于无明而相互附托的事是不存在的。”

“那个时候[身体与阿特曼]又是怎样一种关系呢?”

“[身体与阿特曼就好像房间里结合为一体的]竹子与柱子的关系一样,已经成为一体了。”

56.[导师再回答说:]

“那种看法是不正确的。因为随之会产生[阿特曼]是无常的,

---

① 商羯罗在《梵经注》(Ⅱ,2,18: *Brahmasūtra-bhāṣya*, Ānandāśrama-Saṃskṛta-Granthāvaliḥ, Granthāṇkaḥ 21, 1900, p. 559.)里把佛教宣称为“主张一切虚无的学说”(sarva-vaināśika-rāddhānta)。

因为他人目的而存在的结论。[你的看法认为阿特曼是]与他物结合之物，就像竹子与柱子那样；[阿特曼]因为他人目的而存在、无常。那么其他的人就会认为，阿特曼与身体相结合，是一种结合之物，因为他人目的而存在。[对此]首先应该弄清楚，最高[阿特曼]与身体并不结合，[它与身体]并非同一物是常存的。”

57. [弟子提出反论：]

“阿特曼不被作为结合之物，只不过是被看作身体；因为被附托于身体，所以[阿特曼]是非实在的、无常的这种理论上的缺陷出现了。在这种情况下，[导师您所说的]身体并不带有阿特曼的[论点]，与那种虚无论者的主张相接近，它也会产生理论上的缺陷吧！”

58. [导师反驳道：]

“这是不正确的。[我们]认为阿特曼就像虚空那样，在本性上是并不与[任何之物]相结合的。说阿特曼不与任何之物相结合，并不意味着身体等一切物就不带有阿特曼。虚空虽然并不与任何物相结合，但同样并不意味着一切物就不带虚空。所以并不会产生与虚无论者同样的理论上的缺陷。

59. 更进一步讲，[你先前所说的阿特曼作为实在而]身体在阿特曼并非实在的情况下，会与直接知觉相矛盾，那也是不正确的。因为所说的在阿特曼中身体是实在的，而这是无法根据直接知觉的[知识根源]来认识的。就好像壶中的枣核、牛奶中的酥油、芝麻中的油、壁上[描绘的]画一样，阿特曼中的身体用直接知觉是不能认识的。但与直接知觉并不矛盾。”

60. [弟子问道:]

“那么,在这种情况下用直接知觉也无法认识的阿特曼,又怎样会是一边它附托于身体,一边身体又附托于它的呢?”

61. [导师答道:]

“这没有什么不妥当的,因为阿特曼自身的本性是确定的;所以就不能说只能附托于无常之物,而常者就不发生附托。就好像说,地上的尘埃被感觉到附托于虚空了。”

62. [弟子又问别的问题:]

“导师,身体与阿特曼的相互附托是依靠身体[器官]的集成呢还是靠阿特曼呢?”

63. 导师答道:

“如果是由身体[器官]集成的话,那么此时会生成什么呢?或者靠阿特曼生成[又会怎样呢]?”

64. 据此弟子说道:

“如果我仅仅是靠身体[器官]的集成而产生的话,那么此时我是非精神之物,为了他人的目的而存在。也就是说,身体与阿特曼的相互附托是不存在的。如果我是最高我,区别于[身体器官的]集成,那么我就是精神之物,我存在是因为我自身的目的。那么就是说,作为精神的我,会对阿特曼附托一切祸种。”

65. 对此导师答道:

“如果你知道附托的是祸种,为什么不停止它!”

66. [弟子说:]

“导师,我却难以做到。我被他者所操纵,我不是独立的。”

67. [导师说:]

“那时你是非精神之物,所以你不会为自身的目的而存在。非独立的你做出的[错误附托],那是以自身作为目的的精神的支配;你却仅为[身体器官的]集成之物。”

68. [弟子反驳道:]

“如果我是非精神之物,那么我是怎样来认识导师的教导和感觉苦乐呢?”

69. 导师说:

“你是否会把苦乐的感觉以及我的教导与自己区别开呢?或者视为同一呢?”

70. 弟子答道:

“当然我与[它们]不是同一的。”

“为什么呢?”

“我把两者当作水壶那样只是作为认识对象来认识的。我如果和[它们]同一,我就不可能认识它们了吧!然而,我却认识[它们]。[我与它们]是有区别的。在[我与它们]是同一的时候,苦乐的感受就会因为自己的目的而发生变化,对您的教导也是一样。但要说它们都是因为自己的原因而存在之物是不合理的;由白檀引起的快感和由刺引起的痛感,都并不是因为白檀或者刺的缘故;使用水壶也不是因为壶的缘故,就是说,白檀之类都是为认识主体即我而服务的。因为我把白檀与它物区别开来,使得所有被认识的对象归之于统觉机能。”

71. 导师对弟子说道:

“那么,因为你是精神之物,你为自己的目的而存在,你不会被他人所操纵[去错误地附托]。作为精神之物，既不会依赖于他人也不会为他人所操纵[去错误地附托]。因为好比两支灯火那样，[两个精神之物]都是平等的；而精神之物因为别的精神的缘故而存在这是不合理的。另外，精神之物也不会因为非精神之物的缘故而存在；因为非精神之物也不会就因为它正好是非精神之物，所以与自己的目的有关系。于是，两个非精神之物因为相互的目的而存在的事情还没有碰到过，好比是木材和墙壁并不以相互的目的而存在那样。"

72. [弟子进行反驳：]

"仆从和他的主人在作为精神之物这一点上是平等的，然而两者因为相互的目的而存在的事却并非经验过。"

73. [导师说：]

"并非如此。就如火具有热和光的[本性]，你具有精神性[作为本性]，这就是[我]想要说的。于是，[这个意思]就包含在所举的'两支灯火那样'的例子里。就是说，你根据自己的本性去知觉所有归于你的统觉机能的东西，也就是相当于火的热和光那样的不变常住的精神性去知觉。这样，如果你承认阿特曼是恒常而无差别的话，那么为何你要说'我虽然在熟睡状态中无感觉，但在觉醒状态和梦眠状态中却反复地感觉到苦。这是我的本性吗？这是什么原因产生的呢？'这种困惑消除了吗？还是仍然存在呢？"

74. 对此弟子答道：

"导师，因为您的指点困惑已经消除。但对于我为不变之物这一点我还有疑问。"

"怎么回事呢？"

“声音等[一类外在对象]并非是确定之物，因为它们是非精神的东西。但是，通过声音等[一类外在对象]的带有形相的观念的产生[它们就确立下来了]。一方面这些观念因为相互带有并不相容的属性如青、黄等的[外界对象的]形相，所以它们作为自我确立之物是不可能的。也就是说，可以理解为[观念]是因为外界对象的形相所引起的，因此[观念]就被确立为带有外界[的对象]的形相之物。另一方面，被称为‘我’的观念的根源之物[也即统觉机能]，是变形之物的观念，同样也是[与它物]相结合之物。于是，[观念]作为非精神之物是合情理的。因此，[观念]为了其自身的目的而存在这是不可能的，而只是作为与自己本性相异的认识主体的认识对象被确立，完全与声音等[一类外界对象]相同。如果[我与他物]并不结合的话，就会把精神性作为我的本性；因此，我是以自己作为目的而存在的。不过，因为我是对带有青、黄色等的[外界的对象]的诸观念进行知觉的主体，所以是有变化的。[基于上述理由，于是我对]无变化这一点是心存疑问的。”

75. 导师对弟子说：

“你的疑问是不合理的。因为[你对]这些观念的知觉必然是完全的，所以[你是]不变化的。同时也可以证明[你终归]是不变化的。然而对上述肯定的结论的理由——也即[你]知觉到的整个统觉机能的活动——你却说[与你是不变化的有关的]理由是值得怀疑的。这就是为什么[说你的怀疑]是不合理的。如果你是变化的，就好比统觉机能对其对象，或者感觉器官对其对象不能完全地知觉那样，你也不能对自己的对象即统觉机能的活动完全地知觉，同样地你作为阿特曼也不能知觉自己对象的某一部分。所以你是不变的。”

76. 对此弟子又说：

“知觉是表示着动词词根的东西，所以它是会变化的。那么要说作为知觉的主体其本性是不变的，[与此事实]是矛盾的。”

77. [导师辩驳道：]

“这是不正确的。作为‘知觉’[这个词]，其词根所意味的变化是被表示在比喻中的。统觉机能这一观念是表示动词词根的意思，变化是作为它的本性，然而最终阿特曼的知觉是[作为知觉主体]而假现出来的。因此，[统觉机能的观念是]根据‘知觉’这个词所表示出来的。例如，‘切断’这个动作，其结果造成[被切断的对象在静止状态中]被分成两个部分。于是，[本来‘切断’这个词只是意味处于静止中的对象被切成两部分]却被动词词根所表示的[切断这个动作]所使用了。”

78. 弟子又接着说：

“导师，在这个例子里不是也没有说明我是不变的这件事情吗？”

“为什么？”

“被切断的对象其变化的完成即‘切断’，是被作为动词词根所表示的[切断的动作]来使用的。同样，如果统觉机能的观念是动词词根所表示之物，根据‘知觉’一词而表示出来，以阿特曼的知觉的变化为最后结果的话，[导师您举的例子]就不能说明阿特曼是永恒不变的。”

79. 导师答道：

“如果知觉与知觉的主体之间具有差别的话，那么你所说的就会是正确的。可是知觉主体却只是恒常的知觉而已。逻辑学家所说的知觉与知觉主体是有区别的这话是[不正确的]教说。”

80. [弟子又说:]

“为什么说动词词根所表示的[动作]最终就是[知觉]这样的结果呢?”

81. [导师]答道:

“听着,我说过[以阿特曼的]知觉假现为[知觉主体]那样的结果来结束。你没有听过吗?我没有说过[统觉机能的观念]在阿特曼之中以发生变化的结果来结束。”

82. 弟子说:

“可是,如果我是不变的,那么我就是对我的对象的统觉机能的活动完全地知觉的主体,然而为什么这样说呢?”

83. 导师回答弟子道:

“我仅仅是在讲述真理。于是基于[你是完全知觉其统觉机能的活动的主体这一]真理,我可以说你是不变的。”

84. [弟子说:]

“导师,如果是那样的话,我就以不变恒常作为本性,产生具有声音等[外界对象的]形相的统觉机能的观念,最终以具有我的本性的知觉假现为[知觉主体]为结果来结束。此时我到底又错在哪里呢?”

85. [导师答道:]

“[你说的]是对的。[你]没有什么错误。但是如我前说,错误只在无明。”

86. [弟子又问:]

"导师,如果像在熟睡状态下那样我并不存在变化的话,那么为什么[我]在梦眠状态和觉醒状态下却又[经验着]呢?"

87. 导师对弟子说:

"但是你是否一直知觉着[这两种状态]呢?"

88. [弟子答道:]

"我确实知觉着[两者]。但这只是断断续续的,不能说一直[知觉着]。"

89. 导师对他说:

"那两者只是偶然性的,并非你的本性。如果[这两者]是你的本性的话,那[你的]本性就跟纯意识一样,应该是自我确立的,具有连续性的。这样,梦眠状态和觉醒状态就不是你的本性。就犹如衣服那样与你是分别的。而本性却不会出现与本性的所有者相分别的情况。但梦眠状态和觉醒状态却会从纯意识的状态中分离出去。如果在熟睡状态中自己的本性分离而去的话,那么就要说'自己的本性已被灭除',或说'[自己的本性]不存在',而必须否认[那种存在]吧!因为,偶然性的属性并非自己的本性,即并非那种被认为带有两方面的性质[可灭性和非存在性]的属性。就好比是认为财产和衣服的消灭,或者在梦中和错乱中出现的物品被认为是不实在的那样。"

90. [弟子反驳道:]

"导师,[如果]真是那样,因为在熟睡状态中[我对什么东西]都不再知觉,就与梦眠状态和觉醒状态的情况有所不同,于是我的本性就是纯意识的和偶然性的;或许我的本性也并非纯意识的吧！"

91.［导师答道：］

"并非如此。请再好好考虑一下，因为这是不合理的。如果你把自己本性即纯意识看作了偶然性的东西的话，那么请你这样去做。我们自己以及别的东西［非纯意识之物］甚至一个世纪以来也无法对此做出合理的证明来。因为那样的本性与［别的东西］相结合，不管谁对其因为他人的目的而存在之事，对其为多数为可灭之事，也都无法做出合理的否定。就如我们在前面已说过的那样。那些不为自己随目的而存在之物也是无法自我确定之物。然而以纯意识作为本性的阿特曼是自我确定的，它并不靠依存于他物而存在，谁也无法否定它，因为［阿特曼并不与任何人］相分离。"

92.［弟子反驳道：］

"但是，［当我］说'我在熟睡状态中未见［它物］'时，我是否并没有指出［阿特曼］已经［与我］分离呢？"

93.［导师答道：］

"那是不正确的，因为那是有矛盾的。"

"怎么会有矛盾呢？"

"因为尽管你已经看见了，但你却说'我没有看见［什么东西］'，所以是矛盾的。"

"导师，我在熟睡状态却并没有看见过纯意识或者别的什么东西。"

"如果是那样，那你在熟睡状态中是看见了。因为你否定的是看见了对象的［存在］，却并没有否定看［这件事］。我说过你的看就是纯意识。你根据那[永恒]存在之物就说‘[我]并没有看见’，从而否定[被看见的对象的存在]，那就是[看]，就是你的纯意识。于是，[它]并不会与[你的纯意识]相分离，其[纯意识的]不变恒常性由[它自己]确定，而不依赖于任何知识的根据。然而认识主体，尽管是自我确定的，但为了与别的认识对象相区别，认识根据还是需要的。永恒的识别者，它为了与那些不以识别作为本性之物[非阿特曼]相区别，它是必要的；它实际上是恒常不变的，自我本性是光辉灿烂的。永恒的识别者其本身就是认识根据，由于其本身就是认识主体，所以在识别中并不需要什么知识根据。于是以[认识的根据和认识的主体]两种性质作为它的本性。例如，铁或水要求火或太阳[所包含的]光与热，然而光与热却不是它们的本性；而火与太阳却并不要求[其它物]给其光和热，因为这就是它们的本性。

94. 如果[你要说]‘[从直接知觉或推论等知识根据得来的]经验知识，在无常中存在，而在永恒之中却并不存在’的话。

95. 这也是不正确的。从理解上讲，永恒之物与无常之物之间要作出区别是不可能的。如果理解作为经验的知识，那么是否无常之物的理解就是经验知识，永恒之物的[理解]就不是呢？不应该考虑这种区别。

96. 如果[你说]‘[经验的知识]就是永恒之物的理解，这样的话知识主体就没有必要[作为知识的根据了]。但是，在[经验的知识]作为无常之物的[理解的]情况下，因为[由知识主体]的努力作为中介，[知识主体]对于理解就是很有必要的。这种区别是有的。’

97. 那么，因为知识主体并不需要任何知识根据，所以它自身是自我确定的，这一点是被证明了的。

98. 如果[你认为]，‘[理解或经验的知识]是在不存在的情况下，那[知识主体]就不需要[知识的根据]，因为[它]是永恒的。’那你的看法是不正确的。不管怎么说，理解是存在于知识主体自身中的，因此应该排斥你的意见。

99. 如果因为知识主体被确立而知识根据很有必要的话，那么求知的欲念属于哪儿呢？就应该承认求知之物就是知识主体。进一步讲，欲知之对象也就是知识的对象，而不是知识主体。如果[欲知之]对象是知识主体的话，由于知识主体与此欲知之间就有无限之循环，其结果就是：此知识主体对彼知识主体，他知识主体又对彼知识主体，如此不断。如果把知识主体作为欲知的对象的话，就会如此。另外，因为知识主体本身并不用[任何它物]作为中介，所以它不会成为知识的对象。现世中的知识对象是由知识主体的欲求、记忆、努力和知识根据的产生作为中介而确立的。因为对知识的对象的理解未被经验过，所以没有办法。于是，无法推定知识主体是由其自身的欲求或别的什么来作为中介的。另外，记忆的对象就是被记忆的对象，而不是记忆的主体。同样，欲求的对象就是被欲求之物，而非发出欲求之主体。如果这两者的对象就是记忆或欲求的主体的话，那么跟前边一样，它们就不可避免地成为无限循环之物了。

100. 如果[你]说，‘在对知识主体有关的理解无法产生的情况下，那对知识主体的理解不是就不可能了吗？’

101. 这也是不正确的。因为理解主体的理解有它自身的对象,此对象就为该被理解之物。如果把理解对象作为理解的主体,也会如前那样成为无限循环吧!前边已经证明过了,作为永恒不变的阿特曼的光辉的理解,就如火呀太阳那样的光与热一样,不是依存于任何它物的。如果自身的阿特曼的理解,也即作为纯意识的阿特曼的光辉是无常的话,就把阿特曼自己作为目的了,这是不可能的。就像我们已经讲过的那样,好像是身体与感官的[集聚],与[它物]相结合或为他人而存在,具有很多不足之处。"

"怎么回事呢?"

"如果自己的纯意识的阿特曼之光[即理解]是无常的话,由于记忆等的中介,也就会是由[与它物]结合[而积聚的]。因此,这一纯意识之光,在其生起之前和消除之后,因为并不存在,就像视觉等那样[与它物]相结合,也即成为为他人的目的而存在之物。然而此光生起在阿特曼之中而存在时,阿特曼就不是以自己为目的之物了。这是因为:此光存在,阿特曼就是为了自己的缘故;此光不存在,非阿特曼就是为了其他的缘故而存在。因此,可以肯定阿特曼作为纯意识之光是不依存于任何它物而存在的。"

102. [弟子反驳道:]

"如果是这样的话,那么,如果认识主体不是经验知识的主体的话,主体又怎样成为知识的主体呢?"

103. [导师]答道:

"经验的知识,无论是永恒的还是无常的,其本性都是无差别的;也就是说,经验的知识就是理解。这种经验的知识,无论是否是由记忆、欲求等等先行无常的，还是不变常住的，其本性都是无差别的。就好比是动词词根的 stha[站立]所表示的那样，无论它是否意味着根据‘行走’或别的[什么动作]而先行的无常，还是[根据这些动作]而非先行的永恒，其本性[本意]都是无区别的。也即如[人站立]和[山耸立]同样的表现。同理，认识主体把永恒的理解作为它的本性，这与把它作为知觉主体是不矛盾的，因为结果都是同样的。”

104. 弟子对此说道：

“因为以永恒的理解为本性的阿特曼是不变的，那么如果[阿特曼]不与身体也即感官相结合的话，就好像木匠与板斧这种[工具]的结合那样，[阿特曼]要成为行为的主体是不可能的。如果从本性上讲是不[与它物]相结合之物，那么在使用其身体即感官时，就会产生无限循环的结果吧！然而木匠等却是永远与身体即感官相结合，虽用板斧却并不会无限循环。”

105. [导师说道：]

“但是，本性不[与器物]相结合之物在那种情况下，如果不使用工具，就不能成为行为的主体；所以[为了成为行为主体]就应该使用工具。[但是]，由于使用工具就会引起变化，于是在成为行为主体时，也会[使用工具]。这样，在认识主体处于独立的场合，无限循环就不可避免吧！另外，行为本身并不会使阿特曼发生行为，因为未表现的[行为]是不带有自身形相的。如果[你说]‘别的东西接近阿特曼，引起了[阿特曼的]行为’的话，这是不正确的。因为要说[阿特曼]以外之物是自身确立的，并非对象，这是可能的。因为我们未体验到过非阿特曼之物以自身作为知识根据的情况。

声音以及一切之物，根据以理解作为结果来结束的观念才被认识而得以确立。如果非阿特曼之物也有理解的话，那它就成了阿特曼，不[与它物]相结合，以自身为目的，并不为它物而存在，于是，我们不能把我们的身体、感官即其对象理解为是以自身为目的之物，因为[这些]都由理解而终结的观念所确立，这是[我们]所体验过的。"

106. [弟子说：]

"弟子在进行理解时，不是也并未基于别人的直接知觉等[的知识根据]，或者也不需要别人的观念吗？"

107. [导师答道：]

"的确，在觉醒状态是这样的。但是，在死亡或熟睡状态时，是依靠身体以及直接知觉等的知识根据来确立的。诸感官都是如此。不管怎么说，声音等一类外界[的对象]都转变为了身体和感官的形态；而[身体和感官]是依靠直接知觉等的知识根据来确立的。于是 siddhi[确立、完成]这个词，就如我们已说过的那样，由知识根据生出来的结果即理解。这个理解是不变的，自身确立的，阿特曼之光是其本性。"

108. 此时质问者又说：

"理解作为知识根据的结果，永恒不变。还以阿特曼之光作为本性，这样说是矛盾的。"

对此[导师]答道：

"并不矛盾。"

"为什么不矛盾呢？"

"尽管[理解]是永恒不变的，但它是基于直接知觉的[知识根据]的观念的[形成过程]而出现的,因为[观念的形成过程]其目的就在于它。如果直接知觉等[的知识根据],为基础的观念是在无常的情况下,[尽管理解是永恒的],但这表现出来也仿佛是无常的。因此,[理解]被比喻为知识根据的结果。”

109.[弟子说:]

“导师,如果如你所说那样,那理解就是永恒不变的,以阿特曼之光作为主体性而自得确立的。因为对它自身来说知识根据是没有必要的。除此以外的都是非精神的,因为它[与它物]一起活动,为它物的目的而存在。由于那些[非阿特曼]的本性被理解为是引起苦、乐、混迷的观念,所以是为了它物的目的而存在的。非阿特曼之物确实是以此种本性而不是以其他的本性而存在的。因此,从绝对真理的立场来看,非阿特曼就是非实在的。正如现世间所经验到的[附托于]绳的蛇,或者海市蜃楼里的水那样,脱离了那种理解就是不存在的;同理,在觉醒状态和梦眠状态中[所经验到的]二元性,脱离了这种理解也是不存在的,这种看法才是合理的。导师,从这样的绝对真理的立场去看,由于理解也即阿特曼之光不会中断存在,所以是永恒不变的。同时其本体也是不二的。这是因为它从不脱离于各种各样的观念,但是各种各样的观念却会脱离理解而去。正如在梦眠状态中,具有青黄等种种形相的观念由于脱离理解而去,从绝对真理的立场来看就是非实在的;同样,在觉醒状态中青黄等等的种种观念也会离理解而去,于是在本性上也是非实在的。接下来,非本理解的而对这一理解进行理解的别的主体也是不存在的。因此,[理解]它本身既不被自己的本性所接受也不被排斥,这是由于别无它物存在的缘故。”

110.［导师说道：］

“正是如此。以觉醒状态和梦眠状态为特征的轮回的原因就是无明，消除无明之物就是智慧。这样做你就会达于无畏。从此你就是处在觉醒和梦眠状态之中也不会知觉到痛苦，你已经从轮回之苦中解脱出来了。”

111.“唵！”

第三章　巴利商羯那冥想

112. 说此巴利商羯那冥想，[①]是为了那些祈求解脱、灭除已得善恶之业而不再造新业的人们。［贪欲和憎恶］其起因就是无明，而引起语言、心理、身体活动的原因就是［贪欲和憎恶］。由于有这些活动，就蓄积了那些期望得到果报或不期望得到果报的业，以及两者皆有的业。因此，为了从这些业中［得到］解脱，［我在此讲述巴利商羯那冥想］。

113. 声音、可触物以及色、形、味、香都是感官的对象，是由耳朵等［感官］可知觉之物。于是，［声音等］对其自身或对它物等都不具备认识的能力。声音就如土块那样，都是由［非变异名色］展开而来之物。因此，［声音等物］是由耳朵等［感官］所知觉。对［声音等］进行知觉之物，因为是知觉的主体，所以［与声音等物］是不同的种类。声音等物因为是相互结合而成，所以具有产生成长、状态变化、衰退、消灭、结合与分离，出现与消失，变化的原因及结果，

---

① parisaṃkhyāna 是商羯罗时代的“冥想”(meditation)形式之一，哈克博士(P. Hacker)将它翻译为 Rekapitulierende Betrachtung，根据商羯罗在本章中的解说来理解，巴利商羯那冥想是由学生对多种知识的学习以及与导师的对话来完成的。商羯罗是明确反对婆那商羯莎冥想(prasaṃcakṣā)(参见本书韵文篇第十八章第9颂)，而强烈推荐巴利商羯那冥想。但是他并未清楚地说明两者的区别，并且对巴利商羯那冥想仅仅提到了这一次。

田[＝女性?]和种子[＝男性?]等各种各样的属性。[①] 另外，同样还具有苦乐等多种[别的]属性。对声音等进行知觉的主体，因为是它们的知觉主体，所以其本性声音等[这些感官的对象]的属性是不同的。

114. 至此，由于[现在]正知觉到的声音等[感官的对象]所造成受苦的智者，应该如下所述进行巴利商羯那冥想。

115. 我[阿特曼]以见为本性，不[与它物]相结合，不变、不动、不灭、不畏、极微。然而声音不管是具有一般属性或是特殊属性——音阶的第一音等的好的[音节]以及赞美之词，或者谎言、憎恶、侮辱、粗语等不好的言辞——我都不是它的对象，无法接触于我。因为我并不[与声音]相结合。正是由于上述理由，所以[我]并不因为声音损失什么，也不会得到什么益处。因此，具有称赞与批评的愉悦和不快特征的声音，它到底于我有什么用呢？确实，对于那些不具备识别能力，并且把声音理解为是同[自己的]阿特曼[相结合]的人来说，喜欢的声音就会带来利益，不喜欢的就会带来损失。不管怎么说[他是]不具有识别能力的缘故。然而对于具有识别能力的我来说，[声音]并不会给我带来丝毫[的损失或利益]。

完全相同的是，[可触物]作为一般可触物以及特殊的可触物——具有冷、热、软、硬等，以及身体内部的发烧、腹痛等令人不喜欢的[可触物]，或者由于外在的偶然的原因引起的令人喜欢的[可触物]——对我来说也并不会带来以利益或损失为特征的任何

① 田(kṣetra)这个词在《薄伽梵歌》中被称为身体，而自我被称为“知田者”(kṣetrajña)。此处出现了田与种子(bīja)这两个词，应该是商羯罗把它们作生殖的比喻。

变化。这是因为[我]并不带有可触物的缘故。就好像虚空击拳那样[并不会发生什么变化]。

同样道理,[色形]作为一般的色形以及特殊的色形——以女性的身材为特色等令人喜欢的[色形]或不喜欢的[色形]——对我来说既不得利又不损益。这也是因为[我]并不带有色形的缘故。

同理,[味道]作为一般的味道以及特殊的味道——患者所尝之甜味、酸味、咸味、辣味、苦味以及涩味,[喜欢或不喜欢之味]——对于在本性上不带知觉的我来说,也是既不得利也不损益。

同样,[香味]作为一般的香味以及特殊的香味——花香以及抹香等为特征,喜欢的和不喜欢的[香味]——对于本性上并不带有香味的我来说,既不得利也不损益。上述这些,都因天启圣典如下教导:

"无声,复无触,无色,无损毁,

无味,复无臭,恒常,

(如是人见之,乃脱死神口。)"(《石氏奥义》Ⅲ,15)

116. 然后,声音等等的外界[对象],都转变成了身体的形状,也成为了如耳朵等对其进行知觉的[感官]的形态,以及两个内在器官和它们的[苦乐这样的]对象的形状。因为它们在所有的活动场合中被相互结合或复合在一起了,处在这种情况下,对于具有知识的我来说,谁也不是敌人,也不是朋友,也不在中立方。这就是说,如果[有谁]想通过虚假的知识对[阿特曼]作出错误的理解,从而把我与行为的结果的特征,即令人喜欢之物和不喜欢之物相结合起来的话,那[他的]要把[我]与这些相结合的企图是徒劳的。

因为根据下述古传书[的看法]，我不是那些对象。

“超越于思维之外，

也可称作非变异；……”(《薄伽梵歌》Ⅱ，25)

同样的也不会由[一切的]五大元素而引起变化，因为下述的古传书认为，我也不是[五大元素]的对象。

“不可切并不可烧，

(不湿润亦不干燥；)……”(《薄伽梵歌》Ⅱ，24)

另外，无论是信爱我的人还是反对我的人，都把注意力集中在身体与感官的集合体上，祈愿把[我与]令人喜欢之物和不喜欢之物结合起来；其结果就造成了善业与恶业。善恶之业只会由他们所得，而不老、不死、无畏的我是远离这些业的。这是根据下述天启圣典和古传书的圣句而来的。

“凡所已为或未为者，无由使彼焦灼。”(《广森林奥义》Ⅳ，4，22)

“(永恒伟大性，

属在婆罗门；)

不以业而微，

不以业故尊。”(《广森林奥义》Ⅳ，4，23)

“在外亦内是，不生。”(《秃顶奥义》Ⅱ，1，2)

“(一我寓众生，)不以世苦浊，超然忧患外。”(《石氏奥义》Ⅴ，11)

因此可以说，由于非阿特曼之物是不实在的，所以这是最高的理由。因为二元是不实在的，那么有关阿特曼的不二性，奥义书中所有的文章都应该对此详细地进行过考察。

图书在版编目(CIP)数据

示教千则/(印度)商羯罗著;孙晶译释.—北京:商务印书馆,2012(2018.10重印)
(汉译世界学术名著丛书)
ISBN 978-7-100-09118-3

Ⅰ.①示… Ⅱ.①商… ②孙… Ⅲ.①商羯罗,S(788~820)—哲学思想 ②不二论—研究 Ⅳ.①B351.3

中国版本图书馆CIP数据核字(2012)第083179号

权利保留,侵权必究。

汉译世界学术名著丛书
示 教 千 则
(修订版)
〔印度〕商羯罗 著
孙 晶 译释

商 务 印 书 馆 出 版
(北京王府井大街36号 邮政编码100710)
商 务 印 书 馆 发 行
北 京 冠 中 印 刷 厂 印 刷
ISBN 978-7-100-09118-3

2012年6月第1版 开本850×1168 1/32
2018年10月北京第2次印刷 印张13⅞
定价:45.00元